선시 禪詩

깨달음을 읽는다

선시, 깨달음을 읽는다

ⓒ 이은윤, 2008. Printed in Seoul, Korea.

초판 1쇄 찍은날 2008년 3월 5일 | 초판 1쇄 펴낸날 2008년 3월 15일
지은이 이은윤 | 펴낸이 한성봉
편집 서영주·박래선 | 디자인 정애경 | 마케팅 임재청·이정학 | 경영지원 한혜정
펴낸곳 도서출판 동아시아 | 등록 1998년 3월 5일 제22-1280호
주소 서울시 중구 남산동 2가 28번지 홈페이지 www.EastAsiaBooks.com
전자우편 dongasia@unitel.co.kr 전화 02) 757-9724, 5 | 팩스 02) 757-9726
종이 상지피앤피 | 인쇄·제본 상지사피앤비
ISBN 978-89-88165-93-5 03150
파본은 구입하신 서점에서 바꿔드립니다.

값 15,000원

선시 禪詩

깨달음을 읽는다

마음으로 읽는 선시 열세 편 — 이은윤 지음

동아시아

머리말

근래 선시禪詩나 선서화禪書畫라는 말이 널리 사용되고 있다. 그러나 선시집이니 선시 연구서니 하는 책들을 보면 선시의 개념과 기준이 몹시 모호하고 혼란스럽다. 승려가 지은 시를 다 선시라고 한다면 정말 웃기는 노릇이다. 불리佛理의 외침이 다 선시인 것도 아니다. 또 선시가 선가의 전유물인 것도 아니다. 선시의 개념을 어렴풋이나마 정리해본다면 게송류의 철학시와는 달리 선적 심령이 밖으로 나타난 형상, 즉 선적 의경意境을 갖춘 심미시로서 시학의 한 범주라고 할 수 있다. 선시의 실천 목표는 자연의 질서를 인간 내면에 규범화함으로써 개체의 내적 질서를 확립하고 사회화시키고자 하는 것이다. 이는 선가가 설파하는 '평상심이 곧 진리〔平常心是道〕'라는 선리의 주요 내용이기도 하다.

선시는 당·송 이래로 시에서 평담平淡과 청공淸空이 풍미하고 시인의 미美에 대한 감수와 선가의 진여본체 인증印證이 혼합 일체가 돼 선승은 시를 배우고 시인은 선을 익히면서 본격적으로 나타났다. 선불교는 세속적인 물질생활을 포기하기 싫어하면서도 한편으론 고상하고 공령한 정신을 향수하고자 하는 당·송의 사대부들에게 안성맞춤의 의탁처였다. 6조 혜능의 남종선은 출발점에서는 농민과 유민流民을 기반으로 한 농민선禪이었지만, 점차 신흥 사대부들의 이러한 욕구와 결합하면서 사대부선으로 바뀌어 시선詩禪 교류라는 선림의 새로운 물줄기를 형성했다. 한국 불교의 선시도 역시 이 같은 중국 선시의 흐름과 궤를 같이했다.

　선승들의 세상 만물에 대한 태도는 본래부터 상당한 심미적 기분을 가지고 있었다. 이러한 선가의 영향을 받은 심미시(선시)는 유가의 공리적 목적을 따르는 시가에서 해방되어 새로운 시가 영역을 개발했다. 이것이 바로 순수 심미시인 선시의 출현이며, 선의 문인화文人化였다. 이러한 요건을 갖춘 선시는 선리禪理에 정통했던 문인들과 거사들이 선승들보다 오히려 더 많이 썼다. 당대唐代의 선시는 공령空靈한 의경을 추구하는 데 열중했고, 송대에는 기지 넘치는 언어를 통해 선리를 설파했다.

　시라는 예술 창작은 '심미審美'가 그 핵심이다. 선도 미학적 관점에서는 삼라만상에 대한 심미다. 심미는 하나의 형상적 직각으로 본래 실용적 목적을 가지고 있지 않다. 그래서 선자禪者의 참선오도와 시인의 심미 활동은 모두 형상을 빌려 나타낼 뿐 개념이 아니다. 시와 선의 심미는 욕망을 대동하지 않는 초월적, 비공리적

머리말

활동이다. 시와 선은 심미와 초월을 통해 일체의 욕망을 떠난 무아의 경지로 들어가 현실 속의 자아분열과 자아모순이 초래하는 고통으로부터 해방되고자 한다. 선과 시의 상통점은 이 밖에도 수없이 많다.

　시와 선은 유한한 말 속에 무한한 의미를 기탁한다. 선은 진여의 세계란 인간의 언어로는 설명할 수 없는 언어도단, 불립문자의 공간에 위치한다고 강조한다. 시도 역시 언어의 밖에 있는 정情을 드러내는 데는 늘 문자의 한계성에 직면해왔다. 그렇다고 선과 시가 여기서 체념한 채로 주저앉아버리진 않았다. 양자는 언어가 가지는 표현의 한계성, 이른바 말로는 뜻을 다 드러내지 못하는 '언부진의言不盡意'를 극복하고자 끊임없이 노력해왔다.

　시가詩歌는 서정 주체의 감정이 문장에서 표현되지 않고 어떤 기탁물을 통해 매우 곡절하게 굴절시켜내는 '정이 말 밖에 있는[情在言外]' 함축성으로 '언부진의'의 한계를 뛰어넘고자 했다. 선도 시가 언어의 특징인 간결성·함축성·형상성·잠유潛喩 등을 그대로 수용해 말로 설명할 수 없는 불립문자의 세계에 속하는 진여본체를 드러내고자 했다. 그래서 선가는 자연스럽게 함축성이 풍부한 시가 표현법을 즐겨 사용하면서 선과 시의 스스럼없는 교류의 장을 폭넓게 열었던 것이다.

선시의 세계에서는 "시적 신운과 선적 묘체妙諦가 일치한다"고 한다. 또 흔히 "선가의 부처와 조사는 시를 쓰지 않은 시인이고 시인은 선을 말하지 않는 선사"라고 한다. 시와 선은 본질상 같다는 얘기다.

감히 선시를 감상해보고자 한 것은 21세기 지식 정보화 시대에 새로운 성장 동력으로 부상하는 '감수성 산업'의 핵심 요소인 창의력을 키우는 데 도움이 될까 해서이다. 본래 선수행의 핵심 내용은 창의력과 직관력의 고양이다. 디자인과 색깔 같은 감수성을 소비하는 오늘의 시대는 선과 시에서 많은 것들을 얻을 수 있을지도 모른다. 그래서 평소 관심이 있던 선시를 한번 되새겨보았다.

시의 선정도 임의적이고 감상과 전고典故도 미비한 점이 많다. 학술서가 아니라서 선인들의 평이나 감상 인용에 철저한 각주를 달지 않았다. 강호제현의 많은 편달을 바란다.

2008년 2월

만학유거萬壑幽居에서

차
례

006 머리말
010 긴 낚싯대 드리우니千尺絲綸 _ 화정선자
026 눈 내리는 강江雪 _ 유종원
042 녹채鹿柴 _ 왕유
060 새 우는 개울가鳥鳴澗 _ 왕유
086 종남산 별장終南別業 _ 왕유
106 십재경영十載經營 _ 작자미상
128 풍교에 유숙하다楓橋夜泊 _ 장계
144 종소리를 듣고聞鐘 _ 교연
180 단칸 초옥一間屋 _ 지지선사
204 나찬화상가懶瓚和尙歌 _ 남악나찬화상
218 음주飮酒 _ 도연명
258 내 마음 가을 달이어라吾心似秋月 _ 한산
282 남화사南華寺 _ 소동파

076 선시 이해의 길잡이 ❶
160 선시 이해의 길잡이 ❷
242 선시 이해의 길잡이 ❸

긴 낚싯대 드리우니 千尺絲綸

긴 낚싯대 곧장 아래로 드리우니 千尺絲綸直下垂
한 물결 일렁이자 일만 물결 이네 一波纔動萬波隨
고요한 밤 물이 차가워 고기는 입질 않고 夜靜水寒魚不食
텅 빈 배에 밝은 달빛만 가득 싣고 돌아오네 滿船空載月明歸
— 화정선자

1

　당나라 때의 선승 화정선자華亭船子의 선시이다. 고금의 선객禪客들이 지향하는 깨달음의 경계가 잘 그려진 시로, 불교가 그토록 갈구하는 깨침의 미학을 대표하는 게송들 중 하나이다.

　서리가 내리는 달 밝은 가을밤에 낚시를 한다. 포물선을 그으며 낚싯줄이 물 위로 떨어진다. 낚시추가 수면 위에 한 점을 찍어 물결의 동심원을 그리자 수없는 물결이 뒤따르며 파문을 일으킨다. 파문이 가라앉을 때까지는 그저 수면만을 바라볼 뿐이다. 깊은 밤 만뢰萬籟*는 적막한데 고기는 입질이 없다. 아니, 어부는 애초부터 고기에는 마음이 없었다. 돌아오는 길의 빈 배는 고기(세속적 탐욕) 대신 휘황찬란한 달빛(불도佛道)을 실었다. 말 그대로 '텅 빈 충만'의 세계, '공즉시색·색즉시공'의 세계이다.

　얼핏 읽어보아도 담백하고 그윽하며 고요하고 한가한 선취가 물씬 풍긴다. 불도가 참으로 현실 속에서 체현되는 정경이며, 동시에 선불교가 지닌 넉넉한 예술 정신의 표현이기도 하다. 이 선시가 우리에게 설하고 있는 법문은 과연 어떤 것인가?

　앞의 두 구절에서는 달빛 머금은 가을 강의 금빛 수면 같은 고요한 마음자리에 한 생각이 일자 마치 낚시추를 따라 이는 물결처럼 일파만파의 번뇌망상이 일어났다가, 한 생각을 쉬고 관조를 하자 안

만뢰　밤이 깊어 사방이 완전히 고요해진 것을 만뢰구적萬籟俱寂이라 한다. '만뢰'란 '자연에서 들려오는 온갖 소리'를 가리킨다.

정으로 돌아간다. 시의 선지禪旨는 뒤의 두 구절에 압축되어 있다.

우선 '깊은 밤의 정적〔夜靜〕' 속에 담겨 있는 선종 미학을 살펴보자. 고요한 밤은 선이 지향하는 적정의 세계를 둘러싼 '위대한 고독감'을 직관적으로 느끼게 한다. 홀로 낚시하는 어부가 고독을 즐기는 가을 강의 고요한 밤은 저 죽림竹林과 같이 현실적 폭력이 미치지 못하는 정치적 진공 상태의 공간이다. 불교 최초의 가람인 죽림정사가 건립된 곳도 바로 인도 마갈타국˙의 죽림원이었다. 이런 까닭에 '야정夜靜'은 예부터 선시에 자주 등장하는 어휘이다. 시불詩佛로 추앙받는 왕유˙는 「새 우는 개울가〔鳥鳴澗〕」라는 시에서 "고요한 밤 봄날의 텅 빈 산〔夜靜春山空〕"이라고 읊조리기도 했다.

시에서 '가을 강〔秋江〕'을 직접 드러내지는 않았지만 "물이 차다〔水寒〕"는 표현을 통해 추강秋江이 암시되고 있다. '추강'이라는 시어는 통상 달이나 배, 밤 등과 연결된다. 우리 시조에서도 "추강에 달 밝거늘", "추강에 떴는 배는", "추강에 밤이 드니" 같은 식으로 자주 애용되는 시어이다. 이 시어는 흔히 적막하고 고요한 강을 나타낼 때 사용된다. 봄이나 여름, 겨울의 강도 조용할 수 있겠지만 춘강이니 하강이니 동강이니 하는 표현은 쓰이지 않는다. 우리는 추강이라는 시어를 대하게 되면 적막하고 조용하고 쓸쓸하기까지

마갈타국摩竭陀國 인도 고대 왕국의 이름. 마갈타는 마가다(magadha)의 음역어이다.
왕유王維 중국의 3대 시인으로 불리는 이백, 두보, 왕유는 각기 유불선 삼가의 사상에서 하나를 취하여 자신의 정신적 지주로 삼았다. 그래서 흔히 왕유를 시불詩佛이라 하고 이백은 시선詩仙, 두보를 시성詩聖이라 부른다.

한 느낌을 자연스럽게 받아들인다. '가을 강'이라는 어휘의 의미 뒤에는 선이 추구하는 적정을 직관적으로 소통시키는 전달의 기능이 있는 것이다.

추강은 '공산空山', '야정夜靜' 등과 마찬가지로 선시에 자주 등장하여 선정·적정·적멸 등과 같은 일정한 의미를 전달하는 공통 어구이다. 왕유의 시「녹채鹿柴」에 나오는 "텅 빈 산, 사람은 보이지 않고[空山不見人]"의 '공산' 같은 시어는 시인과 독자 간에 선적 깨침의 희열을 공유할 수 있게 하는 자산이 되기도 한다. 그리고 이렇게 선시의 공통 어구들을 통해 형성된 문화적 소속감과 안정감은 바로 안심입명의 해탈 경계이기도 하다. 봄날 두견새가 우는 산을 '텅 빈 산'이라고 쓸 수 있는 사람들은 문학적 동창생이며 선적 깨달음의 도반道伴*인 것이다.

다음으로, 선객이며 시인 자신이기도 한 '어부[漁翁]'에 함축된 선의를 음미해보자. 어부는 모든 세속의 사람들이 원하는 것을 거부하며 배에 '공空'만을 가득 싣고 돌아오는 깨달은 사람이다. 그는 속인의 태를 벗고 위대한 고독함과 거듭남의 정화감을 물씬 풍기면서 우리에게 떳떳한 삶의 모습을 일깨워준다. 시인(선승)과 어부는 세간의 명리를 초월하여 같은 이상을 추구하는 동일 인물이다. 어부의 생활은 한마디로 깨끗하다. 그는 속진을 떠나 홀로 살면서도 결코 외롭거나 초라하지 않다. 자연과 더불어 사는 맑은 삶

도반 깨달음을 향해 도를 함께 닦는 벗.

이다. 곧 '어부'에게는 명리를 벗고 심신을 벗어버린 선적 의경이 투영되어 있다. 어부는 그림 속 선경에 사는 듯한 맑고 깨끗한 사람이다.

반야지혜를 상징하는 '달빛'에 담긴 선적 깨침의 미학은 어떤 것일까? 달빛은 자연현상의 하나이다. 자연은 우리에게 떳떳한 삶의 모습을 일깨워준다. 사람들이 일상에 찌들어서 생기를 잃고 풀이 죽어 있을 때 자연은 소생의 원기를 불어넣어준다. 달빛 역시 그러하여, 인간으로 하여금 시비를 다투고 영욕에 집착하던 삶이 얼마나 누추하고 부끄러운 것이었던가를 깨우치게 한다. 밤이건만 오히려 달빛 머금은 맑은 강물은 집착과 욕망을 벗어던지고 더욱 투명해진다. 달빛은 시인의 마음을 '텅 빈 충만'의 세계로 안내하는 길라잡이이다.

이 게송의 구안句眼*은 마지막 결구 "텅 빈[空] 배에 밝은 달빛만 가득 싣고 돌아오네"에 나오는 '공空'이다. 우리 인간은 '달'이라고 하는 변치 않는 자연물을 좇음으로써 정신적, 규범적으로 '밝아'진다. 인간이 우주의 이치를 궁구함[窮理]으로써 밝혀낸 풀·강물·고기·달빛·봄바람 등으로 대변되는 자연의 질서와 이치가 인간의 마음을 바르게 하는 것과 궤를 같이한다. 자연은 자기를 드러내기 위해 많은 말을 한다. 우리가 할 일은 그 말을 듣는 일이다. 그 말은 이치에 대한 연구 즉 궁리를 통해 들을 수 있다.

구안 시구의 핵심적인 의미를 나타내는 한 글자

북송 허도녕許道寧, 〈어부도漁父圖〉 부분
괴벽한 화가 허도녕은 자유분방한 성품의 소유자로 순전히 자신의 재능과 즉흥적 영감에 의존하여 그림을 그렸다. 가을날 높은 산의 계곡 풍경을 상상하여 그린 이 작품은 수묵으로 메마른 대자연의 모습을 드러내며 몽환적인 선경을 이루어내고 있다.

달빛을 배에 가득 싣고 돌아가는 어부(도인)는 침묵의 희열을 만끽한다. 달빛이 들려주는 조용한 자연의 속삭임을 듣고 있는 것이다. 그러면서 달빛과 무한의 대화를 나눈다. 어부는 달빛에서 인간이 자연을 통해 추구하는 가치인 영원불변, 질서, 공평무사, 생생불식 生生不息● 등을 음미한다.

선자화상의 게송 「긴 낚싯대 드리우니」는 일체의 공리를 초월한 무욕의 선적 경계인 동시에 시적 경계이다. 한마디로 심미 만점의 선계禪界이며 시정詩情이다.

낚시와 참선은 모두 심미적으로 욕계를 떠나 선계에 도달하는 하나의 돈오 과정이다. 고기는 내가 지향하는 바의 욕심(욕계)이고, 천 자의 낚싯줄을 드리운다는 것은 초월을 통해 해탈로 귀의하고자 하는 것이다. '달빛을 가득 싣고 돌아온다'는 것은 완전한 무욕의 선적 경계에 도달했음을 암시한다. '밝은 달'은 관조의 대상이지 욕구의 대상이 아니다. 선자화상은 배 안을 가득 채운 달빛을 통해 텅 비어 있으면서도 꽉 채워진, 무와 유를 초월한 절대 긍정의 세계 즉 깨달음의 세계에 도달했던 것이다. 선자화상은 다른 게송에서 "공리의 생각을 버리면 한가한 심령의 세계에서 평화를 누릴 수 있다〔不計功利便得休〕"고 읊조렸다.

참선과 예술적 심미는 하나이다. 이 둘의 구체적인 공통점을 요약하면 다음과 같다.

생생불식 낳고 낳음이 끝이 없다는 뜻. 『주역』에 나오는 말로, 삼라만상의 끊임없는 생성과 변화를 가능하게 하는 우주의 근원적 힘을 뜻한다.

첫째, 욕계를 떠나는 것이 아니라 욕계를 초월하는 것이다.

둘째, 일체의 공리를 포기하고 정관靜觀한다.

셋째, 심령을 정화시켜준다.

선승과 시인은 모두 밖의 사물을 관조할 때 욕망이 없다. 선승은 수연자재隨緣自在*하여 일체의 성색과 사물에 대해 집착이나 걸림이 없고, 시적 가치의 체현은 곧 불성적佛性的 종교 감정으로서 사물과 나를 모두 잊어버림(물아쌍망物我雙忘)으로써 얻게 되는 심미적 희열이다. 선적 깨달음의 대상이 바로 심미의 대상이고 심미의 대상이 바로 선적 가치의 체현인 것이다. 이것이 바로 시와 선이 하나되는 '시선 일치'의 경계이다.

예술적 심미는 객관 사물의 감성 형태를 관찰해서 주체의 정감에 일치시키는 것이다. 이러한 심미적 희열감은 정감의 과정을 필요로 하는데, 이때 저급한 생리적 욕구나 세속적 분쟁, 정치, 도덕적 평가 등은 피해야 한다. 예술적 심미는 인류가 자기초월을 통해 체현하는 최고의 정신적 품격이다.

선은 '대경관심對境觀心'*을 강조한다. 감성적 초월을 통해 순간을 영원으로 인식함으로써, 움직이는 현상 세계 가운데서 영원히 움직이지 않는 고요한 본체를 인식하려는 것이다. 이러한 인식을 가리켜 영오領悟라 하고, 영오를 통해 욕계로부터 선계의 심령으로 비약하는 것을 일러 '돈오'라 한다. 이것이 돈오의 실천 구조이다.

수연자재 얽매임 없이 인연에 몸을 맡기고 편안히 사는 것
대경관심 외부 세계를 대할 때 자신의 마음을 관조하는 것.

여기에서 내가 곧 부처이고 부처가 곧 나인 불아동일佛我同一의 성불이 이루어지는 것이다.

'대경관심'은 밖의 사물을 대할 때 그 사물과 연계되는 자신의 마음(의식작용)을 통찰함으로써 순간[生]이 곧 영원[死]임을 깨닫는 것을 말한다. 참선의 돈오나 예술적 심미는 물물과 나[我]를 모두 잊어버리는 미묘하고 신비한 정신 경지의 체험이다. 순간이 영원임을 깨닫는 심미 체험의 대표적인 예의 하나가 숭혜선사*의 게송에 나오는 "만고에 변함없는 허공, 하루아침의 바람과 달[萬古長空一朝風月]"이다. 숭혜선사는 순간적으로 지나가고 마는 하루아침의 풍월에서 만고불변의 하늘 속에 존재하는 풍월의 영원성, 곧 허공의 본체를 깨달았던 것이다. 이것은 바로 생이 곧 사이고 사가 곧 생인 '생사일여生死一如'의 경지이다. 선승과 시인이 갈망하는 영원과 심미의 세계도 이런 것이었다.

추강에 밤이 드니 물결이 차노매라.
낚시 드리치니 고기 아니 무노매라.
으스름 달빛만 싣고 빈 배 저어 가노라.

인구에 회자하는 이 시조는 조선조 월산대군*의 절창으로, 선자화상의 선시를 시조로 번안한 것이다. 농암 이현보*의 「어부가」 중

숭혜崇慧 ?~779. 당나라 때의 선승. 속성은 진陳씨이다. '만고장공萬古長空'의 화두로 유명하다.

제8장에도 "고요한 밤 물이 차가워 고기는 입질 않고 텅 빈 배에 달빛만 가득 싣고 돌아오네〔夜靜水寒魚不食 滿船空載月明歸〕"라는 선자화상의 선시 구절이 그대로 옮겨져 있다. 이렇듯 선자화상의 「긴 낚싯대 드리우고」는 우리나라에서도 널리 애송되어왔다.

선에서 '공'은 세속에 욕심이 없음을 뜻한다. 선자화상의 선시나 월산대군의 시조에 나타난 '텅 빈 충만'의 미학은 공과 색 또는 허와 실이라는 이원적 요소가 변증법적 통일을 이룰 때 도달하는 열반涅槃의 세계가 어떠한 것인지를 잘 보여준다. 이러한 이원적 요소는 공과 색, 무와 유, 남과 나, 인간과 자연, 변화와 불변 등 여러가지로 나타난다. 이러한 대립의 통합이 바로 선이 지향하는 깨침의 미학이며 '색즉시공·공즉시색'의 변증법이다. 이러한 선학적·미학적 목표는 일상의 생활 속에서도 똑같이 추구된다. 조사선에서 그처럼 강조하는 '평상심이 곧 도〔平常心是道〕'라는 말 또한 일상의 조화를 가리킨다. 일상의 조화는 선객은 물론이고 성리학의 사대부들도 갈구해 마지않던 깨달음의 경계이다.

선자화상의 선시는 일상생활과 도가 통합을 이루는 일상성의 미학이 잘 드러나 있는 한 폭의 그림이다. 담박·유원·허정 등의 선취를 물씬 풍기는 만선공재滿船空載, 즉 '빈 배에 공이 가득하다'는

월산대군月山大君 1454~1488. 조선 성종의 형. 이름은 정婷이고, 자는 자미子美, 호는 풍월정風月亭이다. 문장이 뛰어나 중국에서도 그의 시가 애송되었다.
이현보李賢輔 1467~1555. 조선 중종 때의 문신. 자는 비중棐仲이고, 호는 농암聾巖이다. 벼슬이 지중추부사에 이르렀으며, 만년에 낙향하여 전원생활의 한가로움을 노래하였다. 「어부사漁夫詞」, 「춘면곡春眠曲」, 「효빈가效嚬歌」 등의 작품이 전한다.

말에서 우리는 일상성의 파괴와 언어의 충격적 배열이라는 당혹스러운 선시의 얼굴을 마주한다. "공을 배에 가득 싣고"와 같은 선가의 표현은 자칫 말장난으로 보일 수도 있다. 그러나 언어로는 표현할 수 없는 선적 깨침의 경계를 언어로 설명하려 한다면, 그 무모함을 한 폭의 풍경으로 읊조린다면 이쯤 될 수밖에 없다. 선의 화두가 그러하듯이 좋은 선시는 타성에 젖은 우리의 뒤통수를 후려친다. 화정선자의 게송이 바로 그렇다.

이렇다면 흔히 불립문자不立文字를 내세워 문자로는 도저히 설명할 수 없다고 말하는 '깨달음'은 큰 깨달음이랄 수도 없지 않은가. 선시라는 문자를 통한 깨달음의 설명을 결코 외면해서는 안 되는 이유이다.

2

화정선사의 게송은 무욕의 선계인 동시에 시적 경계이다. 앞에서도 보았듯이 선적 경계와 시적 경계는, 즉 참선(선)과 심미(시)는 모두 욕계欲界를 떠나는 것이 아니라 욕계를 초월한다. 또한 공리를 포기하고 정관하며 심령을 정화시켜주는 기능을 공유한다.

다시 한 번 화정선자의 게송으로 돌아가 그 정경을 살펴보자.

크고 넓은 호수에 달빛이 휘영청 밝게 비치는데 홀로 일엽편주를 타고 낚시를 한다. 찾고자 하는 고기는 물 속에 있고, 마음은 달과 같은데 그 달은 배 위에 있다. 이러한 어옹의 낚시 모습은 영정청허寧靜淸虛한 경계와 자연담박한 정회를 느끼게 한다. 여기서 그는 고기를 잡으려 노력하지 않고 고기를 잡아서 얻게 될 이익도 생각하지 않은 채 편안히 쉰다. 즉 세속적 생각을 버리면 모든 것을 잠재우고 한가한 심령의 세계에서 평화를 누릴 수 있는 것이다.

화정 선자화상의 게송은 유종원의 「강설江雪」, 장지화張志和의 「어가자漁歌子」(「어부사漁父詞」라고도 한다) 등과 함께 심미 만점인 선시로 평가받는다. 송대의 문호 황정견*은 이 게송에 크게 흥취하여 다음과 같이 개작한 적이 있다.

한 물결 일렁이자 일만 물결 따르네.	一波纔動萬波隨
삿갓 쓰고 도롱이 입은 한 낚시꾼,	簑笠一釣絲
금린 머문 심처에 천 척의 낚싯대 드리우네.	金鱗正在深處 千尺也順垂
물었다 또 뱉으니 찌 소식 못 미더워	吞又吐信還疑
대를 거둠이 늦었다.	上釣遲
물은 차고 강은 고요한데,	寒江靜
눈 안 가득 청산의 명월 담고 돌아간다.	滿目靑山載月明歸

황정견의 시에도 역시 선의가 흘러넘친다. 그는 사람들로 하여금 마음을 맑게 하고 욕심을 없앰[淸心寡欲]으로써 속진을 털어내고 정려淨慮의 세계에서 노닐 것을 권하고 있다.

황정견黃庭堅 1045~1105. 송나라 때의 시인, 서예가. 자는 노직魯直이고, 호는 산곡山谷이다. 기이하고 파격적인 시를 써서 강서시파의 비조가 되었다. 서예가로서도 뛰어나 송대 4대가의 한 사람으로 꼽힌다.

선승과 시인은 다 같이 밖의 사물을 관조할 때 욕망이 없다. 선승은 외물에 머무르지 않고 지체 없이 곧장 통과해 감으로써 수연자재하여 이르는 곳마다 이치에 어긋남이 없다. 시인 또한 임시로 마음을 맡길〔寓意〕뿐 집착하지〔留意〕않는다. 소동파는 「보회당기寶繪堂記」에서 "뭉게구름 눈앞을 지나가고 온갖 새소리 귓가를 스침이야 있겠지만, 혼연히 자연스레 지나갈 뿐이지 어찌 다시 생각(집착)할쏘냐"고 읊조렸다.

선적 깨침의 대상은 곧 심미의 대상이기도 하다. 그래서 심미의 대상이 선적 가치를 체현하기도 하고, 시적 가치의 체현이 불성적佛性의 종교 감정을 낳기도 하는 것이다. 이것은 곧 물과 나를 모두 잊는 심미적 희열 속에서 이루어진다.

예술가뿐만 아니라 일반인도 일상생활을 영위하는 가운데 어느 때 어느 곳에서든 일종의 비공리적 심미 태도를 지닐 수 있다. 평상심이란 바로 그와 같은 심미적 태도이다. 왕유, 위응물 같은 많은 시인들이 욕심 없는 비공리적이고 담박한 시들을 남긴 바 있는데, 이러한 순수 심미시는 유가의 권선징악적인 언지시言志詩보다 그 출현이 훨씬 늦다.

당·송 이래로 평담·청공淸空의 기풍이 사회를 풍미하자 시인의 미적 감수성과 선가의 진여본체 인증印證이 하나로 합쳐지게 되었다. 선승들의 세상 만물에 대한 태도는 상당한 심미적 기분을 가지고 있었다. 선승들은 사판승事判僧˚들처럼 비관적이거나 염세적이지 않았다. 중당中唐의 대시인 유우석˚은 선종의 화상을 다음과 같이 묘사하고 있다. "욕심을 버려 마음이 비워졌다. 비워져 있기 때문에 많은 것이 들어갈 수 있다.〔能離欲, 則方寸地虛. 虛而萬景入〕"

선시는 선종의 영향으로 출현한 순수 심미시로, 전통 시가에서 해방되어 새로운 시가 영역을 개발해냈다. 선의 '불성에 대한 돈오'와 시의 '심미적 직각直覺'은 많은 공통점을 가지고 있다. 특히 비분석적 사유 방식은 선과 시를 상통하게 하는 중요한 간선도로이다.

겹겹 푸른 산, 안개 낀 골짜기	數疊靑山數曲煙
속세 티끌 이르지 않고 흰 갈매기 사는 곳.	紅塵不到白鷗邊
고기잡이 늙은이 욕심 없지 않아	漁翁不是無心者
한 배 가득 서강의 달을 차지하였군.	管領西江月一船

조선 초기의 문인 성간*의 시「어부漁父」이다. 시에서는 어부가 서강의 달을 차지하려는 욕심을 지녔다고 했다. 산수자연(달)에 욕심을 둔다는 것은 세속에는 무욕하다는 뜻이다. 결과적으로 이 시

사판승 사찰의 사무나 역임에 종사하는 승려. 수행만을 하는 이판승理判僧과 대응하여 쓰인다.
유우석劉禹錫 772~842. 당나라 때의 시인. 자는 몽득夢得이다. 혁신과 관료인 왕숙문, 유종원 등과 정치 개혁을 기도하였으나 실패하고 지방으로 좌천되었다. 유종원과 교분이 매우 두터워서 '유유劉柳'로 병칭되기도 했고, 백거이와 늘 시문을 주고받았기 때문에 '유백劉白'으로 병칭되기도 했다. 그의 시는 통속적이면서 청신하였는데, 지방관으로 있을 때 지은「죽지사竹枝詞」가 유명하다.
성간成侃 1427~1456. 조선 전기의 문신. 자는 화중和仲이고, 호는 진일재眞逸齋이다. 집현전박사를 지냈으며, 문명이 높았다.

는 '욕심'에 대한 통념을 뒤집어 어부의 청정한 삶을 부각시켰다.

시에 나오는 '서강'은 중국의 강서성 남창을 흐르는 양자강 줄기로, 선림에 "한입에 서강의 물을 다 마셔라〔一口吸盡西江水〕"라는 유명한 화두가 있다. '중국의 유마거사'로 불리는 방온˙거사가 스승 마조도일˙에게 "심오한 불법의 절대진리는 무엇입니까"하고 묻자 "네가 한입에 서강의 물을 다 마시고 나면 말해주겠다"고 답한 데서 유래한 공안이다. 즉 '절대'마저 초월한 불법의 진리는 서강의 물을 한입에 마실 수 없듯이 언어로써는 도저히 설명이 불가능하다는 뜻이다. 성간의 시에서 보듯이 어부와 낚시는 선시에서뿐만 아니라 유가의 도학시道學詩에서도 욕계를 떠난 청정무구한 삶의 표상으로 자리 잡고 있다. 어부의 형상을 통해 세상을 기록하는 문학 전통은 당나라 시인 장지화의 「어부사」에서부터 비롯되었다.

선시는 관성을 거부하고 투명한 정신으로 사물과 만날 것과, 자아를 버리고 사물과 하나될 것을 요구한다. 사물과 나 사이를 가로막는 모든 장벽을 허물어 내가 우주가 되고 우주가 내가 되는 존재

방온龐蘊 ?~808. 당나라 때의 거사. 자는 도현道玄으로, 흔히 방거사龐居士로 칭한다. 마조도일에게 선을 배웠으며, 배에 수만 점의 보화를 싣고 상수湘水로 가서 수장시킨 뒤 가족들 모두에게 불도를 수행하도록 했다는 일화가 있다.
마조도일馬祖道一 709~788. 당나라 때의 승려. 속성은 마馬씨이고, 자는 강서江西이다. 남악회양의 법을 이어 선풍을 떨쳤는데, 일설에는 신라승 무상無相의 제자라고도 한다. "평상심시도平常心是道", "즉심시불卽心是佛"을 널리 표방하였다. 석두희천과 더불어 선계禪界의 쌍벽으로 일컬어졌다.

차원의 변환을 요구한다. 이러한 요건을 갖춘 선시들 중에는 선리에 정통했던 문인들과 거사들의 작품이 많다. 오히려 양적으로는 선승들의 작품보다 재가불자들의 선시가 훨씬 더 많다.

화정선자 華亭船子. 9세기 중국 당나라 때의 선승으로 생몰 연도는 알려지지 않았다. 운암담성·도오원지와 함께 남종선의 청원계 3세인 약산유엄(751~834)의 3대 제자로 불린다. 득도 후 화정(현재의 상하이 송강)에서 뱃사공을 하면서 살았기 때문에 '선자船子(뱃사공)'가 법호가 되었다. 선풍은 대단히 과격했다. 그는 단 하나뿐인 협산선회라는 제자를 강물에 빠뜨려서 분별지를 버리고 몰아일여의 경지를 체득하도록 이끈 후 법을 부촉하고서, 스스로 배를 뒤집고 익사하여 자취를 감추었다.

눈 내리는 강 江雪

모든 산에는 새들이 날기를 멈추었고,　　　　　千山鳥飛絶
모든 길에는 사람의 발길이 끊겼다　　　　　　萬徑人踪灰
외로운 조각배 위, 도롱이에 삿갓 쓴 어옹,　　　孤舟蓑笠翁
홀로 눈 내리는 강에서 낚시를 한다　　　　　　獨釣寒江雪
— 유종원

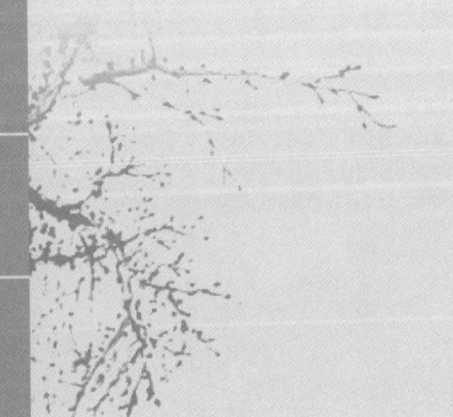

1

선시는 자연을 빌려 도道를 형상화한다. 말로써는 설명이 불가능하다고 하는 선의 도리는 이렇게 자연을 통해 형상화됨으로써 비로소 우리 앞에 가시적으로 드러난다.

유종원의 선시 「눈 내리는 강江雪」에서는 산과 길을 배경으로 어느 눈 내리는 강 위에 삿갓 쓴 어옹이 등장하여 낚시를 한다. 이 시는 겨울철의 산야와 낚시하는 풍경을 무미건조하게 나열해놓고 음미하는 관조적 경향을 가지고 있다. 조용히 안으로 침잠하여 시를 감상해보면 존재의 밑바닥 고독의 심연을 찌르는 무궁무진한 선리禪理가 넘쳐난다.

소동파(1037~1101)는 유종원을 평하기를 "오직 위응물*과 유종원만이 간략하고 고박한 데서 섬세하고 간결함을 발휘하여 담백한 맛을 깃들였으니, 다른 사람들이 미칠 바가 아니다"고 했다. 또 유종원의 정치적 동지이자 문우였던 유우석은 유종원의 작품을 평하는 가운데서 '천연天然'과 '수미邃美'라는 예술 품격을 제창해내기도 했다. 즉 유종원의 시는 조물주의 묘한 조화가 만물을 생성해낸 듯한 자연스러운 품격과 천 길이나 되는 깊고 푸른 연못과 같은 그윽한 품격을 지니고 있다는 것이다.

위응물韋應物 737~789. 당나라 때의 시인. 도연명과 함께 도위陶韋로 병칭될 만큼 시로 쌍벽을 이루었다. 전원 풍물을 잘 묘사하였으며, 시어가 간결하고 담백하였다. 시집에 『위소주집韋蘇州集』 10권이 있다.

유종원은 불교 사상 특히 선 사상의 영향을 크게 받았다. 그의 산수시는 외형상으로는 그저 인간과 자연의 조합을 노래했을 뿐 불교사상과는 무관한 것처럼 보이기도 한다. 그러나 조금만 주의해서 살펴보면 그의 산천경물 묘사에는 고요함과 쓸쓸함〔寂寥無人〕, 차가움〔凄神寒骨〕, 적적함〔悄愴幽邃〕 등의 예술 경계가 잘 드러나 있음을 알 수 있다. 산수에 대한 관조를 빌려 고요하고 쓸쓸하면서도 맑고 차가운 내면 세계를 읊조림으로써 '종교를 말하지 않고 종교를 설파'하고 있는 것이다. 이것이 바로 '무법지법無法之法', '상외지상象外之象' · '언외지의言外之意'를 강조하는 선의 본질과 일치하는 점이다.

이 시는 유종원이 영주 사마로 좌천되어 산천을 벗하며 지낼 때 쓴 작품이다. 시 속의 '도롱이에 삿갓 쓴 어옹〔蓑笠翁〕'은 세상에 대한 뜻을 버리고 산수 속의 인생을 추구하는 시인 자신인 동시에 세속을 초월해 있는 한소식한 한도인閑道人이기도 한 것이다.

앞의 두 구는 원경, 뒤의 두 구는 근경으로 대비되어 있다. 새와 사람의 자취가 모두 '사라진〔絶灰〕' 앞의 두 구는 의식이 끊어지고 생명이 없는 얼어붙은 응고의 세계를 느끼게 한다. 뒤의 두 구에서 배경이 되고 있는 '외딴 조각배〔孤舟〕'와 '혼자서 하는 낚시〔獨釣〕'는 노옹(시인)의 내면 세계의 외적 표현이다. 시인의 심정이 투영된 사람과 새의 '회灰'와 '절絶'이 노옹에게서는 '고孤'와 '독獨'으로 설명되고 있다.

시인은 앞의 '사람과 새의 자취가 사라짐〔人鳥灰絶〕'을 뒤에서 '외로운 조각배와 홀로 하는 낚시〔孤舟獨釣〕'로 이어받아 차갑고 쓸쓸한 선경禪境의 세계를 극대화시켰다. 이는 굴원*을 읊조린 「어부사漁父辭」에서 "모든 사람이 취해 있는데 나 홀로 깨어 있고, 세상이 모두 때 묻어 있는데 나만 홀로 깨끗하다"고 묘사한 경계와 같은 것이다. 시인은 혼탁한 속세를 버리고 홀로 '자연'이라는 종교의 경계, 즉 '종교 밖의 종교 세계'를 설정해 독대하고 있다.

'도롱이와 삿갓〔簑笠〕'은 어부의 복장이라는 선명한 감각을 갖게 한다. 어옹漁翁은 선가와 사대부들에게서 세속에 초연한 '한도인'의 상징으로 통용되어, 우리나라에도 유유자적한 낙도의 생활을 그린 '어부가'들이 많이 있다. 유종원은 「어옹」이라는 시에서도 어부의 '초연함'을 빌려 선경에의 해탈을 지향했다.

눈〔雪〕은 "모든 산에 새들이 날기를 멈추고 모든 길에 사람의 발길이 끊어진" 원인이다. 눈이 쌓여 인적이 끊기고 새들도 오고 감을 멈춘 가운데 홀로 낚시를 하는 고주노옹孤舟老翁이 하얗게 뒤덮인 순백의 세계와 어울려 텅 빈 영혼과 아득하고 차가운 미감을 느끼게 한다. 독자들은 여기서 어렵지 않게 선의禪意와 선경禪境을 음미할 수 있다.

유종원의 「눈 내리는 강」은 외형은 자연산수시이지만 이처럼 선불교의 차갑고 쓸쓸한 종교적 내용을 담고 있는 '선을 말하지 않은

굴원屈原 BC 343~BC 277. 전국시대 초나라의 정치가, 시인. 이름은 평平으로, 원原은 그의 자이다. 초사楚辭라는 운문 형식을 처음으로 시작하였으며, 울분에 차 있고 서정성 높은 작품들을 남겼다. 모함을 입어 자신의 뜻을 펴지 못하다가 마침내 물에 빠져 죽었다. 『이소離騷』, 『천문天問』, 『구장九章』 등의 작품이 전한다.

선시'이다. '눈 내리는 강'이라는 제목부터가 추위를 느끼게 하는 의경을 담고 있고, 시의 내용에서는 정적을 묘사하지 않은 구절이 없다. 앞의 두 구는 넓고 멀며 아득하고 광활한 배경을 제시하면서 천산·만경이라는, 대천세계˙의 일체 생명이 모두 멸절된 상태를 빌려 우주의 공명空明을 설법하고 있다. 완전한 휴식의 세계이다. 한 생각을 쉬어 일체의 정욕이 그치게 된 선경이다. '천산'은 새들이 날며 춤추고 사는 서식지요, '만경'은 너와 내가 오가는 길로서 인류가 번잡하게 왕래하는 모양을 상징한다.

앞의 두 구는 각 구절의 끝 글자로 '절絶'과 '회灰'를 배대配對하여 처연함을 극대화하면서 '춥다'는 의경을 다시 한 번 배가시킨다. 시의 선적 지취旨趣는 뒤의 두 구 각 구절의 첫 글자로 나오는 '고孤'와 '독獨'에 있다. 선이 추구하는 가치는 절대 자유이다. 자유로워지기 위해서는 고독해야 하고, 고독하기 위해서는 비밀을 가져야 한다.

유종원이 영주로 좌천돼 있을 때 지은 시「눈 내리는 강」은 눈 내리고 얼어붙은 대지를 배경으로 어옹만이 강 위에서 낚시를 하고 있는 풍경을 그리고 있다. 이러한 경관은 왕유가 망천에 은거하면서 지은 연작 산수시 속의 실경實景들과는 달리 실제의 현실 속에서 볼 수 있는 광경이 아니다.

대천세계大千世界 수미산을 중심으로 해와 달, 사대주, 육욕천이 있는데, 이것을 한 세계라 한다. 이 한 세계의 천 배 되는 것이 소천세계小千世界, 다시 그 천 배 되는 것이 중천세계中千世界이며, 중천세계의 천 배 되는 것이 바로 대천세계이다.

송宋 마원의 〈한강독조도〉
마원馬遠은 간략하고 담박한 필치로 눈 내리는 추운 강 위에서 낚시를 하는 어옹을 그렸다. 선심을 한껏 담은 간담簡淡한 필치가 지극히 선적인 풍광을 펼쳐 보이고 있다. 주위의 광활한 공백은 우주의 영기가 왕래하는 유동처로서 선이 지향하는 생명의 자유와 자주를 보장하는 공간이다.

시인은 일엽편주의 어옹을 쓸쓸하고 광활한 강 위에 배치함으로써 지극히 고독한 형상을 그려내었다. 어옹은 고기가 없다는 걸 뻔히 알면서도 엄동설한의 추위를 아랑곳하지 않은 채 낚싯줄을 드리우고 있다. 여기서 우리는 어옹이 고기를 낚는 일에는 전혀 관심이 없음을 감지할 수 있다. 유종원은 과장된 시의詩意로 처량하고 적막한 유배지의 환경과 심리 상태를 부각시켜서 자신의 청고하고 오만한 풍골과 세속을 초연한 선적 정취를 드러내었다.

　경물을 빌려 시의를 나타낼 때에는 통상 시인의 뜻이 경치의 이면에 감추어져 있다. 작자는 의도적으로 독자와 거리를 멀리하면서 뒤에 숨는다. 산 너머 저편에서 노래를 부르기 때문에 노랫소리만 들리고 부르는 사람(시인)의 모습은 보이지 않는다. 간혹 이 시처럼 시에서 묘사하는 경치를 보는 순간 마음이 통하여 시인의 뜻이 경치 위로 떠오르는 경우가 있기도 하다. 그러나 시인은 여전히 경치만을 묘사하여 비흥比興*을 심화시킨다. 이것이 바로 「눈 내리는 강」이라는 선시의 비흥 구조이다.

　선이 노닐고자 하는 고독은 로빈슨 크루소의 고독이 아니라 눈보라 속에서 홀로 낚시를 하는 정중동靜中動의 고독이다.

비흥 『시경』에서 말하는 한시의 작시법 가운데 하나. 『시경』에서는 시인이 시를 쓸 때는 부賦, 비比, 흥興의 세 가지를 운용하여 감정과 사상을 표출한다고 본다. 흥이란 일으킨다는 뜻(상징 혹은 은유)으로, 어떤 대상을 말한 다음 그로써 주제를 연상시키게 하는 방법이다. 부란 대상을 직접 길게 펼쳐 쓰는 것(직서)이고, 비란 빗대어 말하는 것(비유)이다.

뫼에는 새 다 그치고 들에는 지나는 사람 없다.
외로운 배에 삿갓 쓴 저 늙은이
낚시에 맛이 깊도다, 눈 깊은 줄 아는가.

 조선조 황희*의 시조 「사시가四時歌」 중의 제4연이다. 유종원의 한시를 우리말 시조로 옮긴 것이라고 볼 수 있다. 다만 유종원의 시는 인적이 끊긴 적막 속의 외로움이 부각된 반면 황희의 시조에서는 외로움보다 휴식의 의미가 더 강하다고나 할까.
 선시에서 산, 새, 눈, 강 같은 자연은 우주의 질서를 인간 사회의 공동체 윤리와 연결시켜주는 매개체가 된다. 유종원의 시와 황희의 시조에는 산과 길을 배경으로 하는 강에 삿갓 쓴 늙은이가 등장한다. 사람과 함께 있는 자연, 자연과 함께 있는 사람을 그리고 있는 것이다. 이는 곧 나와 남, 인간과 자연이 더불어 공존하면서 화합하는 모습을 보여준다.
 선객과 사대부들에게 낚시터는 사욕을 가지고 고기를 낚는 장소가 아니다. '어부가'들의 전통에서 보듯이, 그들의 낚시에는 자연을 찾는 뜻이 우선하고 나아가 자연과 내가 하나되는 '물아일체'에의 동참이 추구된다. 세상을 벗어나 세상과 대립하는 것이 아니라 세상을 포용하고 세상과 하나되는 자연의 이치를 터득하는 즐거움

황희黃喜 1363~1452. 조선 시대의 명신. 초명은 수로壽老였고, 자는 구부懼夫, 호는 방촌厖村이다. 세종 때에 18년간 영의정을 지내면서 문물 제도 정비에 힘썼으며, 한결같이 어질고 깨끗하여 청백리의 표본이 되었다.

이 바로 낚시이다. 혼자 낚시를 하는 데에는 어떠한 시름도 없다. 오직 찌를 지켜보는 낚시만이 있을 뿐이다. 그래서 낚시터는 서정적 자아가 노니는 순수 공간이다. 인세人世를 다 잊은 서정적 자아만이 이 공간을 꽉 채우고 있다.

'눈 내리는 차가운 강〔寒江雪〕'은 도심道心*의 이상향이며 때 묻지 않은 순수자연으로서의 탈정치적 공간이다. 이러한 자연은 곧 선적 자아가 안주하고자 하는 도덕적 완전성을 구비한 영역으로서의 자연이며 이상적 공간으로서의 자연이다.

후일 남송의 화가 마원*은 〈한강독조도寒江獨釣圖〉라는 수묵화를 통해 유종원의 선시 「눈 내리는 강」에 담긴 공적하고 광활한 선적 의경과 아득히 드넓은 선불교의 심미 의식을 시각화해냈다. 그의 그림에는 한 노인이 백설이 흩날리는 강 위의 조각배 끝에 앉아 물속 깊숙이 낚싯대를 드리우고 있다. 배의 주위는 한 줄도 긋지 않은 공백이다. 이와 같은 구도는 지금도 동양화에서 흔히 볼 수 있는 하나의 정형이다.

이러한 동양화의 '여백'은 죽어 있는 공空이나 허虛가 아니라 우주의 신령한 기운이 왕래하는 생명의 '유동처'이다. 다시 말해 그 여백은 생명이 마음껏 뛰놀 수 있는 '자유'와 '자주'를 보장하는 공간이다. 선은 그런 생명의 자주성과 자유의 획득을 궁극의 목표

도심 인심人心과 대비되는 마음 상태. 하늘로부터 부여받은 청정한 그대로의 마음을 도심이라 하고, 기질의 간섭에 의해 그 본연성이 가려진 상태를 인심이라 한다.
마원馬遠 남송대의 화가. 자는 흠산欽山으로, 북종화의 대표적 인물이다. 자유로운 구도 속에 단편적인 소경小景을 다룬 독특한 화풍을 개척하였다.

로 삼는다. 진여를 파악하고 지혜를 획득하는 것은 곧 생명의 가치에 대한 각성이며 긍정이다. 선이 그처럼 갈구하는 해탈은 바로 생명의 가치에 대한 주관적 인식의 변화를 말한다. 유종원은 「눈내리는 강」을 통해 인간과 우주가 일체를 이룬 선심禪心을 읊었고, 마원은 이를 〈한강독조도〉라는 그림으로 그려내었다.

선시나 선화禪畵는 하나같이 종교적 노예의 위치를 탈출하여 시나 그림을 진정한 심령 예술로 승화시키고 있다. 시작詩作이나 화법의 해방을 작품 속에 구현하고 있는 것이다. 위진남북조 이래로 시작과 화법은 사승師承의 전통에서 벗어나 '나의 마음〔自心〕'을 스승으로 하는 임의성을 존중함으로써 주체적 창조성을 무한히 강화시켰다.

2

자연이 질서 있게 움직여 나가고 사람이 그 질서에 맞게 생활하는 것을 '자연스럽다'고 한다. 자연의 질서는 전혀 인위적인 것이 아니다. 노동과 휴식도 자연에서 배운 인간 삶의 질서이다. 해가 뜨면 밭에 나가 일하고 해가 지면 잠을 자고 쉬는 것이 자연을 따르는 대표적인 노동과 휴식의 질서이다. 선이 선농일치禪農一致•를 통해 강조하는 수행 차원의 노동(농사일)은, 자연에 대립하면서 자

선농일치　선불교는 농사일 속에도 선이 있다 하여 탁발을 금하고 선승들이 직접 생업을 해결할 것을 가르친다.

연을 극복 또는 정복한다는 개념으로서의 노동이 아니라 자연과의 공감 속에서 인간과 자연이 서로 의미를 얻어간다는 개념으로서의 노동이다.

유종원의 시에서 제시된 모든 산과 모든 길, 외로운 배, 눈 내리는 강과 같은 자연은 순수한 생활공간이다. 그러나 이 자연은 선적 의경 속에서 이념의 공간으로 변하여 초월과 깨침을 매개하는 경물이 됨으로써 물외物外의(현상 세계를 벗어난) 한적한 선기禪機를 느끼게 한다.

먼저 산과 길과 강에 눈이 내리는 광경을 보자. 그 모습들이 기묘하고 아름답겠지만 눈 속에 덮여서 실상이 직접 눈에 들어오지는 않는다. 세계의 이치나 불법의 도리는 이러한 눈 덮인 산이나 강과 같아서, 비록 절묘한 것이지만 쉽게 볼 수가 없다. 그러나 잘 '관조'하기만 하면 눈 속에서 기암괴석의 모습이 드러나듯 그 이치를 확인할 수 있는 것이다. 여기서 관조의 '관'은 시공의 제약을 벗어나는 것을 의미한다. 선은 직관을 통한 의지(욕념)의 탈출이 가능하며, 직관을 통한 초월은 찰나간에 발생한다고 본다. 이른바 '돈오론'이다. 순수직관의 대상이 모두 눈앞에 존재한다는 것은 시공과 욕념을 초월한 결과이다.

자연은 인위에 의해 어두워진 눈을 다시 청정하고 맑게 만드는 힘이 있다. '사람이 하는 일〔人事〕'과는 달리 변함없는 본성을 갖고 있기 때문이다. 인간은 자연에서 질서를 배워야 한다. 그 질서는 자연이 이미 마련해놓고 있다. 인간은 그 질서를 확인하고 그대로 따르면 될 뿐이다. 자연에 질서가 내재하듯이 인간에게도 밝은 눈의 질서가 있다. 다만 명리에 혼탁해져서 '노안老眼'이 되었을 뿐이다. 결국 인간이 자연을 배운다는 것은 이미 존재하고 있는 본성(불성·자성)의 밝음을 자연을 매개로 하여 새삼 확인하는 일이다.

다음은 산야와 낚시의 무미건조한 나열이 이어지는 가운데 가장 관조의 포인트를 집중해야 할 구절인 "홀로 눈 내리는 강에서 낚시를 한다"를 보자. 우선 겨울·가을이라는 계절은 내성內省의 고요가 와서 머무는 시간이다. 반면에 봄·여름은 희망과 정열을 안고 뛰는 시간이다. 이 구절의 계절은 분명히 겨울이다.

어부가 내성의 계절인 겨울에 혼자 눈 내리는 강에서 낚시를 한다는 것은 불도佛道를 내면화하여 개인이 세계의 원리에 동참함을 의미한다. 이러한 동참은 개인의 일상이 파편화되어 무의미하게 진행되는 것을 막아주고, 나아가 개인의 일상이 세계 질서의 한 부분임을 확인시킴으로써 존재의 충만함과 환희심을 느끼게 해준다. 하늘에는 한 조각의 구름이 떠 있고 한 마리 백조가 창공을 가로지르는 가운데 강 위에 배를 띄운 어부가 있다고 하자. 사심 없이 무심코 하늘을 올려다본 어부는 아마도 한가로이 흐르는 구름과 강 위를 나는 백조라는 자연물을 보면서 욕심이나 기질에 의해 굽어진 마음이 없는 자연을 배우겠다고 다짐할 것이다.

선은 자연의 경물을 빌려 불도를 형상화한다. 자연의 질서를 내면화한 선사들은 자연을 세계 질서의 표상으로 보고 어리석은 중생을 자연으로 대표되는 세계의 질서 속으로 편입시키려 한다. 이처럼 자연의 질서를 인간 사회에 실현코자 하는 것이 조사선의 '평상심시도平常心是道'이다. 선의 일상성은 결과적으로 일상에서 질서를 유지한다는 점에서는 매일매일 반복되는 일상성과 같지만, 자연의 질서를 내면화한 후에야 얻게 되는 것이라는 점에서는 일상주의(Everydayism)의 일상과 다르다. 선의 일상성은 철저한 반성적 사고와 철학적 사유를 거친 끝에 획득하게 되는 어려운 것이다.

자연 질서의 내면화는 곧 세계의 자아화이며 객관 대상의 내면화이다. 세계의 자아화란 자아와 세계의 완전한 융합을 목표로 한 대상과의 일체감이다. 유종원의 선시 「눈 내리는 강」은 시적 대상과 자아의 심적 감성이 상호 침투되어 고조된 감정의 울림이다.

자아를 보다 자연에 가깝게 확대시킨 시가의 예를 하나 더 보자.

이 중에 시름없으니 어부의 생애이로다.
일엽편주를 만경파萬頃波에 띄우고
인세人世를 다 잊었거니 날 가는 줄을 아는가!

농암 이현보의 「어부단가漁父短歌」 5수 중 제1수이다. 이 시가에 등장하는 어부는 고기 잡는 일을 업으로 삼는 '어부漁夫'가 아니다. 풍류로 배를 띄우고 고기 보는 것을 즐기는 '어부漁父'이다. 어부漁父는 우선 경제적인 시름이 없다. 경제적 '시름'이 없다는 것이 곧 이런 시를 가능케 한 중요한 동인인데, 이 시가 경제적 시름이나 삶의 비탄에 기인한 것이 아니라는 점은 그 의미의 폭을 많이 제한한다.

풍류를 즐기는 유한계급의 어부는 바닷가에 사는 사람으로, 도시에서 멀리 떨어져 있거나 혼자 살아가는 것으로 상정된다. 다른 사람과의 관계를 끊고 혼자 자연을 즐기는 사람으로 생각할 수 있다. 그런데 다른 사람들과의 절연은 바람직한 것이 아닐 수도 있다. 세상 사람과 자신을 이분법적으로, 또는 흑백논리로 양분하는 것은 성숙한 논리가 아니다. 시의 "일엽편주 만경파에 띄우고 / 인세를 다 잊었다"에 나오는 '인세'와 '만경파(일 만 굽이의 파도)'는 이분법의 대립적 개념이다.

유종원의 '한강寒江'과 이현보의 '만경파萬頃波'는 다 같이 화자가 자연의 넓음, 풍족함, 넉넉함에 만족하고 있음을 드러내는 기호이다. 그리고 '인세人世'는 '만경파'에 대립되는 척박한 세상이다. 시인은 그러한 인세로부터 막 자연으로 돌아왔기에 고주孤舟(일엽편주)에 지나지 않는다. 그래서 시인은 이제 자아를 보다 더 자연에 가깝게 확대시킨다.

여기서 은둔주의자들에게는 자연이 그저 인세의 홍진紅塵으로부터 자신을 가려주는 도피의 수단이 된다. 그러나 순수직관을 통한 자연 속에서의 감성적 초월(해탈)을 지향하는 선적 깨달음에서는 '낚시터'라는 자연이 초월과 깨침을 이끄는 이념적 공간이 되어 냉엄한 공간적 질서 의식을 갖는다. 선적 의경 속에 편입된 자연은 엄격한 '공간적 질서 의식'을 따라 운행되면서 평상심으로 내재화된다. 자연의 시간적·공간적 질서를 내면화한 생활을 잘하는 것이 '평상심시도'로 살아가는 도인이다.

끝으로 유종원의 시 마지막 구절의 '차가운 강 위에 내리는 눈'에 포함된 선의를 읽어보자. 눈 덮인 강은 티끌이 없는 세계, 번뇌가 사라진 세계이다. 흰눈 같은 깨끗함 속에서 어부는 더욱 무심해진다. '무심無心'이란 세상에 대한 욕심이 없다는 뜻이며, 나아가 세상에 대한 관심조차도 없다는 뜻이다. 선시에서 무심은 '자연'을 대표하는 어휘이다. 그래서 더욱 자연스러워야 더욱 세속적이지 않을 수 있다.

무심한 가운데 "눈 내리는 추운 강 위에서 홀로 낚시하는 고독"의 맑은 맛과 흥취는 다른 사람은 알 수 없다. 오직 자아와 세계의 하나됨을 이룬 선자禪者만이 느낄 수 있는 심미적 선열禪悅이다. 유종원의 「눈 내리는 강」은 이와 같은 선열이 흘러넘치는 선시이다. 눈 내리는 강에서 홀로 낚시하는 광경에는 아무런 시름도 없이 오직 낚시만이 있다. 눈 내리는 강은 시인의 서정적 자아가 노니는 순수의 공간이다. 인세를 다 잊은 서정적 자아의 소망은 오직 도와 하나가 되어 우주를 거니는 저 장자의 '소요유逍遙遊' 같은 것이다. 생활 속으로 좁히면, 산에서는 즐겁게 배회하고 물에서는 신나게 수영하는 것이다.

선 공부의 꽃인 깨침의 미학은 한없는 정신적 자유를 향유하면서 매일매일 후회 없는 즐거운 삶을 살아가는 것이다. 마음만 비우면 금세 길이 열린다. 낚시를 열심히 하자.

유종원

柳宗元. 773~819. 자는 자후子厚. 산서성 운성 해주진 출신으로 당송8대가의 한 사람이며 당나라 중기의 걸출한 사상가이자 문인이었다. 왕숙문이 이끄는 영정혁신永貞革新에 참가했으나 실패하고 영주 사마司馬로 쫓겨났다가 후일 유주 자사 등을 지냈다. 영정혁신은 영정 연간(805년)에 일어난 혁명적·진보적 성격의 정치개혁운동이다.

유종원은 한유韓愈와 함께 고문운동을 이끌어 그 문장이 한유와 이름을 나란히 했으며, 다수의 불교 선사들과도 왕래를 가졌다. 선리에도 아주 정통하여, 816년에는 황실이 남종선南宗禪의 개산조인 6조 혜능대사에게 '대감선사'의 시호를 내린 것을 기념하여 건립한 「조계육조대감선사비」와 그 「서序」(「曹溪六祖賜謚大鑑禪師碑幷序」; 『전당문』 587권)를 짓기도 했다. 6조 혜능의 비문을 지었다는 것은 그가 당대의 문장가로서 선학에도 깊은 조예가 있었음을 말해준다. 고문운동에서는 서한西漢시대의 문장을 높이 평가하면서 전통의 계승 위에서 새로운 것을 만들어내고자 했다. 그의 산수시들 중에는 선의 본질과 제합하는 고요하고 쓸쓸하면서 차가운 선 미학의 진면목을 드러내 보인 선시가 많다.

녹채 鹿柴

텅 빈 산, 사람은 보이지 않고
단지 두런거리는 소리만 들릴 뿐.
석양빛이 숲 속 깊숙이 들어와
다시금 푸른 이끼 위에 비치네.
— 왕유

空山不見人
但聞人語響
返景入深林
復照青苔上

1

당나라 왕유(699~761)는 만년을 남전藍田의 망천輞川에 은거해 살면서 세속을 잊고 지냈다. 이 시는 망천에 은거 중이던 어느 날 인근 녹채鹿柴라는 골짜기의 석양 풍광을 보고 읊은 유명한 선시이다. 왕유는 성당 시기의 시인으로 시·서·화 삼절三絶로 유명한 문사였을 뿐 아니라 선학에도 높은 경지에 이른 선객이었다.

평소 참선에 심취했던 시인 왕유는 적막한 산속에서 지는 해를 바라보며 마음의 평안을 얻고 있다. 고요한 산중에서 석양을 바라본다. 그리고 석양을 바라보면서 명상에 잠긴다.(이러한 석양의 명상을 일상관日想觀이라고도 한다.) 산과 마주하며 산을 닮는 것, 그것은 곧 본래성을 찾아 나서는 의식의 고양 과정이다. 바로 입정좌선入定坐禪과 똑같은, 깨침을 향한 의식의 고양인 것이다. 시인은 인위적인 해석이 필요 없는 자연 공간 속에 몰입해 있다. 시인은 시의 전면에 전혀 모습을 드러내지 않는다. 이러한 경향은 은둔을 결행한 시인들의 시에서 흔히 볼 수 있다.

왕유는 자연이 지닌 정적의 아름다움을 특히 사랑했다.「녹채」는 담박한 풍경 속에서 얻은 선적 정신의 평화를 구가하고 있는 선시이다. 왕유는 일관된 경물 묘사 속에다 선적인 평안한 마음 상태를 담아내었다. 일체의 감정 토로를 배제한 철저한 사경寫景(풍경을 있는 그대로 그려냄)에서 자연에 동화된 시인의 평화로운 심경이 잘 드러나 있다.

선시는 대부분이 자연을 통해 자신의 본성을 찾는 노력을 보여준다. 구체적으로는 자연에서 일상의 이념을 얻어낸다. 반복되는 자연과 그 자연을 닮은 일상은, 예컨대 해 뜨면 일어나고 해 지면 잠자는 일상은 자아가 우주 질서 속에 편입되어 있는 물아일체의 경지인 것이다. 왕유는 선과 시를 본격적으로 접목시킨 시인으로, 선의 세계를 시 속에 잘 담아내었다. 산수자연의 생명력을 시인의 영혼으로 재구성한 산수시는 왕유에 이르러 선종과 결합하면서 주옥같은 선시들로 다시 태어났다.

천리天理의 굳센 운행을 직관했던 왕유는 그 직관의 순간을 단형의 시로 그려내었다. 「녹채」는 현재의 감각을 순간적으로 포착하여 불변의 진리를 드러낸 선시이다. 산천은 불변이다. 불변인 것은 사람을 안심시키는 효과가 있다.

흔히 푸른색을 가리켜 선의 차가운 적정寂靜을 상징하는 색깔이라고 한다. "석양빛이 숲 속을 뚫고 들어와 바위를 뒤덮은 이끼를 비치고〔返景入深林 復照靑苔上〕" 있는 녹채는 '푸른 이끼〔靑苔〕'의 '푸른색'이 미학적 긴장감을 일으키면서 고유명사(지명)로서의 의미를 잊어버린 시간과 공간이다. 여기서 우리는 선과 시가 결합한 똑 소리 나는 심미적 정취를 맛보면서, 분화되지 않은 심미적 연속성의 세계인 '적정' 속으로 빠져들게 된다.

「녹채」는 도道(불법, 진리)를 강압적으로 제시하지 않고 경물을 통해 암시하고 있다. 텅 빈 산, 두런거리는 소리, 석양, 푸른 이끼 등과 같은 자연 경물들만이 있을 뿐이다. 그러나 우리는 여기서 맑고 차가운〔淸寒〕무궁한 선미와 공空 · 적寂 · 한閒으로 대표되는 선취를 물씬 호흡할 수 있다. 이러한 선의 묘사는 마치 '당신을 진심으로 사랑합니다'라는 고백보다 연인이 탄 버스가 보이지 않을 때까지 물끄러미 바라보아주는 눈길이 훨씬 감동적인 것과 같은 효과를 갖는다.

선미의 맑고 차가운 경계는 통상 맑은 바람〔淸風〕과 흰 달〔皎月〕로 상징된다. 색깔로는 청색이 선의 차가운 적정과 냉엄한 세계를 드러내준다.

가랑비 맞으며 사찰 찾아가니	遇乘微雨問叢林
맑고 차가운 골짜기에 고목이 그늘졌다.	洞府淸寒枯木陰

조선조 중엽의 이행*이 쓴 「중열(박은)이 영통사 벽에 쓴 시에 차운하여次仲說靈通寺壁上韻」라는 시의 수련(제1·2구)이다. '청한淸寒'이라는 단어를 직접 사용하여 선적인 정취를 물씬 풍기고 있다.

왕유는 또 「향적사를 지나며過香積寺」라는 선시의 경련(제5·6구)에서 '냉冷'이라는 글자를 통해 차가운 적정의 선경을 다음과 같이 드러내었다.

이행李荇 1478~1534. 조선 중종 때의 문신. 자는 택지擇之이고, 호는 용재容齋·창택어수滄澤漁水·청학도인靑鶴道人이다. 갑자사화 때 폐비 윤씨의 복위를 반대하다가 유배되었고, 기묘사화 후 입조하여 대제학, 이조판서, 우의정 등을 지냈다. 저서에 『용재집』이 있다.

| 흐르는 계곡물은 뾰족한 바위 밑에서 오열하고, | 泉聲咽危石 |
| 햇빛은 푸른 솔에 차갑다. | 日色冷靑松 |

「녹채」결구의 '청青'과 「향적사를 지나며」제6구의 '냉冷'은 상황과 경관의 묘사에 생동성을 부여하는 시안詩眼으로서, 냉엄한 선의 세계를 잘 그려낸 형용사이다. 시성 두보는 「등고登高」라는 시의 전반 4구에서 차가운 만추晩秋의 세계를 다음과 같이 읊어 선미를 돋우었다.

세찬 바람 높은 하늘에 원숭이 울음 서글퍼라.	風急天高猿嘯哀
맑은 강가 백사장에 새는 돌며 나는데,	渚淸沙白鳥飛廻
가없는 숲의 낙엽은 우수수 떨어지고,	無邊落木蕭蕭下
다함없는 장강은 도도하게 흘러온다.	不盡長江滾滾來

선경禪境이란 정념이 그친 상태이다. 가장 이상적으로 정념이 그친 상태는 '자연'이라 할 수 있다. 자연이란 '모든 것이 저절로 그러하다'는 뜻이다. 석양빛이 숲 속으로 비쳐들어 푸른 이끼를 다시 비치는 것 등은 분명히 저절로 그러한 '자연'임에 틀림없다.

선에서 자연은 곧 자유로운 정신세계, 정신의 자유를 획득한 경계를 뜻한다. 소동파는 『장자』의 자연을 "완전한 정신적 자유의 획득, 곧 자기가 자신의 주인이 됨과 동시에 자기 이외의 사물과도 완전한 조화를 이루는 것"이라고 풀이했고, 서진西晉의 곽상•은 "밖으로 사물을 구함이 없고 안으로 자기에게도 기대지 않는[獨

송宋 범관范寬, 〈계산행려도溪山行旅圖〉
웅장미의 풍격을 잘 드러낸 고대 산수화의 우수한 전범으로 평가되는 이 그림은 초목의 머리 부분으로 뒤덮은 주봉과 일직선의 비천飛泉 폭포가 떨어져 계곡을 돌며 흐르는 화면을 통해 영혼이 생동하는 그윽하고 기괴한 긴장미 넘치는 생활 정감으로 선가禪家의 평상심시도를 그려냈다.

化)" 완전한 경지를 자연이라고 했다. 자연은 곧 자유인데, 선에서는 자유로운 정신세계를 강조한다. 왕유는 석양 속 녹채의 자연 풍광을 묘사하면서 그 묘사 속에다 자유로운 정신세계, 곧 맑고 차가운 마음의 평안이 있고 냉연한 자연의 질서와 하나가 된 정신세계를 담아내었다.

왕유의 선시 「녹채」는 녹채라는 깊은 산 텅 빈 계곡을 통해 공적하고 유원한 선적 경계를 묘사하고자 한다. 시의 묘미는 우선 앞의 두 구에 동원된 반츤법反櫬法에 있다. 두 구는 공산空山에 사람의 두런거리는 소리를 진입시켜 공산의 정적을 깨뜨림으로써 오히려 더욱 깊은 적막감을 드러내고 있다. 정중동靜中動의 공적함이다. 숲의 고요는 매미 소리로 말미암아 더욱 깊어지고, 심산유곡의 적정은 새 우는 소리로 인해 한층 더 그윽해진다. 이처럼 산이나 숲의 '정靜'을 더욱 강조하고자 '정'과 정반대되는 사람의 두런거리는 소리, 매미 소리, 새 우는 소리 등과 같은 '동動'의 요소를 진입시키는 묘사법을 '반츤법'이라 한다. 새소리나 매미 소리조차 없는 심산 밀림의 고요는 죽어 있는 정적[死寂]이요 흑암黑暗이며 얼어붙은 사막이다. 이러한 '고요'는 시적인 맛이 없고 강인한 '정중동'의 생명력을 강조하는 선적 경계에도 전혀 어울리지 않는다.

뒤의 두 구는 고요하고 어두운 숲 속에 어렵사리 밀림을 통과한

곽상郭象 ?~312. 위진남북조시대의 현학자玄學者로, 도가 경전 『장자』를 주석한 유명한 『장자주莊子注』를 남겼다.

한줄기 석양빛을 끌어들임으로써 산림의 적정 속에서 사람의 두런 거리는 소리를 듣고 있는 자아의식의 혼암昏暗을 일순간에 깨뜨려 버린다. 독자들은 여기서 깊고 그윽한 선적 유암幽暗을 십분 느끼면서 '사람의 소리'·'숲속에 비친 석양 빛' 같은 유성유색有聲有色을 통해 공산空山의 무성무색無聲無色을 감지할 수 있다. 색을 통해 공을 설명하는 이른바 '색즉시공色卽是空'의 선적 경계이다. 시인은 여기서 순간적 관조를 통해 영원을 획득함으로써 자신의 생명을 유무한일여有無限一如의 경계로 밀어넣었다. 그리고 냉청〔青苔〕과 공적〔空山〕은 밀림을 뚫고 들어온 석양빛이라는 낙일성휘落日成暉를 통해 소실돼 공空으로 돌아간다.

왕유의 시와 제목이 같은 배적*의 시 「녹채」를 보면 "깊은 밀림 속은 헤아릴 길이 없고, 오직 고라니의 발자국만이 있을 뿐"이라고 묘사되어 있다. 녹채는 이처럼 대단한 심산유곡이었다. 왕유는 그와 같이 겨우 고라니 족적이나 보이는 외딴 녹채에서 대자연과의 교감을 통해 깨치게 된 철리를 단 네 줄의 짤막한 오언절구에 담아 선명하게 드러내 보였다. 깊은 숲을 통과하여 바위 위의 푸른 이끼를 비추고 있는 석양의 '광명'이 상징하는 경지를 통해 왕유는 심오한 선수행을 거쳐 이르게 된 자신의 활연개오豁然開悟(어느 순간

배적裴迪 716~?. 당나라 때의 시인. 왕유가 종남산 아래 망천에 은거할 때 시를 주고받으며 친교를 다졌다. 두 사람은 산수를 함께 유람하면서 경관이 빼어난 곳을 만나면 그때마다 시를 읊었는데, 왕유는 나중에 『망천집輞川集』을 엮으면서 그 시들을 모두 여기에 실었다.

탁 트이듯 홀연히 깨달음)를 증언하고 있다.

극히 자연스럽고 간단하고 함축적인 표현 기법이 동원된 왕유의 「녹채」는 상외지의象外之意, 현외지음弦外之音의 깊은 선리를 설파하고 있다. 여기서 독자들은 말해지지 않은 내면의 뜻, 행간을 통해 전달되는 메시지를 읽어야 한다. 어떤 사람은 이 시가 "모든 자연현상이 순간적인 환각일 뿐"임을 설파하며 『금강경』의 "상을 가진 것은 모두가 허망임〔凡所有相 皆是虛妄〕"을 드러냈다고도 한다. 청대의 시인 왕사진은 왕유의 「녹채」를 가리켜 "순간을 영원으로 승화시켜 유한으로써 무한의 경계를 표현"한 입선入禪의 절경이라고 평했다.

2

선의 세계를 시에 담았던 왕유는 율시律詩의 양식을 이용하여 경물 묘사 속에다 정신 경계를 기탁하는 방법을 잘 사용하였다. 율시는 대체로 8구 4연으로 이루어지며, 네 개의 연은 각각 수련(제1·2구)·함련(제3·4구)·경련(제5·6구)·미련(제7·8구)이라고 불린다. 함련과 경련은 반드시 대구법을 지켜야 하는데, 이 두 연 속에 정情과 경景을 짜 넣는다. 왕유의 선시 「산거즉사山居卽事」는 선의 정신 경계를 그리고 있는 대표적인 율시로 꼽힌다.

적막하게 사립문 닫아두고	寂寞掩柴扉
물끄러미 석양을 대한다.	蒼茫對落暉

학은 소나무에 둥지 틀어 여기저기 있고	鶴巢松樹編
초가집에 찾아오는 이 드물다.	人訪蓽門稀
눈죽은 새순에 하얀 분칠을 하고	嫩竹含新粉
홍련은 꽃잎(낡은 옷)을 떨구누나.	紅蓮落故衣
나룻가에 등불 번쩍이더니	渡頭燈火起
곳곳에 마름 뜯어 돌아온다.	處處採菱歸

  산속 초가집의 한적한 세계를 그린 이 시는 함련에서 학이 둥지를 튼 소나무와 찾아오는 이 없는 산속의 집을 대비시키고, 경련에서는 녹죽의 하얀 새순과 꽃잎을 떨어뜨리고 있는 홍련을 대련시켰다. 그 대비의 강도가 아주 강렬하다. 아마도 함련의 학은 정령위丁令威의 화신으로서 불사의 화표주華表株에 와 앉았다는 화표학華表鶴●으로, 맑게 깨어 있는 영원한 시인의 영혼(산속의 집·불성)이리라.

  왕유는 또 곧잘 단 네 줄의 오언절구를 통해 선경禪境에 침잠한 시심을 절묘하게 표현해냈다. 한대漢代 민가의 풍격을 상당 부분 전승한 오언절구는 산뜻하고 절실한 심경을 담는 데 적합한 시 양식이다. 자잘한 수식을 떨어내어 질박하면서도 강렬한 인상을 전

화표학 오랜 이별을 뜻하는, 정령위丁令威의 고사에서 유래한 말. 옛날에 정령위라는 사람이 천 년 동안 도를 닦아 학이 되었는데, 어느 날 고향을 찾아 마을의 화표 기둥에 내려앉았다가 지나가던 젊은이가 활을 겨누는 것을 보고는 세월의 무상함을 슬퍼하며 알아보는 이 없는 고향을 떠났다는 고사이다. 화표란 다리나 궁전, 묘 등의 앞에 세우는 망주석 같은 것을 말한다.

하는 데 아주 유용하다. 선은 본래가 '간결'을 표현 양식의 특징으로 간직해오고 있는데, 문학적으로는 절구의 형식이 어떤 표현 양식보다도 절실하고 간절하다.

왕유는 오언절구에 뛰어났고 이백•·왕창령•은 칠언절구에 뛰어났다. 두보•·두목•·이상은•은 칠언율시의 명장名匠들이다. 절구는 진실함을 숭상하기 때문에 질박하고, 율시는 화사함을 숭상하기 때문에 질박하기보다는 화려하다. 당·송대에 풍미한 칠언절구는 많은 명구를 남겨 오늘에도 회자하고 있다. 영국의 문호 셰익스피어도 "간결은 지혜의 영혼이다"라고 하지 않았는가.

이백李白 701~762. 당나라 때의 시인. 자는 태백太白이고, 호는 청련거사青蓮居士이다. 젊어서 여러 곳을 떠돌다가 뒤에 출사하였으나 안사의 난으로 유배되는 등 불우한 만년을 보냈다. 칠언절구에 특히 뛰어났다. 시성詩聖 두보에 비견되어 시선詩仙으로 불린다.
왕창령王昌齡 698~757. 당나라 때의 문인. 자는 소백少伯이다. 727년 진사에 급제하여 벼슬길에 올랐으나 행실이 옳지 못하다 하여 좌천되었다. 안녹산의 난으로 고향으로 돌아가던 도중 호주자사濠州刺史 여구효閭丘曉에게 죽임을 당하였다. 시의 구성이 긴밀하고 착상이 청신하였다.
두보杜甫 712~770. 당나라 때의 시인. 자는 자미子美, 호는 소릉少陵 또는 공부工部. 두목과 함께 거론할 때는 노두老杜라 일컫는다. 율시에 뛰어났고, 사실적인 묘사로 인간의 슬픔을 잘 노래하였다. 시성詩聖으로 불리며, 이백李白과 함께 중국의 최고 시인으로 손꼽힌다.
두목杜牧 803~852. 당나라 말기의 시인. 자는 목지牧之, 호는 번천樊川으로, 두보에 비견되어 소두小杜라 일컬어진다. 호방하면서도 청신한 시풍을 지녔다.
이상은李商隱 813~858. 당나라 때의 시인. 자는 의산義山이고 호는 옥계생玉谿生으로, 변려문의 대가였다. 두목과 함께 '만당의 이두李杜'로 불렸고, 온정균과 더불어 '온이溫李'로 불리기도 했다. 송나라 초기에는 이상은과 온정균의 화려하고 난삽한 한시체를 모방한 서곤체西崑體가 시단에 풍미하였다.

그대여, 잔에 뜬 달까지 마시게나.　　　　　　　　勸君且吸杯中月

참으로 멋들어진 절구의 표현이다. 단 일곱 글자로 음주의 낭만을 한껏 드러내 보였다. 소동파의 시 「달밤에 손님과 함께 살구꽃 아래서 술을 마시며月夜與客飲杏花下」에 나오는 이 구절은 시인의 맑은 영혼이 훼손되지 않은 서정의 표현이다.

마을 골목이 모두 비슷비슷하구나.　　　　　　　　村園門巷多相似

중당中唐 시인 옹도雍陶(805~?)의 시 「성 서쪽 친구의 별장을 방문하다城西訪友人別墅」에 나오는 칠언절구의 전구轉句이다. 모든 분별의 세계를 떠난 선경이 잘 드러나 있는 구절이다. '모두가 비슷비슷하다〔多相似〕'는 표현은 우리의 일상에서도 흔히 쓰는 말이지만 선적인 경계에서 뜯어보면 참으로 교묘하다. 대소·귀천·빈부와 같은 이분법적인 세속 가치의 분별을 떠나 있는 평범하면서도 '별스러운 세상'을 이런 말로 표현한 것이다.

선이란 결코 어려운 것이 아니다. 비슷비슷한 골목길에 있으면서 모양마저 모두 비슷비슷한 농촌 가옥들이 바로 선지禪旨를 설파하고 있는 선지식들인 것이다. 기교가 아닌 직설적 서술〔直敍〕, 감추지 않고 솔직하게 드러내는 것, 이것이 어쩌면 말로는 설명이 불가능하고 생각의 길이 끊어진 경지인 '언어도단言語道斷, 이언절려離言絕慮'의 선경에 도달하는 길일 것이다.

6조 혜능* 이래 조사선의 수많은 조사스님들은 하나같이 일상생활이 곧 진리라는 '평상심시도'를 설파하는 데 전 생애를 바쳐왔다. 평상심시도는 자연의 질서에 맞추어 생활을 잘하는 것이다. 일상의 삶을 이끄는 마음이 바로 평상심이고 불심이며 자성自性이다. '일상'은 양면성을 가지고 있다. 하나는 반복과 무의미함이다. 다른 하나는 절대로 그것에서 벗어날 수 없다는 점이다.

선의 일상성에는 이 세상 내에서 삶의 완성이라는 의미가 내포되어 있다. 따라서 '평상심시도'는 현실에서 공동체적 윤리 실현의 내면적 근거를 확보하는 삶의 태도이다. 그것은 세계 질서를 지금 여기의 현실에, 그리고 자아의 내면에 구현하고자 하는 태도이기도 하다.

조사선의 '평상심시도'는 이 세상을 도의 구현 장소로 보지만, 그 도가 거저 얻어지는 것은 아니다. 처절한 수행을 통해서만 도의 획득이 가능하다. 도는 일상에 있지만 그렇다고 모든 일상이 곧 도인 것은 아니다. 일상이 도가 되기 위해서는 수행과 배움이 필요하다. 해가 뜨면 일어나 일터로 나가고 해가 지면 돌아와 잠을 자는 것과 같은, 반복되는 자연과 그 자연을 닮은 일상은 자아가 우주 질서 속에 편입된 이상적인 선경이다. 그래서 선은 밭에 나가 일하는 노동을 강호자연江湖自然의 연장으로 본다. 이러한 '흥취의 노

혜능慧能 638~713. 당나라 때의 선승. 중국 선종의 제6대 조사이다. 점진적인 수행 대신 찰나의 돈오를 강조하는 남종선을 창시했다. 젊었을 때 장작을 팔아서 생계를 이었는데, 어느 날 시장에서 한 객승이 『금강경』을 독송하는 것을 듣고 불교에 귀의했다고 한다. 배운 바가 없어 문자조차 몰랐으나 선종의 5대 조사 홍인弘忍의 의발을 이어받았다.

동'은 삶의 보람, 여유 등으로 나타나 선농일치禪農一致의 선풍을 형성했고, 그러한 선풍은 노동이라는 자연현상을 통해 자신의 본성을 찾고자 하는 선시들을 남겼다.

성리학의 주리론主理論은 불교의 관념적 긍정론과 유사한 데가 많다. 이는 송대의 주희●가 불교 선학에 깊은 관심을 가졌고 나름의 이해가 있었던 데서 연유한다고 볼 수 있다. 조선조 성리학의 거봉인 퇴계 이황●은 "사물은 이치를 갖추고 있지 않은 것이 없고 어떤 곳에서도 그렇지 않은 것이 없다"고 설파하며 도가 일상을 벗어난 것이 아님을 강조했다. 당나라 초기의 우두선牛頭禪에서 설법하여 남양혜충● 이래로 선림의 명구가 된 "푸른 대나무가 모두 부처님 법신이고, 울긋불긋 핀 들꽃들 모두가 반야 아님이 없다〔靑靑翠竹盡是法身 旭旭黃花無非般若〕"는 선지와 같은 맥락이다.

선과 시가 서로 통할 수 있는 공통점 중의 하나는 거창한 이상을 좇기보다는 손을 뻗으면 잡히는 생활 속의 일상성을 천착한다는

주희朱熹 1130~1200. 송나라 때의 대유학자. 자는 원회元晦 또는 중회仲晦이고, 호는 회암晦庵·회옹晦翁·운곡산인雲谷山人·둔옹遯翁 등이다. 북송대의 새로운 학문적 경향을 총결하여 성리학性理學 또는 송학宋學이라 일컬어지는 신유학을 집대성하였다. 흔히 '주자朱子'라고 높여 부르며, 그의 학문을 '주자학'이라고 한다.
이황李滉 1501~1570. 조선시대의 대유학자. 자는 경호景浩이고, 호는 도옹陶翁 또는 퇴계退溪이다. 주희의 성리학을 이어받아 이기이원론理氣二元論의 체계를 정립하였으며, 기대승과 사칠론四七論을 전개하여 조선 성리학의 독자성을 확립하였다.
남양혜충南陽慧忠 ?~775. 속성은 염冉씨로, 육조 문하의 가장 뛰어난 다섯 제자들 가운데 하나로 일컬어진다. 혜능의 인가를 받은 뒤 사방을 순력하다가 남양南陽 백애산白崖山의 당자곡黨子谷에 들어가 이슬을 맞으면서 40년 동안 용맹정진하였다.

점이다. 선은 도덕의 근본인 자연에서 얻어낸 일상의 이념을 강조하고, 시학에서는 그 생활 속의 감회가 곧 시가 된다.

수양대군의 왕위 찬탈에 분노하여 출가승이 되었던, 생육신의 한 사람인 매월당 김시습•은 「시를 배우다學詩」라는 시에서 다음과 같이 시의 일상성을 갈파했다.

시란 무엇인가,	客言詩可學
시는 차가운 샘물.	詩法似寒泉
돌에 부딪히면 흐느껴 울고,	觸石多鳴咽
못에 고이면 거울처럼 비치더라.	盈潭靜不喧
보기엔 심상한 품격이나,	剿斷尋常格
그 묘리는 말하기 어려워라.	玄關未易言

김시습이 설파한 일상의 '심상한 품격' 속에서 빛을 발하고 있는 시의 묘리는 곧 선시의 풍격이기도 하다. 「시를 배우다」의 제3구는 왕유의 「향적사를 지나며」의 경련 "계곡 물 소리는 뾰족한 돌 틈에서 오열하고〔泉聲咽危石〕"를 점화點化한 것이다.

우리의 정서는 자연의 경치에 따라 변화한다. 시는 그러한 변화

• 김시습金時習 1435~1493. 조선 전기의 학자. 자는 열경悅卿, 호는 매월당梅月堂 또는 동봉東峯이다. 생육신의 한 사람으로, 승려가 되어 방랑 생활을 하며 절개를 지켰다. 유불儒佛에 두루 능통하였으며 문장으로 일세를 풍미하였다. 한국 최초의 한문 소설인 『금오신화』를 지었다.

하는 감정 속에서 생겨난다. 선리를 담고 있는 왕유의 자연시들은 자연의 순환 속에서 생산력과 질서를 얻는 삶을 설파한다.

  선은 일상의 삶에서 절대지평을 추구하는 반성적 사고를 거듭 강조한다. 선시는 일상의 삶을 떠나지 않는 생활시라고 할 수 있다. 성리학자들의 도학시道學詩 역시 유학적 일상성을 강조한다. 선시와 도학시 모두 일상을 통해 추구하는 목표는 같다. 선가와 유가는 일상을 떠나지 않는 생활시를 통해 궁극적으로 절대자유의 세계에 도달할 수 있다는 철저한 믿음을 가지고 있다. 여기에는 일상적 삶에 대한 성찰이 중요하고 일상적 삶의 규범, 예컨대 '배고프면 밥을 먹고 졸리면 잠을 자는〔饑來喫飯 困來卽眠〕' 규범의 실천이 중요하다. 자연의 질서를 인간 사회에 실현시키고자 하는 것이 '평상심시도'의 알파요 오메가이다. 이처럼 선의 일상성은 결과적으로 일상에서의 질서를 유지한다는 점에서는 매일매일을 살아가는 일상성과 같다. 그러나 자연의 질서를 반성적 사유와 철학적 사고 끝에 내면화한 후에야 얻게 되는 점에서는 다르다.

  금나라 시인으로 선종의 거사였던 원호문•은 「시를 배우는 전시자에게 주다贈嵩山雋侍者學詩」에서 선과 시의 관계를 다음과 같이 멋들어지게 설했다.

시는 선객에게 비단에 꽃을 더하는 격이고   詩爲禪客添花錦

원호문元好問 1190~1257. 금金나라 시인. 자는 유지裕之이고, 호는 유산遺山이다. 금 왕조의 사적을 채록하고 저술에 전념하였다.

선은 시인에게 옥을 자르는 귀한 칼이다.　　　　禪是詩家切玉刀

　시의 경계에 있으나 시구詩句가 없으면 선이고, 선미가 물씬하나 선어禪語가 아니면 시이다. 이것이 선과 시의 관계이다. 선가에서는 부처와 조사[佛祖]는 시를 쓰지 않는 시인이고 시인은 선을 말하지 않는 선사라고 하면서 "선 가운데 시가 있고 시 가운데 선이 있다[禪中有詩, 詩中有禪]"고 갈파한다. 청의 왕사진은 말로는 표현할 수 없는 깨달음의 경지 자체인 '시의 신운神韻'과 '선의 묘체妙諦'는 일치한다고 설파했다.
　선과 시는 '가치지향적 취향', '정감을 특징으로 하는 점', '사유 방식과 언어 형식 등에서 미묘한 관계를 가지면서 사람들을 놀라게 하는 표현을 쏟아내는 점'에서 유사성을 가지고 있다. 선사들이 복숭아꽃을 보거나 기와 조각이 대나무에 부딪히는 소리를 듣고 깨닫는 것과 시인들이 외경外境에 접촉하여 미감을 체험하는 것은 모두 비개념적 이해이고 직관적 지혜이다. 이는 선과 시의 돌출적 특징이다. 선승의 참선 수행과 시인의 심미 활동은 모두 형상을 빌려 체험을 나타낸 것일 뿐 결코 어떤 '개념'이 아니다. 다시 말해, 피안의 불성과 차안의 인성人性을 확증하는 데에서 시와 선은 모두 형상을 중개로 하고 비개념적인 주관 체험을 수단으로 한다. 선을 통한 오도의 과정은 시인의 예술 창조 과정과 동일하다. 선과 시는 지성적 개념을 배격한다는 점에서 전적으로 일치하는 것이다.

왕유

王维. 699~761. 자는 마힐摩詰이다. 『유마경維摩詰所説經』의 주인공 유마힐거사의 법명에서 따온 것으로, 흔히 왕마힐로 불렸다. 산서성 영제현 출신으로 진사에 합격하여 관계에 진출한 후 벼슬이 우승右丞에 이르렀다. 시·서·화 삼절三絶로 유명했고, 은퇴 후에는 남전 망천에 은거하여 분향참선하면서 선적禪籍들을 암송했다. 이때 정의情意가 풍부하고 선취가 물씬한 선시·선화들을 짓고 그렸다. 특히 그의 산수전원시는 자연이 지닌 정적의 아름다움을 노래하는 가운데 주체와 대상이 하나가 되는 '심경일여心境一如'의 상태를 시 속에 담아서 장자의 '심재心齋'와 같은 선가의 '초연무심'의 경지를 잘 드러내 보였다.

새 우는 개울가 鳥鳴澗

사람은 한가롭고 물푸레나무 꽃잎 사뿐히 떨어지는데,　　人閑桂花落
밤은 깊어 봄날의 산은 텅 비었네.　　夜靜春山空
떠오르는 환한 달빛에 산새들 놀랐음인가,　　月出驚山鳥
때때로 산새들 울어대는 봄날의 개울가.　　時鳴春澗中

― 왕유

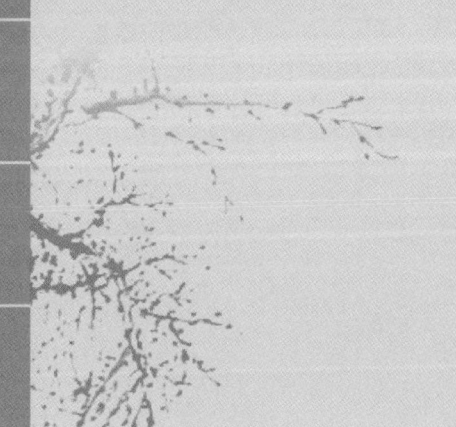

1

「새 우는 개울가鳥鳴澗」는 선적인 적정의 경계를 묘사한 왕유의 선시들 가운데서도 특히 명편으로 꼽힌다. 대자연에 대한 섬세하고 치밀한 체험을 담고 있는 이 짤막한 시의 시심詩心은 한 폭의 수묵화 같은 청담한 아취와 한 편의 소야곡 같은 편안하고 그윽한 아름다움을 느끼게 한다.

오언절구인「새 우는 개울가」는 왕유의 산수시「황보악의 운계에서 지은 5수黃甫岳雲溪雜題五首」중의 제1수이다. 황보악은 왕유의 친구이고, 운계는 황보악의 별장이 있던 곳으로 현재의 강소성 단양이다. 학자들의 고증에 따르면 황보씨 가문 중의 한 지파가 윤주(현 장쑤성) 단양군에 살았다고 한다. 왕유는 당 현종 개원 28년(740년) 전중시어사로 영남 지방에 출장을 갔다가 돌아오는 길에 윤주의 와관사瓦官寺에 들러 선선璇 선사를 배알했다. 그의 시집에「선상인을 뵙고謁璇上人」라는 시가 실려 있다. 이때 왕유는 단양에 있는 친구 황보악의 별장에도 들러「새 우는 개울가」라는 시를 지었다.

시의 첫머리에 내민 '사람이 한가롭다'는 것, 즉 '인한人閑'은 곧 시인 자신의 심경이다. 이 두 글자는 시의 전편을 관통하는 '시안詩眼'이다. '한'은 한적함 즉 적정을 뜻하는데, 여기서는 일체의 번뇌·근심이 없음을 상징한다. 시인은 산 속에 머물면서 번뇌나 근심이 전혀 없다. 아무런 소리도 들리지 않는다. 시인의 심경은 오직 유한悠閑할 뿐이다.

사람은 정적인 환경에서 고요하고 평안한(靜逸) 심정이 되면 아주 작은 자연의 소리와 움직임에도 민감해진다. 이런 정황에서 물푸레나무 꽃잎이 사뿐히 떨어지고 있음을 감각적으로 느낀 시인은 마치 꽃잎들이 자신의 옷 위에 내려와 앉는 듯 어루만지고 있다. 또 꽃잎을 날리는 미풍 소리까지도 들리는 듯한 느낌이다. 아마도 분분히 날리는 꽃잎이 시인의 폐부에까지 들어오는 기분이었겠지만, 시인은 이런 세부적인 묘사는 하지 않고 독자들의 상상에 맡겼다. 물푸레나무 꽃, 즉 계화桂花는 향기가 짙고 황색과 백색이 있으며 춘계春桂·추계秋桂·사계계四季桂로 나뉜다. 이 시에서 계는 춘계 또는 사계계이다.

봄날 밤의 산에는 많은 경물들이 있다. 시인은 단지 조용히 떨어지는 물푸레나무의 꽃잎을 묘사하는 것만으로 독자들을 고요하고 아늑한 경계로 인도한다. 표표히 떨어지는 물푸레나무의 꽃잎은 시인으로 하여금 봄날 밤에 만뢰구적의 적정을 느끼게 한다. 시인은 또 밤의 적정으로 인해 봄의 산에서 격외의 공空을 깨친다.

시의 앞 두 구는 대칭의 인과관계를 유지하고 있다. 사람이 한적하기〔人閑〕 때문에 꽃이 떨어지고 있음〔花落〕을 알고, 꽃의 떨어짐으로 인해 밤이 고요함〔夜靜〕을 느끼고, 밤의 고요함으로 말미암아 산이 텅 비어 있음〔空山〕을 깨닫는다. 시의가 마치 매미의 울음소리가 이어지듯이 연이어 계속되는 인과의 순환을 보여준다. 봄날 밤 적막한 산중에서 사뿐히 내려앉듯 떨어지는 꽃잎은 봄날의 정취와 운치를 한껏 돋운다. 시구는 물 흐르듯 연결되면서 독자들에게 율동미 만점의 음악적 미감을 느끼게 한다.

뒤의 두 구를 보자. 이때 홀연히 둥근 달이 구름을 뚫고 떠오른다.

유백색의 달빛이 산림을 환하게 비추어, 캄캄한 밤인 줄 알고 잠자던 개울가 산새들을 놀라게 한다. 일반적으로는 달이 떠서 새를 놀라게 했다고 말하지 않는다. 여기서 '산새들이 놀랐다'고 표현한 것은 극한점에 다다른 춘산의 적정을 나타내기 위한 묘사이다.

새들의 울음소리는 빈 골짜기에 메아리치면서 잠시 춘산의 적정을 깬다. 동시에 이러한 정경은 춘산의 맑고 그윽한 공적을 일깨워주기도 한다. '공적'은 만물이 모두 실체가 없고 '영원한 실재(常住)'가 없음을 뜻한다.

꽃이 떨어지고 달이 뜨고 새가 우는 것과 같은 봄날 밤 산중 경물의 소리와 동태는 독자들을 극한에 이른 적정의 경계로 진입시킨다. 이는 동動과 정靜이 서로 의존하는 변증법적 관계를 활용한 기법이다. 동으로써 정을 드러내고 소리로써 조용함을 부각시키는 예술적 표현 기법이다. 앞의 세 구는 꽃이 지고 달이 뜨는 동태를 통해 봄날 달 밝은 밤의 고요를 나타내었고, 마지막의 제4구에서는 새들의 지저귐을 통해 고요를 깨는 반츤법을 구사하였다. '동에 기탁한 정'과 '성聲을 내세워 부각시킨 정'은 죽어 있는 고요와는 다른 '생동하는 고요'로서, 한층 더 깊고 그윽하고 고적한 경계를 창조해낸다. 정적에 휩싸인 고요한 밤, 새들의 울음소리는 또다시 깊고 그윽한 적정寂靜이면서 정중동이고, 암야暗夜의 또다른 무성無聲이면서 날며 춤추는 반딧불이의 자유자재를 느끼게 한다. 왕유의 산수시는 이처럼 의意와 경境이 하나로 혼합돼 사람의 마음과 혼을 감동케 한다.

소동파는 왕유의 시와 그림을 평하여 "시 가운데 그림의 운치가

서려 있고 그림에는 시의가 들어 있다[詩中有畵, 畵中有詩]"고 절찬했다. 이 지적 그대로 왕유의 전원산수시는 선명한 색채미와 입체감이 있어 마치 수채화나 수묵화를 대하는 듯한데,(왕유의 시는 형상성이 뛰어났기 때문에 청대 신운파神韻派*들은 왕유를 신운의 비조로 추종하였다.) 무엇보다도 중요한 것은 그의 시에는 시정화의詩情畵意와 더불어 선의禪意가 함께 깃들어 있다는 점이다.

왕유는 많은 시에서 '공'과 '정'의 의경을 창조해냈다.「새 우는 개울가」의 정적인 의경에는 담박하고 온유한 봄날 밤에 느끼는 온화하고 편안한 삶의 의지가 솟구치고 있다. 우리는 이러한 시인의 가슴 속 희열을 완상하는 가운데 자연히 그 기분에 도취하게 되고 시인의 삶에 대한 열정, 자연에 대한 사상과 감정을 느낄 수 있다.

당시唐詩 연구가인 중국의 진윤길陳允吉 교수는「왕유의 산수시에 담긴 선종 사상을 논함論王維山水詩中的禪宗思想」이라는 논문에서 『대반열반경』의 "깊숙한 산속의 개울물 소리가 울려 퍼질 때, 어린아이들은 그 소리를 실제의 소리로 듣지만 지혜가 있는 사람은 개울물 소리에 고정된 실체[實相]가 없음을 안다"는 구절을 인용하며 왕유의「새 우는 개울가」는 불교의 허환적멸虛幻寂滅 사상을 자연 경물에 기탁한 시라고 보았다. 즉 종교 이념이 시인의 예술 사유에 침투하여 작품에서 내재적 의온意蘊(의식·사상)으로 자

신운파 청나라 왕사정王士禎이 일으킨 시파. 당나라 때 평정담묵平靜淡墨의 시풍을 추구하던 왕유, 이기, 유장경 등과, 묘오妙悟와 묵계默契를 중시하며 시선일치를 추구하던 송나라 엄우嚴羽의 여풍을 이어 문자를 벗어난 여정묘운餘情妙韻을 지향하였다.

팔대산인八大山人, 〈어락도魚樂圖〉
바위 사이에서 물고기가 노니는 풍경을 선적으로 단순하게 처리하여 간결하지만 깊은 맛이 있다.

리한 예라는 것이다.

　물론 왕유가 이 시에서 불학을 강의하고자 한 것은 아니다. 그는 궁극적으로 미를 추구하며, 그 미를 창조하기 위해 깊고 신비스러운 예술 표현을 구사했을 뿐이다. 하지만 그렇다고 왕유의 산수시의 자연 의상意象들 속에 불교 사상이 들어가 있지 않다고 부인할 수는 없다.

　시심을 통해 객관적 자연미를 재창조하기 위해 왕유는 자신이 믿는 불교의 공무空無 사상에 반대되는 '발랄한 생기'를 강조하기도 한다. 「새 우는 개울가」의 경우 시인은 자연과 세계, 인생에 대한 뜨거운 사랑과 집착을 우의적으로 드러내었다. 이러한 출세지향적 경향은 세상만사를 허환으로 보는 불교 사상과는 분명히 대립한다. 따라서 왕유의 산수시에서 시정화의와 선리禪理의 관계를 알기 위해서는 전면적인 변증법적 인식을 통해 시의 심층에 숨어 있는 선종 사상을 찾아내어야 한다. 그러지 않고서는 시들의 심미적 의상 속에 녹아들어 있는 불교 이념을 제대로 파악할 수 없다. 일단 왕유의 시들은 시경詩境이 선경禪境보다 우세하다고 볼 수 있다.

2

　왕유는 「향적사를 지나며」에서 보듯이 계곡물이 뾰족한 바위에 부딪혀 오열하고 햇빛이 푸른 솔에 차갑게 비치는 적정의 경지를 사랑했다. 이는 평상심으로 살아가는 왕유 자신의 심한心閒이기도 하다. 한소식한 왕유의 '심한'은 마치 차갑도록 고운 설중매의 냉염冶艶한 자태와도 같다. 평상심의 삶이란 무심한 가운데서 자연의 운행 질서를 따라 사는 삶을 말한다. 그래서 평상심의 삶은 조용하고 평화롭고 냉엄하다.

왕유는 일상 속에서 만나는 자연 경물에 대한 찰나적인 인상과 느낌을 선기禪機 넘치는 직관력으로 포착하여 함축적으로 표현해 내는 데 명수였다. 이렇듯 순간적인 영감에 의하여 '감정과 외계 대상의 일치'를 은유적으로 담아낸 왕유의 시들로는 「녹채」, 「새 우는 개울가」, 「신이오辛夷塢」, 「죽리관竹里館」, 「산중山中」, 「서사書事」 등이 있다. 특히 「녹채」의 "석양빛이 숲 속 깊숙이 들어와, 다시금 푸른 이끼 위에 비치네〔返景入深林, 復照青苔上〕"라는 구는 많은 평자들의 격찬을 받았다. 명대의 시평가 이동양˚은 자신의 시론집 『회록당시화懷麓堂詩話』에서 왕유의 이 시구를 "시의가 담박하면서도 더욱 진하고 가까우면서도 더욱 심원하니, 아는 자와는 더불어 이야기할 수 있겠으나 속인과는 이야기하기 어려우리라"고 평했다.

선과 시의 유사성을 강조한 송대 엄우˚의 이선유시론以禪喩詩論은 선으로써 시를 비유한 대표적 이론인데, 명대 왕사진의 신운설

이동양李東陽 1447~1516. 명나라 때의 시인, 정치가. 자는 빈지賓之이고, 호는 서애西涯이다. 성당의 시풍을 되살려 1세기에 걸친 문단의 침체를 극복하고자 했는데, 당시唐詩가 송시宋詩보다 낫다고 보았기 때문에 의고파擬古派로 분류되었다. 저서에 『회록당집懷麓堂集』, 『회록당시화懷麓堂詩話』 등이 있다.
엄우嚴羽 ?~?. 남송의 시인. 자는 의경儀卿이고, 호는 창랑滄浪이다. 관직에 뜻을 두지 않고 일생 동안 은자로서 지조를 고집하였으며, 각지를 유람하면서 많은 승려·도사들과 교유하였다. 『창랑시화』라는 시론서가 전한다.

神韻說에 와서는 시선일치의 주장에까지 이르러 감정과 외계 대상의 일치를 선리에 담아내는 은유적 표현을 중시했다. 엄우의 『창랑시화滄浪詩話』나 왕사진의 신운설 등은 전적으로 선의 영향을 받은 시론서 혹은 시론이다. 모두 최후의 발견 목표는 '자아'이며 주체와 외부 세계의 통일이다.

왕창령(698~757)은 왕유의 시에 대해 "정신이 사물과 만났다〔神會于物〕"고 평했다. 그는 작가의 감정과 사물의 진면목이 있는 그대로 질박하게 표현되어야 함을 뜻하는 '시귀자연詩貴自然'을 강조하면서 왕유의 선시들을 그 표본으로 들었다. 오가吳可는 「학시시學詩詩」라는 시에서 "시를 배우는 것은 마치 선을 배우는 것과 같다〔學詩渾似學參禪〕"고 읊었다. 매우 적극적인 시선일치론이다.

선이 추구하는 '자아'는 주관에 사로잡힌 육신의 자아로부터 탈출한 진아眞我의 맑게 깨어 있는 자성이다. 주관적 인식이 도달할 수 없는 참된 본질로서 자아를 선에서는 '여산진면목廬山眞面目'이라고도 한다.

'여산진면목'은 소동파의 시에서 유래한 선림의 언어이다. 소동파는 49세(1084년) 때 남방불교의 성지인 여산19봉을 찾았다가 장소와 각도에 따라 여산의 모습이 바뀌는 현상을 보고 「서림사 벽에다 쓰다題西林寺壁」라는 시를 지었다.

가로 보면 산맥, 옆에서 보면 솟은 봉우리,	橫看成嶺側成峰
높낮이와 원근이 위치 따라 다르네.	遠近高低各不同
여산진면목을 모르는 것은	不識廬山眞面目

이 몸이 이 산 안에 있기 때문. 只緣身在此山中

　시의 마지막 구에 나오는 "이 몸이 이 산 안에 있기 때문"은 아집의 주관에 사로잡혀 있음을 뜻한다. 소동파는 지각과 경험에 의존하는 이상 인간의 어떠한 인식도 사물의 본질을 제대로 파악할 수 없다는 불교 철학적 주제를 간결한 언어로 이와 같이 논했다. 이 시 이후 선가에서는 인간의 주관 인식이 도저히 도달할 수 없는 참된 본질(불성·자성)을 '여산진면목'이라 지칭했다.

나뭇가지 끝에서 산목련꽃이 피었는가,	木末芙蓉花
깊숙한 산속서 붉은 꽃망울 터뜨렸네.	山中發紅萼
시냇가 오두막집 인적 없이 고요한데,	澗戶寂無人
분분히 피고 지고 또 피고 지고.	紛紛開且落

　왕유가 망천의 별장에 칩거하면서 지은 연작시 중 하나인 「신이오辛夷塢」이다. 신이오는 망천 산언덕의 이름이다. 산수시를 즐겨 짓는 시인들은 흔히 경에 기탁하여 자신의 뜻을 나타낸다. 사람이 경물에 동화되면 물경物境은 심경心境과 같아진다. 바로 이런 순간에 일종의 묘오적 느낌을 얻는데, 그러한 느낌을 직설적으로 표현하여 흔적을 남기면 절묘한 맛이 없어진다. 자신의 정감을 투사한 물경에 의지하여 심령을 관조함으로써 독자들이 그 뜻을 스스로 터득하게 하는 편이 훨씬 좋다. 왕유의 산수시가 대부분 그러하다.

「신이오」는 망천의 실경을 묘사한 시이다. 깊은 산속 언덕에 서 있는 산목련꽃은 때가 되면 피고 때가 되면 진다. 산목련이 가지 끝에 붉은 꽃망울을 터뜨렸다. 옆으로는 시냇물이 졸졸 흐르고, 그 시냇가에는 초가집이 한 채 있다. 집에는 하루 종일 사람의 기척이 없다. 자태를 뽐내어도 보아줄 이 없는 적막한 산중에서 꽃들은 무엇이 바쁜지 어지러이 피고 진다. 영고성쇠를 오직 자연의 이치에만 내맡기고 세상사에는 일절 관여하지 않는다. 감상해줄 사람이 있든 없든 개의치 않는다. 시간도 숨을 멈춘 것만 같다. 꽃이 피고 지는 광경을 바라보는 화자는 어디에서도 찾아볼 수 없다. 시인은 화면 밖에 있다. 화면 밖에서 시인은 독자를 자기 옆에 정답게 앉혀놓고, 이 아름다운 광경을 단지 함께 보자고 권유하고만 있는 것 같다.

이처럼 담담하고 고요하게 자신의 운명을 우주와의 합일 속에 맡기는 무아지경의 품성은 왕유라는 시인이 선수행을 통해 자득한 선의 경지이다. 불교의 깨달음이란 바로 자신을 우주 질서 속으로 편입시켜 물아일여物我一如의 절대평등을 체험하는 의식의 전환이다. 유식론의 입장에서 보자면 제8 아뢰야식*까지를 다 버리고 우리 심성의 본래 모습인 무구無垢의 청정심(불심·자성)으로 되돌아가는 것이다. 왕유는 우주 자연의 질서 속에 통합되어 시절인연을

아뢰야식 유식불교에서 말하는 인간의 근본의식. 유식불교에서는 안眼·이耳·비鼻·설舌·신身의 다섯 가지 감각기관에 의해 얻어지는 식을 전오식前五識이라 하고, 의意를 통해 얻는 식을 제6의식이라고 부른다. 그리고 마나식未那識이라 부르는 제7식이 있는데, 이 식은 의식과 무의식을 이어주는 통로이다. 제8 아뢰야식은 무의식의 세계에 비견되는, 가장 근원적인 마음을 일컫는다.

따라 피고 지는 산목련꽃에서 선적 묘오를 포식하면서 마음의 평안을 얻고 있다.

시에서는 비록 "시냇가 오두막집 인적 없이 고요한데"라고 했지만 사실은 시인의 시각이 뒤에 존재하고 있다. 그런 시인의 의식이 없다면 이처럼 산목련꽃이 피고 지는 실경에다 시의를 담아낸 선적인 화면을 그려낼 수는 없었을 것이다.

살짝 흐린 하늘 보슬비 그치니	輕陰閣小雨
깊숙한 뜨락, 한낮에도 문 열기 귀찮아라.	深院晝慵開
고요히 혼자 앉아 푸른 이끼 바라보니	坐看蒼苔色
푸른 이끼 내 옷 위로 올라오려 하누나.	欲上人衣來

왕유의 「서사書事」라는 시이다. 순간의 환각적인 심리 상태를 표현하고 있다. 은유인 만큼 시에 내포된 뜻이 명확하지는 않지만 감화력은 엄청나게 풍부하다. 시인의 독특한 감각이 만들어낸 의경이다.

시인은 그윽하고 고요한 작은 뜰을 지극히 좋아한다. 보슬비가 그친 후, 방에 틀어박혀 있던 시인은 문을 열고 밖으로 나온다. 뜰 안 가득 자라난 이끼는 고요하고 그윽한 분위기를 한껏 더해준다. 시인은 홀연히 몸을 나툰 사랑스런 푸른 이끼가 옷 위로 스멀스멀 기어 올라와서 푸름을 자신에게 바치는 듯한 느낌을 받는다. 시인의 옷마저 이끼로 덮으려 한다.

이 얼마나 기묘한 환상인가! 마치 이끼가 움직이는 것 같은 이 환각은 자연의 생기에 대한 시인의 희열을 나타내고 있다. 다른 한편으로는 고요한 선적 생활의 정취를 한껏 드러낸 것이기도 하다.

  우연히 빈 뜰에 나와 앉아 있다가 자연[物]과 내[我]가 만나서 흐뭇한 교감을 나눈다. 그대로 앉아 있으면 나는 곧 이끼 덮인 바위가 될 것만 같다. 나와 사물이 하나되는 과정은 스펀지에 물이 스며들듯이 서서히 전혀 눈치 채지 못하게 이루어진다. 시인과 이끼가 하나가 된 순간 이제 시인은 없다. 이른바 무아지경이다. 시인의 정신이 물경物境 가운데 녹아들어 사물과 하나가 되고, 마침내 자신을 잠시 잊어버린 것이다. 중국 근대 미학의 대가인 왕국유˚는 주관의 개입 없이 사물을 있는 그대로 봄[以物觀物]으로써 이르게 되는 무아지경을 인간이 도道의 전제 없이 도달할 수 있는 '최고의 심미 경계'로 보았다.

  왕유는 곧잘 물아일체의 '환각(?)'을 이용하여 공空을 실체화시키곤 했다. 그는 공과 색, 허와 실의 변증법적 통일을 눈에 보이는 듯한 구체적인 표현으로 그려냈다. 다른 예를 하나 더 보자.

형계의 하얀 돌 시내 위로 드러나고	荊溪白石出
차가운 하늘 아랜 단풍잎도 듬성듬성.	天寒紅葉稀
산길엔 원래 비 내린 바 없건만	山路元無雨

왕국유王國維 1877~1927. 청나라의 문학자, 고증학자. 자는 정안靜安 또는 백우伯隅이고, 호는 관당觀堂 또는 수관水觀이다. 전대의 학술을 총결하고 후대 학술의 기초를 마련하였다는 극찬을 받는 대학자였으나 시국을 한탄하여 이화원의 곤명호에 몸을 던져 생을 마쳤다. 저서에 『인간사화人間詞話』, 『관당집림觀堂集林』 등이 있다.

푸르른 산 공기 나의 옷 적셨도다.　　　　　　　　　空翠濕人衣

　　종남산의 깊은 가을 경치를 읊조린 왕유의 산수시 「산중山中」이다. 시 중의 '형계荊溪'는 본래 이름이 장수長水로, 섬서성 남전현에서 시작하여 장안의 동북쪽 패수로 흘러드는 시내이다. "산길엔 원래 비 내린 바 없는데 푸른 산 공기가 나의 옷을 적셨다"는 것은 진짜 같기도 하고 가짜 같기도 한 미묘한 환상적 감각이다. 제2구의 '차가운[寒]'과 제4구의 '푸르른[翠]'은 냉엄한 선적 세계와 맑게 깬 선적 각성을 상징하는 형용사이고 색깔이다. 소동파가 「소동파가 제한 발문: 왕마힐의 남전연우도에 적다東波題跋: 書摩詰藍田烟雨圖」에서 왕유의 시에는 "시 가운데 그림이 있다[詩中有畵]"고 갈파하면서 그 예로 제시한 시가 바로 「산중」이기도 하다. 이 시는 마치 그윽하고 깊은 한 폭의 추산도秋山圖 같다.

　　「산중」 시의 앞 두 구는 하얀 돌[白石]과 차가운 하늘[天寒], 불타는 듯한 붉은 단풍[紅葉] 등을 치밀하게 묘사하고 있다. 여기서 왕유는 시인이자 화가인 자신의 진면목을 보여준다. 그는 이들 자연 경관에 자신의 주관적인 선심禪心을 담는다. 얕은 형계의 물에서 수정처럼 빛나는 흰 돌, 가을 산의 한랭함, 조락한 단풍 등과 같은 대자연의 경물에서 시인은 어떤 감회와 흥취를 느꼈을까? 아마도 시인은 세간의 일체 만물은 모두 생멸하며 쉼과 그침이 없다는 선취禪趣를 십분 느꼈으리라. 또 형상 속에 도가 내재한다는 불리佛理도 체득했음 직하다.

　　제3·4구에서는 수묵화의 발묵 수법을 구사하여 자신이 살고 있

는 종남산의 넓고 깊고 그윽한 전경을 묘사하였다. 그림의 선염渲
染이 채 마르지 않은 듯, 그 전경은 습하고 짙은 비취색을 바탕색으
로 하고 있다.

가을 산에 단풍이 듬성듬성하지만 송백은 여전히 푸름을 자랑하
고 있고 산의 공기는 촉촉하다. 푸르고 희뿌연 산속은 공기조차 녹
화시키는 듯하다. 이 푸름 속을 지나노라니 마음과 몸이 모두 파랗
게 물들면서 마치 가랑비에 옷이 젖는 듯한 차가운 느낌을 갖게 된
것이다. 가없이 펼쳐진 짙은 비취색 산빛은 원경인 동시에 근경으
로, 형계와 흰 돌, 단풍 등의 중경中景과 오버랩되면서 현란한 색채
를 발산한다. 여기서 시인의 시각·촉각·착각·환각과 심령 깊은
곳의 미감이 자연 경물에 침투되어 '시 속의 그림'을 그려낸다. 진
짜냐 가짜냐의 구분이 없는 공령空靈하고 오묘한 순수청정심은 대
자연의 생기를 느끼면서 고적枯寂한 정조를 한껏 드러내고 있다.
이쯤 되면 왕유라는 시인의 단청 기술은 묘수妙手라 해도 전혀 부
족할 것이 없다.

전혀 공空할 뿐인 산속에서 결코 비가 온 바 없는데도 옷이 젖는
기분을 느낀다는 것은, 형상과 자취가 없지만 신묘한 작용이 언제
어디서나 빠짐없이 드러나는 체용일여體用一如의 도를 설파한 것이
라고 볼 수 있다. 시인은 푸름에서 차가운 기운을 느꼈을 것이고,

혜홍惠洪 1071~1128. 송나라 때의 승려. 임제종 황룡파의 선승으로 속성은 팽彭씨이
다. 법명을 혜홍惠洪 또는 덕홍德洪이라 하였으며, 자는 각범覺範이다. 북송대의 승려
들 가운데 가장 시문에 뛰어났다. 『석문문자선石門文字禪』 등을 지었다.

차가운 기분으로 인해 옷이 젖는 듯한 느낌을 받았을 것이다. 그러나 이 모든 감각은 즉시적인 것이기 때문에 논리적 분석을 가하거나 분해할 수 없다. 바로 이렇듯 진짜 같기도 하고 가짜 같기도 한 종합성을 가진 심리 감각이 기묘한 의경을 만들어낸 것이다. 이것이 이른바 선의 '진망화합眞妄和合'의 구조이다. 진짜와 가짜가 함께할 수 있는 이 변증법적인 색공色空의 호환 구조가 바로 선이 지향하는 융합이고 통합이다. 장주莊周와 나비가 하나로 통합될 수 있는 『장자』의 물아일체도 여기에서 가능하다. 선은 무심을 징검다리로 해서 '장자의 나비꿈'처럼 꿈과 현실이 하나가 되는 일원론적인 선의 경계로 진입한다.

왕유의 시 「산중」은 시정·화의가 선취와 어우러져 하나가 된 걸작이다. 이 시는 독자들에게 선리를 새삼 일깨우면서 엄우가 『창랑시화』에서 말한 "공空 중의 소리〔空中之音〕, 상相 중의 색〔相中之色〕, 물속의 달, 거울 속의 상相, 말은 다했으되 뜻은 다함이 없는" 경계를 시 속에서 티끌만큼의 흔적도 없이 드러내고 있다. 송대의 시승 혜홍*은 자신의 시론서인 『냉재야화冷齋夜話』에서 왕유의 「산중」을 "천지자연의 진리를 드러낸〔得天趣〕" 시라고 극찬했다.

왕유의 생애
왕유는 어릴 때부터 재주가 비상한 천재였다. 아홉 살 때 시문을 지었고 19세에 해원解元으로 선발되었으며 21세 때 진사과에 급제했다. 음악에 대한 조예가 깊어 대악승大樂丞의 벼슬을 역임하기도 했다. 36세 되던 해인 개원 24년 이임보가 득세하여 정국을 좌지우지하자 은퇴, 61세 때까지 망천에 은거하여 참선수행을 하면서 뛰어난 산수전원시와 문인화를 짓고 그렸다. 독실한 불교신자였던 어머니의 영향을 받아 불교를 깊이 신앙하였다.
성당 시단에서 그는 두보·이백과 어깨를 나란히 하는 대가였다. 100여 수에 이르는 산수전원시는 대표적인 그의 시가 예술의 성취였다.

{ 선시 이해의 길잡이 ❶ }
선시의 미학

의경, 시인의 마음속 예술 세계

의경意境은 중국 고대 문예 이론의 중요한 미학 개념으로 특히 시와 밀접한 관계가 있다. 따라서 한·중·일 3국의 한시를 음미하려면 무엇보다 의경의 개념을 먼저 이해해야 한다.

의경이란 한마디로 '시인의 마음속 예술 세계'라고 할 수 있다. 좀 더 구체적으로 설명하면, 예술가의 주관적 정의情意와 객관적인 물경物境의 융합이다. 이른바 고전 서정시의 정경교융론이다. 산수와 같은 자연 경치에 작가의 주관적 정감이 작용하여 만들어낸 의경의 중요한 특징은 다의성을 갖는다는 점이다. 때문에 때로는 애매모호하여 언어로는 도저히 형용할 수 없는 신비함을 느끼게 한다.

선시는 언어의 한계를 넘어선 그 무언가를 시를 통해 끊임없이 묘사해낸다. 언어로는 도저히 표현해낼 수 없는 언어 밖의 저 너머 세계를 선시 작가들은 시가 가지고 있는 의경의 애매모호함과 결부시켜 표현하고자 한다.

중국 선불교는 일찍이 '게송'이라는 선시를 통해 말로써는 설명할 수 없다는 불가설不可說의 불법 진리를 설파하고자 했다. 선종의 이러한 설불가설說不可說(말할 수 없는 것을 말함)의 방법에는 세 가지가 있다. 하나는 주장자拄杖子로 머리통을 내리치거나 강물에 빠뜨리거나 엉덩이를 걷어차는 것과 같은 동작어動作語이다. 다른 하나는 '흑'을 물으면 '백'으로 답하는 대법對法이나 충돌적인 개념 등을 활용하는, 선문답에서 흔히 보는 동문서

답식의 고의적인 모순어다. 동작어와 모순어의 사용은 직관적인 영감을 불러일으키기 위한 것이다. 나머지 하나는 풍부한 암시성과 계시성을 가지고 있는 몽롱한 언어이다. 선시는 바로 '설불가설'을 위한 이 세 번째의 선종 언어이다. 몽롱한 심미 사상을 함축한 선시 속의 의경은 시의 정서적 감수성과 선의 모호성이라는 두 측면을 통해 시와 선의 동일성을 도모하면서 독자로 하여금 양자의 변증법적 유추로써 선시가 지향하는 진지하고 성숙한 영혼의 목소리를 들을 수 있게 한다.

선은 '설불가설'을 위해 시의 원용이 필요했을지도 모른다. 그러나 시의 경우는 반드시 그러해야 할 이유는 없었다. 어쨌든 양자가 개별적으로 지니고 있는 성격의 상당 부분이 서로가 서로를 끌어당기는 견인력으로 작용했던 것만은 분명하다.

선시는 인도 게송(gatha)의 중국화이다. 말을 바꾸면 중국화된 가타가 바로 선시이다. 따라서 선시는 철학시의 성격을 짙게 띠고 있다. 하지만 그렇다고 해서 선시가 시의 미학 범주를 벗어나는 것은 아니다.

시의 의경 개념은 중국 고전 문예 이론이 창조한 최고의 심미 이상으로, 중국 시가 발전의 성취와 시가미詩歌美의 요지를 총결한 것이다. 시와 의경의 관계는 사람과 생명, 꽃과 향기, 별과 빛, 바다와 파도의 관계와도 같다. 이처럼 의경미는 시의 회화미의 정점에 위치하기 때문에 옛날부터 시의 최고 미학 범주로 일컬어져왔다.

불교의 경계境界에서 유래한 의경 개념은 1,000년 이상의 풍부한 발전을 통해 중국 시학의 중요한 심미 범주가 되었다. 의경 개념은 왕창령에서 시작되어 교연의 『시식詩式』, 유우석의 『동씨무릉집기董氏武陵集記』, 사공도의 『시품詩品』, 엄우의 『창랑시화』, 섭섭의 『원시原詩』 등을 거치면서 크게 발전하였고, 왕국유의 『인간사화人間詞話』에 이르러 그 결론을 맺었다.

시의 의경은 사람과 자연, 사물과 나, 경境과 정情의 화해와 통일을 나타내며, 독자로 하여금 고원하고 깊은 생각으로 훨씬 심오하고 넓은 사상 내용의 경물景物을 깨닫게 한다. 의경은 본질적으로 공간적인 예술미를 추구하는 고차원의 표현으로서 고전 미학의 예술 이상인 자연·화해·중화中和·유원幽遠을 표달해낸다.

　자연과 유원은 대표적인 선적 의취이다. 만물본연의 상태에 순응할 뿐 인공적인 수정이나 수식을 가하지 않는 도가의 '무위無爲' 사상을 임운자재한 '평상심'으로 발전시킨 선가는 시각적·감각적으로 허虛·무無와 상통하는 '담박淡泊'을 선미 물씬한 '자연'으로 강조하였다. 그리고 선가의 유원은 위진 현학玄學*의 '현玄'과 같은 의미로서 사대부들의 의경에서 자유해탈의 상태를 상징한다. 유원의 의미를 지닌 '현'은 세속에 구애받지 않는 초월의 세계, 즉 허광방달虛曠放達한 곳에 노니는 마음이다.

　의경은 정과 경의 통일과 화해를 강구하며 경에 정을 기탁한다. 왕부지는 『강재시화薑齋詩話』에서 "정과 경은 각각 별개의 것인 듯하지만 사실은 분리할 수 없다. 시에서 신비로운 것은 교묘한 합일에 경계가 없다는 것이다"고 하여 의경에서 정과 경은 서로 이름만 달리할 뿐 실제로는 상호 결합해 있는 하나라고 보았다. 또 주승작은 『존여당시화存餘堂詩話』에서 "시를 짓는 데에서 묘함은 대부분 의경의 융합에 있으니, 언외에서 비로소 진미를 얻는다〔作詩之妙 全在意境融徹 出聲音之外 乃得眞味〕"고 하였다.

　시가 언어의 서정성 표현에는 정이 말의 표면에 드러난 경우, 정이 말 가운데 있는 경우, 정이 말 밖에 드러난 경우 등이 있다. 여기서 '정이 말 밖에 드러난 경우'란 서정 주체(시인)의 감정이 문장에 표현되지 않고 산수

현학　위진 남북조 시대 왕필·곽상 등에 의해 한 단계 발전된 노장학老莊學으로 심오한 학문이란 뜻을 지니고 있다. 현학은 불교 선종과 상호 보완의 관계를 유지하면서 특히 남종의 선학禪學에 깊은 영향을 미쳤다.

등과 같은 어떤 기탁물을 통해 굴절되어 나오는 것을 말하는데, 이것이 바로 정경情景의 융합이다. 간결성, 형상성, 함축성을 특징으로 하는 시가 언어의 표현 방식은 서정성과 참신성, 다의성, 음악성을 특징으로 한다. 선시도 이와 같은 미학적 특징을 가지고 있다.

경계, 순수직관의 세계

중국 고전 미학과 시학의 중요 명제인 의경이라는 개념은 불교 경전에서 유래하여 선종 미학의 핵심 관념이 된 '경계境界'와 『주역』·『장자』 등에서 비롯된 '의상意象' 관념을 발전시킨 것이라고 할 수 있다. 따라서 의경 개념을 더욱 잘 이해하기 위해서는 '경계'와 '의상'에 대한 이해와 천착이 꼭 필요하다.

'경계'라는 말이 불교적 용어임은 이미 공인된 사실이다. 선종의 초기 전적들에는 '경계'라는 용어만 있고 '의경'이라는 말은 없다. 시학에서 경계는 심령적이고 감성적인 시인의 마음속 예술 세계를 말한다. 그러면 과연 불교의 경계란 어떤 것인가?

'경계'라는 불교 용어는 『능가경』, 『대승기신론』 등에 나온다. 『능가경』에는 부처가 대혜보살에게 이른바 심경계心境界·혜경계慧境界·지경계智境界 등의 7가지 제일의第一義를 설했다는 대목이 있고, 또 『기신론』에는 "일체 경계는 본래 한 마음이다〔一切境界 本來一心〕"라는 구절이 있다. 제일의란 언어나 생각이 미칠 수 없는 인간 인식 밖의 진리 자체를 가리키는 말로 그 실체는 '공空'이다. 불법 진리가 바로 이런 제일의이다.

불교의 경계는 간단히 말하면 육경六境을 가리킨다고 할 수 있다. 불교에서는 인간의 육근六根(눈·귀·코·혀·몸·의식)이 대하는 대상(色·聲·香·味·觸·法)을 6경이라고 하는데, 6경은 달리 육진六塵, 육망六妄,

육쇠六衰, 육적六賊 등으로도 불린다. 6근의 대상을 가리키는 이들 명칭 중에서 경境이 가장 허령적이고 불가의 '공' 개념을 잘 드러낸다.

선종 미학에서 경계는 바로 순수직관이고 순수정감이다. 경계의 '경'은 순수직관을 필수로 하는 순간의 일로서, 하나의 경계는 곧 하나의 순수직관이다. 순수직관에서는 '의'와 '경'을 구분하여 설명할 수 없다.

경계의 '경'은 의경의 '경'이 말하는 경물이나 대상이 아니라 정신적 범주의 정감을 가리킨다. 주관적 정감이 밖으로 드러날 때 '경계'가 된다. 그러나 의경에서는 '의'가 하나의 경계가 된다. 경계가 순수직관이고 정감이라면 의경은 사상과 감정이다.

정情(감정)은 접촉하는 사물에 대한 최초의 직접적인 형태이다. 정은 사람이 세계를 인식하는 감성 단계에서 발생한다. 명대의 초립굉焦立宏은 "진실로 그 감정이 이르지 못하면 정이 깊지 못하게 되고, 정이 깊지 못하면 감동을 시킬 수 없다"고 말했다. 진리에 대한 추구는 감정의 승화이며, 감정은 사람의 사상 의식을 형성하는 기본 요소이다. 의意(뜻)는 감정의 심화 단계에 진입한 사람이 세계를 인식하는 이성적 단계이다. 그러니까 의는 감정의 심화에서 발생한다. 이렇게 볼 때 '정'과 '의'는 두 개가 서로 다른 단계에 속할 뿐만 아니라 서로 다른 성격을 가지고 있다.

'의'는 비교적 중후하고 안정된 것이다. 그래서 '의'는 감정을 지배할 수 있는 위치에 있다. 하나의 형상을 붙잡아 표현하는 데에서 감정은 사상 의식이 펼쳐낸 촉각이다. 사상 의식은 일단 정보를 얻으면 감정이 외계 사물에 대한 활동을 계속하여 심화시키도록 지휘한다. 감정의 심화에는 반드시 '의'의 참여가 있어야 한다. 그래서 중국의 고전 시학은 창작에서 '의'를 강조했다.

'정'에서 '의'가 생기고, '의'는 또 '정'에 대해 반작용을 한다. '정'은 선천적인 특성을 가지고 있다. 정은 구체적 사물에 대한 느낌 가운데서 발생하여 구체적인 사물과 밀접한 관계를 갖는다. 그래서 즐거움·수심·원한 등의 감정은 언제나 구체적이다. 그리고 시인은 '의'를 통하여 이들 구체적인 감정을 물경物境으로 변화시킬 수 있다. 이처럼 '의'를 통해 승화시킨 정감을 사물에 기탁하여 드러낸 것이 바로 경계이다.

문: 협산의 경계는 어떤 것입니까?
답: 원숭이가 새끼를 안고 청장산 고개 너머로 돌아가고, 새들이 꽃을 입에 물고 벽암의 샘물 앞에 내려앉는다.〔猿抱子歸靑嶂裏 鳥啣花落碧岩前〕

당나라 때의 선승 협산선회•와 한 학인의 선문답이다. 학인이 묻고 있는 '경계'는 추상적인 개념으로서 깨침의 경지, 법력을 뜻한다. 그런데 협산 선사는 눈앞에 펼쳐진 구체적인 경물을 묘사함으로써 자연 대도를 따를 뿐인 자신의 돈오 경계를 펼쳐 보였다. '의'를 통해 승화된 정감이 청장령靑嶂俖岭과 벽암천碧岩泉이라는 구체적 사물 속의 정경情景을 빌려 표출되면서 문학적이며 선적인 경계를 멋들어지게 드러내고 있다.

'경계'의 두 글자는 사전적으로 모두 계역(Border)의 의미를 가지고 있다. 따라서 경과 계는 무분별이며, 때로는 경이나 계 어느 하나만으로도 사용된다. 그러나 '의경'의 두 글자는 각각 주관(정감)과 객관(경물)을 가리키면서 서로 다른 의미를 갖는다. 의경은 그 속에 '경계'를 내포하기 때문에 경계와 마찬가지로 순수직관적이고 분석이 불가능하다. 따라서 의경이 순수직관을 가리킬 때는 '경계'와 같다. 그러나 앞에서 살펴본 바와 같이 경계와 의경의 '경' 사이에는 미묘한 구분이 있다.

협산선회夾山善會 805~881. 속성은 료廖씨이다. 말재주가 있고 총명했다. 화정선자의 문하에 들어가 그 법을 잇고는 협산 기슭에서 살았다.

'의意'와 '정情'은 다 같이 정신의 범주에 속한다. 그러면 어떻게 '의'가 '정'에 작용하여 경계를 조성하는지 살펴보자.

사람의 5관이 밖의 사물을 접촉하면 바로 감각이 생긴다. 감각이 깊어지면 정이 일어난다. 이른바 감정이다. 이러한 감정을 '의意'를 이용하여 깊은 정감으로 승화시키고, 이것을 사물에 기탁하여 드러내면 경계가 된다.

『불학대사전』에서는 경계을 "마음이 노니는 장소"라고 했다. 자연 속에서 임운자재하는 가운데 심령의 자유와 평정, 안락을 구했던 도연명의 전원 생활도 하나의 경계이다. 도연명은 현학과 불교 예술 정신이 선종 예술 정신으로 넘어가는 과도기적 시기의 인물이다.

'경'이라는 글자는 원래 사물 상호간의 그물을 뜻한다. 이 그물 가운데 존재하는 개개의 사물은 독립적 실존(Dasein)이다. 쉽게 말해 '경'이란 주체 직관의 자연만상이고 하나의 심리 현상이다. 인간의 마음이 찰나간 어떤 대상에 머물 때 발생하는 심령의 비이성적 상태를 직관 또는 직각이라 한다. 이러한 심령을 통한 각오覺悟는 청정성을 충분히 갖추고 있다. 청정은 곧 인간의 본연 상태이며, 깨달음의 근원인 밝은 지혜이다. '경'은 이러한 순수직관을 통해서 이루어진다. 이것은 선이 말하는 '돈오頓悟'의 논리 구조이기도 하다.

경계라는 말은 원래 산스크리스트어 고카라(gocara)를 의역한 것으로 비사야(vishaya) 또는 가티(gati)라고도 하는데, 어떤 행위가 발생할 수 있는 영역이나 장場을 의미한다. 고카라는 소들이 풀을 뜯어먹고 노니는 목초지를 뜻한다. 소들이 그들의 삶을 위한 목초지를 갖고 있듯이 인간도 내적 삶을 영위할 수 있는 나름의 영역이나 장을 지니고 있다. 자신의 주관적 정감이 밖으로 드러나 노니는 정신적 목초지와도 같은 것이 바로 경계이다.

경계는 의경에 우선한다. 다시 말해 경계가 먼저 있은 후에 의경이 뒤따라 일어난다. 경계는 감성적 직관을 필수로 한다. 반야공관 사상의 '공空'

이 없이는 선가의 순수감정 즉 감성적 직관은 성립할 수 없다. "일체의 색이 불색이고 일체의 소리가 부처님 소리〔一切色是佛色 一切聲是佛聲〕"라는 선가의 명제도 색色을 공空으로 보지 않고는 성립되지 않는다. 자경오심藉境悟心(경계를 빌려 마음을 깨침)이나 현상공관現象空觀(일체의 현상이 무상하다는 공관) 역시 마찬가지이다. 따라서 경계에 대한 연구는 현상학과 감성학의 관점에서 접근하는 것이 좋다. 이는 곧 불교 교리적 입장에서 경계에 접근하여 연구하는 것이 가장 적절하다는 의미이기도 하다. 선종 미학의 핵심 과제인 경계는 미학적 각도에서 보면 선종의 색법色法과 심법心法이 교융하는 지점이다. 즉 마음이 밖으로 나타난 형상〔色〕이 곧 '경境' 인 것이다. 이러한 미학의 경계설은 직관을 통해 욕념의 탈출이 가능하다고 믿는 선종의 열반 경계로의 진입과 밀접한 관련을 맺고 있다.

의상, 사상이 머무르는 곳

의상意象은 사상이 머무르는 곳이다. 의상은 직관과 상상 속에서 의미를 환기하고 조합하는 역할을 한다. 직관에서 일어나는 정감은 언제나 사유와 언어가 순간적이어서 정확하게 개괄하기 힘든 성분을 가지고 있다. 이러한 난제를 해결하기 위해 의상의 운용이 필요하다. 의상은 형상적으로 감정을 표현해낼 뿐만 아니라 정감에 구속과 절제를 가하여 상외지상象外之象의 방법으로 직관적 영감을 표출해낸다. 의상이란 곧 작가의 사상 감정(주관 의식)과 외계 사물(객관 현실)의 복합체이며, 사상과 형상, 즉 목적과 형식의 유기적인 결합이다. 다시 말해 의상은 작가의 주관적 '의意'와 객관적 물상物象의 통일체이다.

의상이란 말은 역사적으로 일찍부터 등장했다. 『주역』 「계사상」에서는 "글은 말을 다 드러내지 못하고 말은 뜻을 다 드러내지 못하므로 … 성인은 상을 세워서 뜻을 다 드러낸다(書不盡言 言不盡意… 聖人立象 以盡意)"
고 하였다. 그러나 여기서 '의'는 일종의 종교적 관념이나 정서를 의미하
고, '상'은 괘상卦象 즉 인간의 길흉화복을 내함하는 상징적 부호를 뜻한
다. 의상이 예술 이론으로 개념화되기 시작한 것은 남북조시대 양梁나라의
유협에 의해서이다. 유협은 『문심조룡』에서 "홀로 빛나는 뛰어난 작가는
의상을 잘 갈고 다듬어 운용하는 사람이다〔獨照之匠 窺意象而運斤〕"고 함
으로써 의상이란 말을 완전한 예술 이론으로 개념화시켰다. 당대唐代에 이
르러서는 의상이 예술 이론의 기본적 심미 개념이 되었고, 또 의상을 더욱
발전시킨 의경설意境說이 예술의 새로운 심미 범주로 등장하였다.

　　의상은 작자의 주관적 감정〔意〕과 밖의 경물이 작용하여 만들어낸 추상
적인 '상象'이다. 그래서 의상의 상象은 '상징'을 뜻하기도 한다. 상징은
의미의 집결이다. 상징은 본래가 여러 의미로 구성된다. 따라서 상징이란
어떤 간단한 개념도 아니고 단순한 직관 현상도 아니다. 그것은 직관 세계
와 이념 영역을 함께 아우르는 비유체이다. 시의詩意는 형상과 정감이 상
징물 속에서 묘하게 일치할 때 비로소 암시를 얻을 수 있다.

　　상징에는 '의意'의 참여가 있어야 한다. 그래서 중국의 고대 시론들은
창작에서 '의재필선意在筆先(뜻이 글에 우선함)'을 강조, '의'의 작용을 중
시하였다. 양梁나라 종영은 『시품』에서 "글은 다하였으나 의미는 남아 있
는 것〔文已盡而 意有餘〕"이 한시가 지닌 중요한 비밀의 하나이나 '흥興'의
요체라고 하였고, 옛사람들은 "말은 여기에 있고 뜻은 저기에 기탁되는 것
이 바로 흥"이라는 말로써 의상에서 '의'의 중요성을 강조하기도 했다. 또
청대 왕부지는 "시작詩作의 몸체에서 '의'는 격格이고 소리는 운율이다.
의가 높으면 격이 높아지고 소리가 분명하면 운율이 맑아진다"고 말했다.
이 또한 창작에서 '의'를 강조한 시론이다.

　　왕유의 선시 「종남산 별장」의 경련(제5·6구)을 통해 선과 시에서 의상

이 연출하는 묘미를 잠시 감상해보자.

가다가 물이 다하는(근원하는) 곳에 이르면   行到水窮處
앉아서 구름이 떠오르는 때를 본다.   坐看雲起時

 이 시구에서 윗구의 '행行'은 동태 의상으로서 공간 변화의 의미를 함축하고 있고, 아랫구의 '좌坐'는 정지 의상으로서 시간의 지속성을 의미한다. '처處'와 '시時'는 각각 도到와 간看의 목적으로, '처'는 공간이고 '시'는 시간이다. 이런 의상들이 보여주는 묘미는 무엇일까?
 첫째, 선적인 '색즉시공'의 원리로서 시간의 공간화, 공간의 시간화를 도모하고 있다. 시에서 '처(공간)'와 '시(시간)'의 병렬(대비)은 공간과 시간의 상호 작용을 이끌어낸다. 앞 구절에서는 "걸어서 수원지에 도착한다"는 시간 과정이 '처'라는 한 글자에 의해 공간화되었고, 뒤 구절에서는 말하는 사람과 구름 사이의 공간이 '시'라는 한 글자에 의해 시간화되었다. 뒤 구절의 '시'는 경험을 통해 알고 있는 '구름이 일어나는 때' 즉 경험적 시간을 강조한다.
 둘째, 동태 의상(行)과 정지 의상(坐)의 절묘한 대비이다. 첫 구절의 동태적 의상인 '행'은 다음 구의 정지 의상인 '좌'와 대비를 이루며, '궁窮'과 '기起' 또한 정지와 동태의 대비를 이루고 있다. 앞 구절에 '행'과 '궁', 뒤 구절에 '기'와 '좌'가 각각 동태 의상과 정태 의상이 뒤얽힌 복잡미묘한 의상의 대비를 보여준다.
 표면적으로는 간단한 시구이지만 시 속의 의상들을 통해 선종에서 강조하는 시공간적인 통일 감각이 은연중에 드러나고 있다.

종남산 별장 終南別業

중년 들어 자못 불도를 좋아하더니　　　　　　中歲頗好道
만년에 남산 기슭에 거처를 마련했네.　　　　　晚家南山陲
흥이 일 때마다 혼자 나가 거닐다　　　　　　　興來每獨往
좋은 일, 좋은 경치는 저절로 알고 즐기네.　　　勝事空自知
흐르는 계곡 물이 다 끝나는 곳에 이르면　　　　行到水窮處
앉아서 뭉게뭉게 이는 구름을 쳐다보곤 하네.　　坐看雲起時
우연히 산속에 사는 노인을 만나면　　　　　　　遇然値林叟
서로 이야기를 나누다 집에 돌아갈 것도 잊어버리네.　談笑無還期

— 왕유

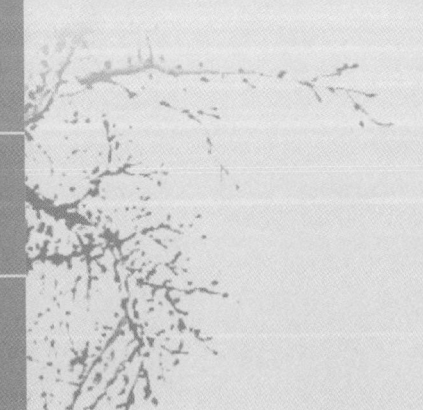

1

「종남산 별장終南別業」역시 인구에 회자하는 천고의 명편이다. 이 시는 사람들을 무궁무진한 선기禪機와 선리에 빠져들게 하면서 깊이 사색하도록 이끈다. 시의 경물 묘사는 공령하고 담백한데, 정情 속에 경景이 있고 경 속에는 도道가 내함돼 있다.

시를 관통하는 정신적 흐름은 세속을 초탈하여 세상 바깥에서 노니는 한도인閑道人의 세외지심世外之心이다. 시 속의 주인공(왕유)은 청정한 공간 속에 안거하는 은둔자의 전형이다. 세상 먼지에 찌든 껍데기를 벗어던지고 만물의 바깥에서 노니는 한소식한 대자유인이다. 그런 선객의 깨끗한 마음이 바깥 경물을 대하면서 느끼는 공空·적寂·한閑의 선취가 시로 나타났다. 왕유는 자연 속에 두루 법신이 실려 있음을 깨닫고 그 경지를 직관·연상·비유·상징 등의 수법으로 표현했다. 다만 그는 자연이 지닌 정적의 아름다움을 너무 사랑한 나머지 인간을 다소 혐오했다. 그래서 흔히 그의 시에서 인간은 자연의 아름다움을 부각시키는 점경點景으로 축소되곤 한다.

자연의 생명력은 인간의 정신을 굳세게 만들고 새로운 의지를 북돋워준다. 티 없이 맑고 끝없이 드넓은 자연 세계는 인간으로 하여금 한 몸을 되돌려 기사회생을 이루도록 촉구하는 엄중한 스승이기도 하다. 왕유는 이런 자연의 세계인 종남산 계곡에다 자신의 전 존재를 내던진 채 세간에 대한 욕심과 집착을 모두 털고 본래면목本來面目(중생이 본래 지니고 있는, 인위가 조금도 섞이지 않은 맑고 깨끗한 심성)을 회복하여 유유자적한다.

| 조수는 소리 없이 찾아들어 지렁이 애도하고, | 暗潮生渚弔寒蚓 |
| 지는 달은 버드나무에 걸려 거미를 바라보네. | 落月掛柳看懸蛛 |

　소동파가 44세(1079년) 때 절강성 호주 자사로 전임되어 가는 길에 지은 시 「배에서 한밤에 일어나舟中夜起」에 나오는 구절이다. 소식은 조수, 지렁이, 달, 거미 같은 밤의 경물들에서 자연의 생명력을 깊이 느끼고 세간에 대한 실망감을 모두 털어버렸던 것이다.
　도학자들에게도 '자연'은 도의를 즐기고 심성을 양성하는 공간이 된다. 자연은 도의 본체(道體) 곧 '이理'의 활발한 모습이 가장 잘 드러나는 곳이기 때문이다. 퇴계 이황의 절구 「도산잡영陶山雜詠」 18수 중에 나오는 '너럭바위(盤陀石)'는 도체로서 자연을 상징하는 대표적인 예이다.

탁한 물이 콸콸 흐르면 얼굴 숨겼다가	黃濁滔滔便隱形
물이 편안히 흐를 때 비로소 나타나네.	安流帖帖始分明
어여쁘다, 저렇게 거센 물결 속에서도	可憐如許奔衝裏
너럭바위는 구르거나 기우는 법 없으니.	千古盤陀不轉傾

　이 시는 '너럭바위'라는 자연이 함축한 천리가 인욕에 가려져 있지만 않고 결국은 온전히 발현될 것이라는 희망적인 생각을 담고 있다.
　왕유의 시 「종남산 별장」의 경련(제5·6구)은 무궁무진한 의미를 담고 있는 명구名句로 많은 시평가들의 찬탄을 불러일으켰다. 특히 그 선적인 의미는 거듭 천착되어오면서 선문답에서도 자주 인용되었다.

송나라 때의 법안종 종현선사에게 어느 날 한 학인이 찾아와 물었다.
학인 : 유마거사가 침묵하자 문수보살이 크게 찬탄했는데 그 속에 어떤 의미가 들어 있습니까?
선사 : 네가 물어보아라. 내가 대답을 할 테니.
학인 : 그런 사람이 나타나면 어찌하시렵니까?
선사 : 가다가 계곡 물이 다한 곳에 이르면 앉아서 뭉게구름 피어오르는 것을 바라본다〔行到水窮處, 坐看雲起時〕.

유명한 선종 사서史書 『전등록傳燈錄』(권25, 「홍주 관음종현선사」)에 나오는 선문답이다. 「종남산 별장」의 경련을 인용한 종현선사의 대답은 선과 시가 서로 침투해 들어가서 어우러진 예의 하나이다. 시의 선화禪化와 선의 시화詩化는 표리의 관계로, 선의 문인화 과정에서 생겨난 하나의 산물이다.

「종남산 별장」의 경련은 경景을 묘사하고 있는데 무궁무진한 선기가 흘러넘친다. 시 전편의 정수가 이 연에 담겨 있다. 이 연은 문맥상으로 앞 연을 이어받고 있다. 구체적으로는 "좋은 일, 좋은 경치는 저절로 알고 즐기네〔勝事空自知〕"를 구체화시켜 설명하는 대목이다. "계곡 물이 다한 곳에 이르면〔行到水窮處〕"은 일정한 목적 없이 발길 닿는 대로 걸어가다 부지불식간에 흐르는 계곡 물이 다 끝난 곳에 도달한 모습이다. "앉아서 뭉게뭉게 이는 구름을 바라보네〔坐

看雲起時]"는 눈앞에 길이 끝나 있어 더 이상 가지 못하고 주저앉아서 뭉게뭉게 일고 있는 구름을 쳐다본다는 내용이다.

이 연은 서사와 사경寫景, 서정이 하나로 어우러져 있다.

먼저 서사의 각도에서 보면, 10글자 중 '행도行到' · '좌간坐看'의 4글자를 통해 청정심으로 돌아간, 머묾이 없고 집착함이 없는[無住無着] 자유롭고 초연한 심태를 보여준다.

서정적 각도에서 보면, 경련의 두 구는 번뇌와 망상, 분망奔忙을 모두 털어버리고 물가에서 흰 구름이 솟아오르는 것을 본다. 물길을 좇아가는 취흥이 다하면 구름을 관상하는 취흥이 이어진다. "가다가 물이 다한 곳에 이름[行到水窮]"은 큰 죽음[大死], "앉아서 구름이 이는 것을 봄[坐看雲起]"은 부활 후의 큰 삶을 각각 의미한다. 크게 살려면 한번 크게 죽어 다시 태어나야 한다는 것이 선문의 돈오론이다. 불가의 깨침이란 번뇌에 찌든 삶을 과감히 청산하는 '대사大死' 후에 다시 태어난 '부활'의 삶을 말한다. 이러한 대사大死와 대생大生의 해탈관은 조주선사(778~897)가 '조주대사저인趙州大死底人'(『벽암록』 제41칙)이라는 화두를 통해 명쾌하게 설파한 바 있다. "흐르는 물길이 다하는 곳에 뭉게구름이 피어오르는" 것으로 이어지는 유유한 자연의 정취는 곧 왕유의 정신적 관조를 형상화한 것이다. 이 한적하고 유원한 서정은 사람들의 마음과 정신을 즐겁게 한다.

사경의 각도에서 보면, 가볍게 붓을 휘둘러 일필휘지의 화의畵意로 간략히 경치를 묘사한 이 연은 정과 경이 어우러져 녹아든 한 폭의 천연산수화 같다. 그 필치가 함축적이고 공령하며 상象에 집착하지 않아, 맹호연의 시 「저물녘에 심양에 머물며 여산을 바라보다晚

왕유의 작품으로 전해지는 〈설계도雪溪圖〉
종남산 망천에 은거해 선적禪寂을 즐겼던 왕유의 〈설계도〉는 얼어붙은 계곡 위에 쌓인 눈과 유거幽
居 지붕의 눈이 구름 같은 산 중턱의 눈과 대對를 이루면서 욕심을 떨쳐버린 편안한 선경의 적정寂靜
을 설하고 있다.

泊潯陽望廬山」에 나오는 "심양 강가에 배를 대고 향로봉을 바라본다〔泊舟潯陽郭 始見香爐峰〕"보다 훨씬 뛰어나다는 평이다.

경련 두 구의 묘미는 심원한 선기와 이취理趣에 있다. 불교적 안목에서 볼 때 백운의 무심무의無心無意와 유유자재悠悠自在, 아무런 걸림 없음은 이른바 부주심不住心·무상심無常心의 경계에서 노니는 담박한적한 선의禪意를 상징한다. 선에서 '구름'은 욕심이나 집착이 없음을 상징한다. 얽매인 데 없이 자유자재하고 유유자적하다. 구름과 같은 삶은 그래서 언제나 동경의 대상이다. 왕유는 「송별送別」이라는 시에서 "일단 산으로 들어가거든 다시 묻지 말게나, 흰 구름은 다할 날이 없다네〔但去莫復問 白雲無盡時〕"라고 했고 「의호欹湖」에서는 "호수 위에서 한번 고개 돌려 바라보니 푸른 산이 흰 구름에 휘감겼네〔湖上一回首 山靑卷白雲〕"라고 읊조렸다. 또 두보는 「강정江亭」에서 "물이 흘러가나 마음이 따르지 않으니, 구름도 마음에 느긋이 머물고 있네〔水流心不競 雲在意俱遲〕"라고 읊었다. 이런 시들에 나온 백운(구름)은 모두가 풍부한 선적 의미를 담고 있다.

경련의 두 구는 또 선취로 가득 채워진 시경詩境을 함축하고 있다. 특히 물길의 끝남〔水窮〕과 구름의 일어남〔雲起〕이라는 두 의상의 교묘한 조합에다 장소와 시간을 뜻하는 '처處'와 '시時'가 이어져 어울리면서 시의 의미를 더욱 깊게 해준다. 시공을 초월한 우연한 만남〔無心遇合〕, 헤어짐과 만남의 필연성, 변화에도 놀라지 않음〔處變不驚〕, 다함이 없는 신묘한 경계〔妙境無窮〕 등과 같은 무한한 자연과 우주·인생의 철리를 설하고 있는 것이다. 물길이 다한 곳에 이르러 구름이 피어오르는 것을 본다는 것은 끝에 다다라서 오히려 무궁무진한 묘경을 깨달았음을 뜻한다. 구체적으로는 세상사의 변화 무상함과 천리의 무궁함을 깨달은 것이다. 이 두 구는 변화무상의 기제機制가 지닌 무궁무진한 묘체를 설법하고 있다 할 수 있다.

조선조 광해군 때의 시인 권필(1569~1612)은 「그윽한 삶에서 우줄우줄 흥이 나서幽居漫興」라는 시에서 왕유의 이 시구를 다음과 같이 점화했다.

맑은 새벽엔 걸어서 시냇가 바위에 나가고	淸晨步到澗邊石
해 질 무렵엔 앉아서 물에 비친 산봉우리를 본다.	落日坐看波底峰

참으로 유한悠閑하고, 언어와 형상을 뛰어넘은 기취機趣가 넘치는 시정이다. 헤어짐과 만남이 서로를 이끌어주고 있다. 권필은 왕유의 '행도行到'를 '보도步到'로 바꾸고 '좌간坐看'은 그대로 점화하여 칠언구로 창작해내었다.

왕유의 「종남산 별장」으로 되돌아가 수련과 함련, 미련을 감상해보자. 수련은 자신이 중년 이후 속세를 버리고 불교를 신앙하였으며 만년에는 종남산에 유거를 마련하여 은거 생활을 함을 이야기하고 있다. 수련에서의 은거 이유 기술에는 초연한 세외적世外的 정감이 흘러넘친다.

함련은 '흥치興致'와 '승사勝事'를 말하고 있다. 흥치는 흥과 운치를, 승사는 훌륭한 일을 각각 뜻한다. 그러니까 흥이 나면 한가로이 홀로 유람하면서 정감에 젖고, 그러다가 아름다운 경치를 만나면 즐거움에 취한 채 정신적 깨달음을 얻어 심령의 만족을 느낀다는 것이다. '매번 홀로 길을 나선다〔每獨往〕는 것'은 시인의 용솟음치는 흥과 운치를 잘 묘사하고 있다. '스스로 안다〔自知〕'는 것은 앞의 '공 空'과 연결되는 그럴싸한 불교적 표현 같지만, 실은 '공'을 한탄하는 반어법으로서 높은 경지의 감회를 통해 스스로 얻는 즐거움이 '있음'을 말한다. 시인은 한가로이 유람하는 가운데서 사람들이 이미 알고 있는 유람의 흥미가 아닌 '흥치'를 홀로 조용히 아주 절묘하게 즐긴다. 함련은 또 일상생활을 묘사하는 중에서 은근히 평상심시도의 이취를 표출시키고 있다.

미련은 시인의 심경이 유연자재함을 말하고 있다. 우연히 산중에서 노인을 만나면 집으로 돌아가는 것조차 잊어버릴 정도로 시간의 흐름을 지각하지 못한 채 흥이 다할 때까지 담소를 나눈다. '우연偶然'이라는 두 글자는 인위적으로 노력하거나 계획적으로 천착하는 일이 없이 저절로 완성되는 공령한 예술적 의경을 드러내 보이고 있다. 물과 우유가 섞이는 듯한 이러한 정情과 경景, 이리와 사事의 상호 융합•은 시인의 심령과 자연이 어우러진 의경으로서 시의 화경化境•이며 선의 오경悟境이다.

송나라 문인 호자胡仔는 "이 시는 시의가 오묘하고 물상物相의 표리가 지극하니, 어찌 시 가운데 그림이 들어 있다 하지 않겠는가? 그 시를 보라. 티끌세상 가운데서 선탈한 채 만물에 노니는 대표자

이와 사의 융합 화엄의 4법계관의 세 번째인 이사무애법계理事無碍法界가 이에 해당한다. 이와 사, 즉 본체계와 현상계가 둘이 서로 떨어져 있는 것이 아니라 하나의 걸림도 없는 상호관계 속에 있음을 말한다.
화경 부처가 교화할 만한 경토境土, 즉 시방의 모든 국토.

이다"라고 하여 전대의 어느 누구보다도 왕유의 「종남산 별장」을 높이 찬양하였다. 왕유의 이 시는 떠가는 구름이나 흘러가는 물처럼 자연스러워서 무엇을 구하려는 의도나 인공의 냄새가 전혀 없다.

2

왕유의 선시 「종남산 별장」은 행운유수行雲流水하는 자유로운 전원생활의 그윽한 흥취와 심원한 뜻이 선禪·도道와 상통하고 있음을 보여주는 설법이다. '전원'은 바로 세간을 뛰어넘어 홀로 노니는 선적 심리 활동의 공간이며 장자적 소요의 이상 경지이다.

앞에서 본 왕유의 선시 「송별」은 구스타프 말러의 교향곡 〈대지의 노래Das Lied von der Erde〉 제6악장에도 나온다. 인간의 고독을 노래한 말러의 이 교향곡은 한스 베트게(Hans Bethge)의 번역 시집 『중국의 피리』(1922)를 대본으로 삼아 중국의 시를 독일의 정서로 재해석한 것이다. 모두 7악장으로 되어 있는데, 제1악장을 제외한 나머지 6개 악장에서 이백, 전기●, 맹호연●, 왕유의 시를 활용하고 있다. 제

전기錢起 710~780. 당나라 때의 시인. 자는 중문仲文이다. 대력大曆 연간(766~779)에 태청궁사·한림학사를 지내면서 청신하고 수려한 시로 이름을 떨쳐 '대력십재자大曆十才子'의 필두로 칭송받았다. 자연을 제재로 한 시들을 많이 썼으며, 특히 오언율시에 뛰어났다.

맹호연孟浩然 689~740. 당나라 때의 시인. 자연스러운 시어와 청담하고 운치 깊은 풍격으로 산수와 전원을 노래한 시들을 많이 지었다. 당대의 대표적인 산수시인으로 꼽힌다. 왕유와 더불어 왕맹王孟이라고도 불린다.

6악장 '결별'은 맹호연의 「업선사의 산방에 묵으면서 정공을 기다렸으나 오지 않다宿業師山房待丁公不至」와 왕유의 시 「송별」을 합성한 뒤 마지막에 여성의 노래로 '영원히(ewig)'라는 말을 길게 끌도록 했다. 이는 왕유의 「송별」에 나오는 "흰 구름 다할 날 없네〔白雲無盡時〕"를 베트게가 "흰 구름 영원히, 영원히(Und ewig, ewig sind die weiβen wolken)"라고 번역한 데 근거한 것이다.

말러의 교향곡 〈대지의 노래〉를 관통하는 일관된 주제는 청춘이나 우정 같은 아름답고 가치 있는 것도 끝내는 결별하지 않을 수 없다는 슬픔이다. 다시 말해 좀 탄식조이다. 말러가 근거한 선과 선시(한시)의 세계는 과연 이토록 어둠이 짙게 깔려 있는 것일까? 그렇지 않다.

선은 모든 덧 없는 것들〔無常〕과의 결별이 슬프다고 탄식하기보다는 순간이 영원으로 승화된 초탈의 세계로 진입하고자 한다. 선에서는 "어떠한 것도 영원히 존재할 수는 없다〔諸行無常〕"는 존재방식에 의해 "영원한 삶의 진행〔不生不滅〕"이 가능케 된다는 '역설의 미학'을 만들어낸다. 생성과 소멸은 '인연'이라는 거대한 그물망 안에서 진행되는 과정일 뿐이다. 따라서 이 두 가지 현상은 어떤 방식으로도 구분할 수 없는 하나이자 전체로서 우리에게 나타난다.

'순간'이 어떻게 해서 '영원'이 될 수 있는가는 과학적으로도 명확히 입증된다. 원자 내부에서는 무수한 미립자들이 순식간에 생성되었다가 순식간에 소멸한다. 우주의 시간으로 볼 때 그들 생명은 1,000억분의 1초에 불과하다. 그러나 그들의 생명을 우리가 사용하는 1초로 환산한다면 지구 역사의 60만 배인 3,000조 년이 된다. 그래서 미립자의 순간적인 생명은 영원하다고 할 수 있다. 바로 여기서 '만고불변의 장공〔萬古長空〕'이라는 영원과 '하루아침의 풍월〔一朝風月〕'이라는 순간이 등가의 관계로 통일되면서 '영원 속의 순간', '순간 속의 영원'으로 공존한다.

결론은 교향곡 〈대지의 노래〉가 들려주는 어둠이 짙게 드리운 한시 또는 선의 세계는 본래의 모습과는 거리가 있는 재해석이라는 점이다. 불교 특히 선종은 염세주의가 아니다. 다소 신비주의적인 초월주의로 비쳐지기는 하지만 비관과 염세, 허무로 일관하는 패배주의적 사고는 결코 아니다. 속물적인 이해와 욕심을 버리고 초연한 심태心態를 단련하여 세상을 좀 더 의연하게 살고자 하는 것이 선가 납자衲子●들의 본지풍광本地風光(본래면목)이다. 진정한 선미禪味는 무상에 대한 슬픈 탄식이 아니라 청풍교월淸風皎月 같은 맑고 차가운 청한淸寒의 경계이다.

교향곡 〈대지의 노래〉가 들려주는 무상에 대한 비탄은 근본적으로는 선에 문패처럼 등장하는 '공空'의 의미를 어떻게 받아들이고 해석하느냐와 관련되는 중요한 문제이다. 왕유의 대표적인 선시들에는 '공산空山', '춘산공春山空', '공자지空自知' 등과 같이 대부분 '공' 자가 들어 있다. 다른 많은 선시들에서도 '공空' 자와 '자自' 자는 흔히 볼 수 있는 글자들이다. 왕유의 선시에서 '공'은 자연이 자연대로 살아가는 모습을 대비적으로 표출시킴으로써 무생물의 무감

●납자 납의衲衣라 불리는 누더기 승복을 입고 돌아다니는 중. 특히 선승을 가리킨다.

정이나 유상함과는 무관하게 벌어지는 시인의 불행과 무상감을 강조하고 있다. 왕유는 자연을 도덕의 근본으로 삼고 그 자연에서 일상의 이념을 얻어내려 한 것이다.

선불교가 그처럼 강조하는 평상심시도의 일상성(평상심)은 현세에서의 삶의 완성을 뜻하는 것으로, 현실 속에서 공동체적 윤리를 가능케 하는 내면적 근거를 확보하고자 하는 삶의 태도이다. 평상심에서 보면 무슨 거창한 이상이 아니라 우리 곁에 있는 생활 속 감회 자체가 바로 시라는 것이다. 우리의 정서는 경물에 따라 변화하고, 시는 그러한 감정에서 유래하여 생겨난다. 선시는 대체로 자연을 통해 자신의 본성을 찾는 노력을 보여주고 있다. 선은 시에서도 결코 일상성을 배제하지 않는다.

왕유는 공무空無 사상에 철저했는데, 같은 선종의 거사였던 백거이*는 개유皆有 사상을 강조했다. 얼핏 보면 서로 반대인 것 같다. 그러나 둘은 상통하는 선리이다. 색色이 공空이고 공이 색이므로 '공무'와 '개유'는 결론적으로 같다. 다만 표현법을 긍정으로 했느냐 부정으로 했느냐의 차이가 있을 뿐이다. 왕유의 시 「종남산 별장」 함련에 나오는 "좋은 일, 좋은 경치를 만나면 저절로 알고 즐긴다〔勝事空自知〕"의 '공'은 무無가 아니라 유有(스스로 얻는 즐거움이 '있

백거이白居易 772~846. 자는 낙천樂天이고, 호는 향산거사香山居士 또는 취음선생醉吟先生이다. 일상적인 언어의 구사와 풍자에 뛰어났다. 시풍이 평이하고 유려하여, 원진元稹의 시풍과 더불어 원백체元白體로 통칭된다. 「장한가」, 「비파행」 등의 시가 유명하다.

음')의 의미를 갖는 반어법적인 표현으로, 선가의 개유 사상과 서로 통하는 것이다.

선종 미학에 '선가삼경禪家三境'이라는 것이 있다. 선림이 떠받드는 지극한 세 개의 선적 경계를 말하는데, 모두 '공' 자를 사용하여 공관[體]과 직관[用]의 융합을 교묘하게 드러내 보인 명구들이다.

제1경
텅 빈 산, 낙엽으로 가득 덮여 있으니 落葉滿空山
어데서 그 발자취를 찾을 수 있으랴. 何處尋行迹

당나라 시인 위응물의 오언율시 「기전초산중도사寄全椒山中道士」 미련에 나오는 구절이다. '텅 빈 산空山'은 사람이 없음을 선언하는 직관이다. 사람이 없음은 곧 부처도 없음을 말한다. "어데서 발자취를 찾으랴[何處尋行迹]"라는 말은 인간이 집착할 것이란 전무하다는 의미이다.

제2경
텅 빈 산, 사람도 없는데 물은 흐르고 꽃은 피고 진다. 空山無人 水流花開

소동파의 시 「십팔대아라한송十八大阿羅漢頌」에 나오는 구절이다. 이 명구는 당나라 시인 사공도*의 시론서 『이십사시품二十四詩品』 「진밀縝密」에 나오는 "물은 흐르고 꽃은 피는데 맑은 이슬 방울 아직도 남아 있네[水流花開 淸露未晞]" 구를 점화한 것이다. "텅 빈 산에 사람이 없다〔空山無人〕"는 것 또한 산이 텅 비어 있고 사람도 부처도 없음을 말하며, "물이 흐르고 꽃이 핀다〔水流花開〕"는 하나의 생동적 직관이다. 이 구절은 무욕한 비인간적 성색聲色의 경계를 나타내고 있다. 물이 흐르고 꽃이 피는 것을 보고 듣는 주체는 없다. 그러나 바로 이 '주체가 없다'는 무無가 그러한 경景을 관조하고 있는 것이다. 관조자는 이 무의 경계를 빌려 마음을 깨쳤다. 이는 아집과 법집法執*이 이미 다 깨뜨려졌음을 전해주는 소식이다.

왕유, 유종원, 맹호연, 위응물, 소동파 같은 시인들의 시에는 선경禪境과 시경詩境이 상통하고 있다. 선자는 시경을 빌리고 시인은 오묘한 선경을 창작해낸다. 선과 시는 이렇게 서로 삼투하여, 공적空的 인격으로부터 시의 품격을 획득하기도 하고 시적 경계를 통해 마음과 사물의 직각적 통일을 이루어내기도 한다.

제3경

만고불변의 영원한 허공이요　　　　　　　　　　　　萬古長空
허공 속 하루아침의 풍월이라.　　　　　　　　　　　一朝風月

사공도司空圖 837~908. 당나라 때의 시인. 자는 표성表聖이다. 그의 시는 당나라 말기의 으뜸으로 꼽혔고, 특히 기품이 있었다. 시론서 『24시품』을 지어 후세의 시론에 심대한 영향을 끼쳤다.
아집과 법집法執 자아〔我〕의 실재에 대한 집착을 '아집'이라 하고, 대상 세계(法)에 대한 집착을 '법집'이라 한다. 고정된 자아가 없고 고정된 실체가 없음을 깨칠 때 '공'에 다다를 수 있다.

우두종牛頭宗의 선풍을 드날렸던 당나라 때의 숭혜선사가 한 납자의 참문에 답한 선어이다. 찰나 속에서 영원을 깨치는 선자의 돈오를 상징하는 명구이다. "만고불변의 허공〔萬古長空〕"은 영원(공관)을, "하루아침의 풍월〔一朝風月〕"은 찰나(직관)를 상징한다. 공관空觀이 곧 직관이요, 직관이 곧 공관이다. 주의할 점은, 공관은 직관을 빌려 실현되는 것이 아니며 직관은 공관의 구체화가 아니라는 점이다.

이상에서 보듯이 모두 '공' 자가 들어가 있는 '선가삼경'은 공관과 직관의 융합이 극치를 이루고 있는 선적 경계이다. 공관은 추상적 개념이 아니다. 공관은 직관의 영혼〔體〕이고 직관은 공관의 작용〔用〕이다.

3

불심이 돈독했고 유종원의 정치적 동지였으며 백거이와 친분이 두터웠던 유우석은 시승詩僧을 분석하는 가운데서 "승시僧詩의 품격은 청려淸麗함에 있다"고 했다. '청'은 정定 곧 선정을, '려'는 혜慧 곧 지혜를 뜻한다. 그러니까 승려시의 2대 성공 요인은 시 속에 깊숙이 담겨 있는 선정과 지혜라는 것이다. 승려 시인들이 거듭 되새겨야 할 시론이다.

선리禪理를 담론하는 시작에 능했던 왕창령은 자신의 시론서인 『시격詩格』에서 시가詩家의 3경으로 물경物境, 정경情境, 의경意境을 제시했다. '물경'은 마음의 눈으로 경계를 보는 것을 말하고 '정경'

은 경치를 접하여 일어나는 감흥, 즉 정과 경의 융합을 가리킨다. 시가 3경 중 한시 특히 선시에서 중요시되는 것은 의경이다. 왕유의 시 「종남산 별장」이 많은 평자들의 호평을 받으면서 인구에 회자하는 것도 시안詩眼인 "가다가 물길이 끝나는 곳에 이르면 앉아서 피어오르는 구름을 본다(行到水窮處 坐看雲起時)"에 담겨 있는, 말은 다 했으되 뜻은 아직도 무궁무진한 의경 때문이다. 무심한 가운데 자연스럽게 살아가는 평상심의 생활 속에 드러나는 '대자유'와 '유한悠閑'이 곧 이 구절에 내함된 의경이다.

의경이란 객관 사물과 시인의 사상 감정이 통일을 이룬 것, 좀 더 구체적으로는 공간적 경상境象을 빌려 작가의 사상 감정을 남김 없이 드러낸 것을 말한다. 의意는 주관적인 것으로서 진제眞諦(최고의 진리〔第一義〕)를 상징한다. 돈황본 『육조단경』에 의하면 "제일의는 무념無念·무상無相·무주無住로 파악될" 뿐인 불가사의하고 불가언설不可言說한 것으로 그 실체는 공이다.

'의경', '경계'와 같은 개념은 선진시대부터 시작된 것으로, 장기간에 걸친 연구와 해석에도 불구하고 현재까지도 그 의미가 불명료한 개념이다. 이와 비슷한 '의상意象'이라는 또 하나의 개념이 있다. 의상은 '이상표의以象表意' 즉 상을 빌려 뜻을 표출하는 것을 말하는데, 결과론적으로는 주관과 객관의 유기적 통일이라고 말할 수 있다. 의경 또한 주관과 객관의 통일이며 정과 경의 결합이다.

의경의 '의'는 정을 뜻한다. 즉 관념적·정신적인 것으로 주체적 감각, 정서, 의지, 관념, 인지 등과 같은 정신적 내용을 포괄하고 있다. 그 지향점은 '내족內足' 곧 내적인 만족이다. 시정詩情의 정은 정경情景을 말한다. '경景'은 경물景物 곧 대상인데, 그 지향점은 '외족外足' 곧 다른 사람의 감동을 불러일으키는 것이다. 의경에서의 '경境'은 심리적 측면의 경계를 의미한다.

경境이 마음으로부터 생겨나는 방식으로 생성된 의경은, 객관적 사물의 성질에 입각해서 말하면 '허환虛幻'이고 주체의 심리적 상태에서 말하면 '진실된' 것이다. 그래서 의경의 묘미는 허허실실虛虛實實(허한 듯 실하고 실한 듯 허함)하고 환환진진幻幻眞眞(환한 듯 진하고 진한 듯 환함)한 가운데서 나온다.

우리가 선학이나 선시를 공부할 때 자주 접하게 되는 '의경'과 '경계'의 차이는 과연 무엇인가?

의경은 두 글자가 각기 다른 의미를 가지고 있는 데 반해 경계境界는 두 글자가 모두 계역界域(영역)이라는 의미를 가지고 있다. 그래서 경계는 '경' 또는 '계' 한 글자만을 사용하여 그 의미를 드러내기도 한다.

순수직관 또는 순수정감을 뜻하는 경계는 불교 용어로서 선종의 초기 전적에 등장하지만 의경이라는 용어는 없다. 따라서 경계가 먼저 있었고, 의경은 후에 의상意象 관념의 발전으로 등장한 개념이다. 경계의 '경'과 의경의 '경'은 글자는 같지만 뜻하는 바는 서로 다르다. 경계의 '경'은 경물이 아니라 정감을 가리킨다. 그러나 의경에서 정감을 뜻하는 말은 '의'이지 경이 아니다. 주관적 정감이 밖으로 드러날 때 경계가 된다. 의경의 '의'는 하나의 경계이다. 따라서 의경 중의 정감은 '의'에 속하지 '경'에 속하지 않는다.

시공의 제한을 벗어나는 것을 관觀이라 하며, 직관을 통한 초월은 찰나간에 발생한다. 순수 '직관'의 대상은 모두 시공과 욕념을 초월하여 목전에 존재한다. 이러한 초월은 오직 '찰나'간에 발생한다. 선은 직관을 통한 욕념의 탈출이 가능하다고 본다. 찰나간의 직관을 통해 욕념을 탈출하는 것이 바로 '돈오'이다.

경계·의경의 불학적 배경이 되는 개념은 심心과 의意, 근根이다. '심'은 흔히 불심佛心을 말하는데 바로 세계와 자아의 본체이다. 『대승기신론』에서는 '중생심(여래장심)'에 대해 설명하면서 일심법一心法과 이종문二種門(진여문, 생멸문)을 논하고 있다. '의'는 분별, 사량思量(생각하고 헤아리는 것) 등과 같은 심의 작용을 말하는 것으로 곧 의근意根(제6식인 의식 또는 제7식인 말나식)을 가리킨다. 의는 그 작용의 순서에 따라 ①업식業識, ②전식轉識, ③현식現識, ④지식智識, ⑤상속식相續識 등의 이름을 갖는데,• 일체 현상으로 현현하는 경계로서의 '의'를 가리켜 현식이라 한다. '근'은 감각과 의식 작용의 기능을 말하는 것으로, 5근이 5종의 경계를 만들어낸다. 즉 눈〔眼根〕은 색경色境을, 귀〔耳根〕는 성경聲境을, 코〔鼻根〕는 향경香境을, 혀〔舌根〕는 미경味境을, 몸〔身根〕은 촉경觸境을 각각 연출해낸다. 그리고 의근意根이 이들 5근을 통솔한다.

현식이 당하堂下(바로 지금 바로 여기, 찰나)에 나타내 보이는 모든

무명無明의 힘에 의해 처음 식이 일어나 움직이는 것을 업식業識이라 하고, 업식이 전변하여 자아에 대한 인식이 생겨나는 것을 전식轉識이라 하며, 자아에 이어 대상 세계를 인식하는 것을 현식現識이라 한다. 인식된 대상 세계를 실재로 여겨 분별하는 식을 지식智識이라 하고, 어떤 객관 대상에 대한 집착이 끊이지 않는 것(어떤 일에 대한 과거·현재의 집착과 미래의 환상 등)을 상속식相續識이라 한다.

경계가 곧 직관적 현상계이다. 예술이란 작자의 주관 의식을 객관적 현실(직관적 현상계)에 반영시켜 표현하는 것이다. 선시나 선화에서 경계는 바로 정감을 뜻한다. 가령 당송대 대표적 선화의 하나로 손꼽히는 마원의 〈한강독조도〉는 눈 내리는 큰 강 위에서 홀로 낚시를 하는 노인을 그려서 청공요광淸空寥曠하고 연파호묘烟波浩渺한 쓸쓸하고 아득한 의경을 표출했다고 할 수 있다. 또 당나라 왕유의 〈산거추명도山居秋暝圖〉는 가을비가 내린 후의 깨끗한 청산, 명월, 송림, 맑은 샘 등을 통해 사람들로 하여금 그윽하고 조용하며 맑고 깨끗한 의경을 느끼게 했다.

왕유의 불교 신앙

왕유는 5조 홍인조사의 동산법문東山法門과 신수대사의 북종선을 익히고 후기에는 6조 혜능의 남종선에도 깊이 천착함으로써 남·북종의 선리에 모두 정통했다. 그의 모친 최씨崔氏는 신수의 제자이며 7조로 불렸던 대조보적 선사를 30년 동안 모셨고, 먹물 옷을 입고 채식을 하면서 지계참선에 열중하였다. 이런 모친의 영향으로 유년과 청년 시절의 왕유는 보적 및 그의 제자 광덕, 담운, 정수 등과 빈번히 내왕하면서 선을 익혔다.

왕유는 선불교에서 통상 전범으로 내세우는 '마힐摩詰'을 호로 취하는 등, 도법道法을 버리지 않고 범부의 일을 나타내 보였던 유마힐거사를 높이 숭앙하면서 그와 같은 선자禪者의 삶을 살고자 했다. 30대 초반 남양에서 6조 혜능의 제자 신회를 만난 후부터는 당시 최신 조류였던 혜능의 남종선을 깊이 천착했으며, 신회의 부탁으로 「육조능선사비명병서六祖能禪師碑銘幷序」를 짓기도 했다. 이 밖에 「대당대안국사고대덕정각사비명大唐大安國寺故大德淨覺師碑銘」 등의 찬불문讚佛文과 주옥같은 선시들, 홍인과 혜능을 주제로 한 「황매출산도黃梅出山圖」 같은 선화 등을 통해 선지를 드높였으며, 문인화의 비조로 추앙받기도 한다.

십재경영 十載經營

십 년에 걸쳐 연목 걸어 집 한 채를 지으니　　　　　十載經營屋數椽
금강의 위요 월봉의 앞이라.　　　　　　　　　　　錦江之上月峰前
떨어져 이슬에 젖은 복숭아꽃은 강물 위를 붉게 물들이고　桃花浥露紅浮水
버들개지 바람에 흩날려 흰빛으로 나룻배 안 가득 채웠네.　柳絮飄風白滿船
돌길을 걸어 돌아가는 중은 산 그림자 밖에 있고　　　石逕歸僧山影外
물안개 자욱한 백사장에 잠든 백로, 빗소리 가에 있구나.　烟砂眠鷺雨聲邊
만약 왕마힐(왕유)로 하여금 이곳에서 노닐게 했더라면　若令摩詰游於此
그때에 굳이 남산의 망천을 그리고 읊조리진 않았으리라.　不必當年畵輞川
― 작자 미상

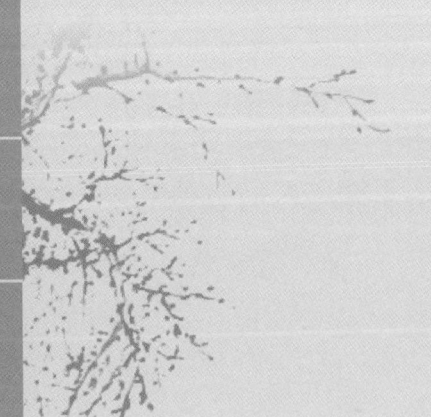

1

「십재경영」은 『해동가요』 『악학습령』 등에 전해오는 작자 미상의 시이다. 시창詩唱을 하는 사람들 사이에서 널리 애창되어온 한시로, 시조 명인 김월하金月荷(1918~1996)의 창이 CD로 나와 있다.

시에 나오는 금강의 위, 월봉의 앞이라는 장소는 지금의 공주시 월송동으로 바로 위에는 무릉동이 있다. 이 지역이 공주시에 편입되기 전, 제3금강교가 놓이지 않았던 시절에는 월송리나 무릉리에서 공주 시내로 나가려면 나룻배를 타고 금강을 건너야만 했다. 필자의 고향도 마침 이 두 동네의 이웃인 송선리라서 이곳 지리를 잘 알고 있으며 이 시를 꽤나 좋아한다.

「십재경영」은 그저 한량기 넘치는 음풍명월의 시가 아니다. 시가로서의 의경미意境美·함축미·상징미가 물씬할 뿐만 아니라 선시로서의 현량경現量境(직관)·몽롱성·초월성·일상성·현장성 등이 유감없이 발휘되어 있다.

시의 백미는 문학적 재기가 흘러넘치는 함련(제3·4구)의 "강물 위를 붉게 물들이고〔紅浮水〕", "흰빛으로 나룻배 안 가득 채웠네〔白滿船〕"와 초월적 선경을 드러낸 경련(제5·6구)의 "산 그림자 밖〔山影外〕", "빗소리 가〔雨聲邊〕"이다. 우리는 이 시의 함련과 경련에서 한 폭의 산수화를 보는 듯한 시정을 느낀다. 화가는 이러한 그림을 그려낼 수 없어도 시인은 그려낼 수 있다. 시에 그림이 있는 매우 비범한 풍경의 시이다.

선시는 표현의 한계를 넘어선 그 무엇인가를 이처럼 시를 통해 끊임없이 제시한다. 선시의 작가들은 언어로는 도저히 형용할 수 없는 언어도단의 세계를 시가가 지닌 모호성을 빌려 표현해내고자 한다. 그래서 선에 시가 더해지면 금상첨화가 되고 시에 선이 더해지면 옥을 갈아내는 칼이 된다고 했다.

'복숭아꽃'은 어리고 싱싱함을 상징한다. 『시경』에서는 "복숭아꽃 어리고 싱싱하네〔桃之夭夭〕"라고 읊조려 복숭아꽃으로 신혼남녀의 달콤한 감정을 상징하고 있다. 이 시에서도 '복숭아꽃'은 시인 자신이 빠져 있는 달콤한 선열禪悅을 상징한다. 월송리 앞 금강에 떠 있는 복숭아꽃은 바로 옆의 무릉도원(무릉리)에서 떨어져 개울을 타고 떠내려온 것이다. 인간의 이상향인 무릉도원에서 이름을 따온 '무릉리'는 바로 선이 지향하는 초월의 세계이기도 하다.

함련은 '붉은색〔紅〕'과 '흰색〔白〕'이 대구를 이루어 시적 의경을 한층 강화하고 있다. 색채는 본질적으로 심리적 반응을 나타낸다. 붉은색은 더움·열정을 나타내고 흰색은 적막·순수·냉정·고독의 이미지를 갖는다. '홍안紅顔'은 열정이 넘치는 젊은이의 얼굴이고 '백야白夜'는 적막함의 다른 표현이다. 크게 상심한 친구를 위로할 때 흔히 '백지 상태에서 새롭게 출발하라'고 위로한다. 고독과 절망에 처한 인간은 백지 상태가 되었을 때 비로소 제정신을 차릴 수 있다.

"강물 위를 붉게 물들인 복숭아꽃"과 "흰빛으로 나룻배 안 가득 채운 버들개지"의 시적, 선적인 맑고 깨끗한 의경은 글자 그대로 한 폭의 산수화이다. 특히 '붉은색'과 '흰색'으로 시적 의경을 강화하여 감동적 효과를 얻어내었다. 소동파가 말한 이른바 "그림 속에 시가 있고 시 속에 그림이 있는〔畫中有詩 詩中有畵〕' 경계이다.

시가는 화의畵意와 구상성을 추구하고 회화는 시의詩意와 서정성의 방향을 향해 나아간다. 이러한 시가와 회화의 발전은 성당盛唐의 대화가이자 시인인 왕유의 예술에서 완성되었고, 송대의 소동파는 이를 시론과 화론으로 정리하였다.

다음은 "홍부수紅浮水"의 '부浮'와 "백만선白滿船"의 '만滿'에 함축된 다의성과 심미 만점의 의경에 대해 살펴보자.

서정시의 자연 의상은 다의성을 가진다. 원래 자연의 물상은 다면성이 있으며 사람과의 관계에서 각기 다른 의미를 지니게 된다. 이러한 다의성과 불확정성은 시가에서 중히 여기는 이른바 '흥興'의 연장과 확대를 이끄는 표현 수법으로 활용된다. 시에서 '홍부수紅浮水'는 '물 위에 붉게 떠 있고', '물 위를 붉게 물들이고', '물 위를 떠다니며 붉게 물들이고' 등으로 해석할 수 있다. '백만선白滿船' 또한 '배를 흰빛으로 가득 채웠다', '배 안에 흰 버들개지 가득하다', '버들개지에 덮여 배가 온통 하얗다' 등으로 해석할 수 있다. "홍부수"와 "백만선"은 이러한 다의성을 통해 흥을 북돋우면서 한껏 색칠한 듯한 회화미를 만끽하게 한다.

또 '부浮'와 '만滿'은 어떠한 수사도, 비유도, 기교도 없는 직관의 현량경이다. '떠 있고' '가득 찬' 것은 보고 느낀 것이지 논리적 사유가 아니다. 직관에서 일어난 감정은 항상 언어와 사유로 개괄해내기 힘든 성분을 가지고 있다.

시와 선은 사물을 인식할 때 직관과 현량의 사유방식을 중시한다. '현량現量'이란 원래 인도 인명학因明學(논리학)의 용어로, 사물을 지각할 때 이름·종류를 떠나 사물의 개별 형태를 있는 그대로 지각하고 경험하는 것을 말한다. 직관과 같은 개념이다. 미학적으로는 자연스럽게 즉시 이루어지는 심미적 감각을 뜻한다. 청대의 왕부지王夫之(1619~1692)가 이러한 심미의 직접성을 '현량'이라 일컬었다.

선을 익힌 시인들은 언어의 환각성을 숙지하여 제일의第一義(진리)는 언어를 초월해 있다고 보았다. 그들은 오직 직관에 의해서만 제일의를 감지할 수 있다고 믿는다. 이 점에서도 선과 시는 일치한다. 불립문자와 언어도단을 강조하는 선에서는 저 우주 밖의 불법 진리에 접근하는 기본적 사유방식이 '현량(직관)'이다.

현량이라는 관점에서 보면 왕유의 시구들이 선가의 현량적 특징을 가장 잘 체현했다고 볼 수 있다. 왕유 시의 의상과 의경에 나타나는 '맑음'은 시를 지을 때 그러한 현량 혹은 직관을 통해서 사물을 지각한 것이다.

새들은 연못가 나무에 깃들이고	鳥宿池邊樹
중은 달빛 아래 문을 밀고 절 안으로 들어간다.	僧敲月下門

가도*의 시구이다. '고敲'냐 '퇴推'냐를 고민하다가 한유의 가

---

* 가도賈島 779~843. 중당中唐 때의 시인. 자는 낭선浪仙이다. 하북성 범양范陽 출생으로, 여러 차례 과거에 응시하여 실패한 뒤 출가하였다가 811년에 낙양에서 한유韓愈와 교유하면서 환속하였다. 1자 1구도 소홀히 하지 않고 고음苦吟하여 조탁하는 시풍이었다. 시집 『가낭선장강집賈浪仙長江集』(10권)이 전한다.

오대五代 거연巨然, 〈추산문도도秋山問道圖〉
당말 오대 때 시·산수화로 이름을 떨친 화승畵僧 거연은 선풍의 영향을 한껏 받아 필묵이 아주 윤택하고 조급함이 없으며 아지랑이기氣를 잘 나타냈고 산천이 높고 광달한 산수를 그려냈다. 살이 쪄 주름 진 모양인 피마준披麻皴 화법의 〈추산문도도〉는 높은 산 밑 계곡의 오솔길 옆 초사草舍에 세 사람의 은사隱士가 앉아 도를 논하고 있는데 가을철 경색景色과 그윽하고 차가운 선기가 흘러넘치는 원혼간박圓渾簡朴한 선화다.

르침에 따라 '고' 자로 했다는 일자사一字師* '퇴고'의 일화로 유명한 시구이다. 일체의 망상이 없는 가운데서 마음에 와 닿는 광경 그대로를 표출한, 마치 다른 사람의 꿈을 이야기하는 듯한 '현량경'이다.

배가 옮겨 가니 성의 나무 가까이 들어오고   舟移城入樹
기슭이 넓어지니 동네가 물 위에 나타난다.   岸闊水浮村

잠삼*의 이 시구 또한 사색계교가 전혀 없는 현량경이다. '현량'은 망상과 사량思量을 반대하며 지각 경험을 강조하고, 일체의 지성과 논리를 배격하며 체성體性의 일촉즉각을 중시한다.

「십재경영」 함련의 시정은 일상생활 가운데서 느끼는 직관의 미학이 흘러넘친다. 예술은 생활의 반영이며 표현이다. 복숭아꽃, 나룻배, 버들개지 등은 모두 일상을 반영하는 사물들이다. 정情은 사물에 의해 가까워지고 맑은 정을 따라서 드러난다. 생활 속의 진정한 느낌이 없으면 이런 시구는 결코 나올 수 없다. 오직 진실한 정이 오래 쌓이고 느낌이 심각해질 때 자연스럽게 시가 되는 것이다. 이런 시라야 비로소 강렬하게 독자들의 마음을 감동시킬 수 있다.

일자사 시구에서 핵심이 되는 한 글자를 가르쳐주는 스승.
잠삼岑參 715~770. 당나라 때의 시인. 고구려 유민인 고선지의 막하에서 서기로 일한 적이 있으며, 숙종 때 가주嘉州의 자사를 지내어 '잠가주岑嘉州'로 불렸다. 변경이나 사막을 소재로 한 시가 뛰어나 변새시인邊塞詩人의 대표적 인물로 꼽는다.

소동파는 「문설文說」에서 "넘치는 물은 땅을 가리지 않고 흐른다〔如滿斛源泉 不擇地而出〕"고 했다. 넘치는 물처럼 풍부하고 열정적이며 구체적인 현실 생활이 비로소 예술 작품의 내용 및 형식의 모체를 형성한다. "이슬 젖은 복숭아꽃은 강물 위를 붉게 물들이고, 버들개지 바람에 흩날려 나룻배 안 하얗게 채웠네〔桃花泡露紅浮水 柳絮飄風白滿船〕", 생활 속의 감정이 흘러넘치지 않고는 이처럼 세찬 빗줄기가 쏟아지는 듯한 기세의 정치情致를 읊어낼 수 없다. 이런 일상 속의 현량과 직관의 미학은 일상생활을 영위해 나가는 자연스런 마음이 곧 불법진리라고 강조하는 선가의 '평상심시도'와 같은 맥락이다. 선가의 '평상심시도'는 도가의 자연관이 발전한 것이다.

  "강물을 붉게 물들인 복숭아꽃"과 "배를 흰빛으로 가득 채운 버들개지"는 회화로는 그려내기 어려운 심미 만점의 의경이다. 사람의 심미적 욕망과 심미적 상상을 불러일으킬 수 없는 작품은 문학작품이라 할 수 없다.

  작품 속의 시인은 생활을 인식하고 반영하며 표현하는 주체가 된다. 시인이 처한 모든 객관적 현실은 예술을 반영하는 객체적 존재일 뿐이다. 따라서 예술의 내용은 미학적으로는 심미 주체로 끌려갈 수밖에 없게 만드는 흡인력을 가져야 한다. "강물을 붉게 물들인 복숭아꽃"과 "배를 흰빛으로 가득 채운 버들개지"는 이러한 미학적 흡인력을 가진 절창이다.

  경련의 "산 그림자 밖〔山影外〕"과 "빗소리 가〔雨聲邊〕"는 이 시의 백미이다. '외外'와 '변邊'이라는 정련된 두 글자는 매우 큰 확장성을 가지고 의상의 운영에 탄력성을 부여하고 있다. 다시 말해 두 글자는 독자들에게 공백을 제공하여 연상과 상상을 무한대로 뻗어 나가게 한다.

이 두 글자는 세상의 모든 언어를 초월하면서 시의 정서적 감수성과 선의 모호성이라는 두 측면을 통해 시와 선의 동일성을 도모하고 있다. '외外'라는 글자는 세속을 초월해 노니는 선승의 물외적物外的 공간을 상징한다. 산길 돌부리에 채이며 절로 돌아가고 있는 선승이 허환(山影)의 밖인 '진여'의 본체계에 있음을 암시하는 것이다. '외'는 곧 언어 표현의 한계를 벗어난 본체계로서 이른바 선에서 말하는 '불립문자'의 세계이다. '변邊'자 역시 마찬가지이다.

"산 그림자 밖(山影外)"과 "빗소리 가(雨聲邊)"는 현허미묘한 시상 속에 이치를 잘 담아낸 시구이며 선구이다. 두 시구는 언외지의言外之意 · 상외지상象外之象 · 경외지경景外之景 · 세외지심世外之心을 함축한 세속 초월의 상징성을 가지고 있다. 즉 깨달음의 세계를 문자화한 상징으로, 말로는 표현할 수 없는 깨달음의 경지 자체를 가리킨다. 상징은 의미의 집결이다. 상징은 간단한 개념이나 단순한 직관이 아니라 직관 세계와 이념 영역을 두루 관통하는 비유체이다.

두 시구는 독자의 상상력을 무한대로 내몰면서 하나로써 열을 암시하는 '예술적 원칙'을 유감없이 발휘했다. 시구의 '외'와 '변'은 의경의 확장과 계시적 본질을 가지고 있다. 이러한 시구는 읽은 후에 어떤 촉발감과 깨달음을 느끼게 하며, 더욱 깊고 아득한 경지로 나아가게 한다. 시를 읽고 이런 촉발감과 경지를 얻을 수 있어야 비로소 좋은 시라 할 수 있다. '외'와 '변'은 이른바 "말은 길지 않지만 길게 말이 계속되는〔言之不足 故長言之〕" 가운데 사공도가 말한 "한 글자도 쓰지 않고 풍류를 다한다〔不着一字 盡得風流〕"는 상외지상의 의경을 드러내 보여준다.

시인의 감정적 파도는 층층이 밖으로 확장되어 파문을 일으키면서 독자의 마음을 잔잔하게 흔든다. 이러한 울림 가운데서 시인은 사상적으로 숭고해지고, 시인에게 깊이 감염된 독자들의 정조는 스스로 더욱더 순수해지고 우미해진다.

해 저물어 새는 냇가에 잠들고 落日鳥邊宿
가을 들판의 사람은 한가로움 밖에 있다. 秋原人外閑

왕유의 「수재 배적의 소대에 올라 짓다〔登裵迪秀才小臺作〕」에 나오는 시구이다. 이 시구의 '외外' 자 역시 초월의 세계, 본체계, 우주의 바깥 등을 암시한다. 변邊이 '지상'을 암시한다면 외外는 '하늘'을 상징한다. 시는 지상에서 시작하여 하늘에서 끝나고 있는 것이다. 왕유의 이 시구는 의도적인 사려의 흔적이 조금도 없다. 그저 눈앞에 나타난 경물을 있는 그대로 읊조린 현량경으로, '외外' 한 글자를 통해 물외로 벗어나 있는 세외지심世外之心을 드러내 보여 독자들에게 엄청난 감동을 준다.

두보의 시에 나오는 "새벽 종소리 울리고 구름 바깥이 젖어 있다〔晨鐘雲外濕〕"나 장계의 시에 나오는 "고소성 밖 한산사〔古蘇城外寒山寺〕"에서의 '외外' 자도 역시 세속을 초월한 이른바 깨달음의 경지를 상징한다.

 선은 '설불가설說不可說' 즉 말할 수 없는 것을 말하기 위해 시라는 기능을 필요로 했다. 시가의 언어는 암시성, 계시성, 함축성, 몽롱성, 심원성, 상징성 등을 특징으로 한다. 선어(화두 · 공안)의 특징은 모호성, 현장성(돌발성), 모순성, 비논리성, 일상성, 초월성 등이다. 시어와 선어 각각이 지닌 이러한 성격의 상당 부분이 서로가 서로를 끌어당기는 견인력으로 작용함으로써 시와 선이 회통하는 길이 마련될 수 있었던 것이다. 그리고 우리는 시의 감수성과 선의 모호성이라는 두 측면이 하나로 통일되는 가운데서 양자에 대한 변증법적 유추를 통해 선시가 지향하는 진지하고 성숙한 목소리를 들을 수 있다.

 선을 익혔던 왕유 · 맹호연의 시풍을 따르는 시인(왕맹파)들은 때때로 가장 직접적인 의상을 통해 마음속의 직관을 표출하여 관조 대상의 골수를 파악해냈다. 여기에서는 어떤 수사도, 기교도, 비유도 없는 '현량경'만이 번뜩이면서 감동적인 '초연 인격'이 드러난다. 「십재경영」의 작자가 묘사한 "돌길을 걸어 돌아가는 산 그림지 밖의 중"과 "물안개 자욱한 백사장에 잠든 빗소리 가의 백로"도 일체의 수식과 사려의 흔적이 없는 현량경으로 물외로 초탈해 있는 선적인 시심이다.

 시어와 선어는 풍부한 암시성과 계시성을 가지고 있다. 「십재경영」 경련의 '외外'와 '변邊'이 지닌 언어의 모호성은 듣는 사람으로 하여금 스스로 보충하고 이해할 공간을 충분히 보장해주고 있다. 이처럼 시와 선은 유한한 말 속에 무한한 의미를 기탁한다. 사회언어학이 말하는 '언어의 모호성'은 이른바 '의미상의 공백'을 남겨둔다. 이 공백은 말이 '뜻을 다하지 못하는' 한계에 부닥쳤을 때 밖에 있는 공백 속의 형상〔意境〕을 통해 그 본의를 드러낸다.

"산 그림자 밖"과 "빗소리 가"의 '외外'와 '변邊'은 언어가 지닌 표현의 한계성을 극복하여 유한한 말 속에 무한한 의미를 기탁해 낸 시어이자 선어이다. 이 시어는 비유를 통해 그 뜻을 가리킬 뿐 명확하게 말로 드러내지는 않는다. 때문에 훨씬 더 곡절하며, 훨씬 더 독자들의 상상력을 자극하고 있다.

송대 문인 매요신•은 "표현으로 드러내기 어려운 경물을 선명하게 하려면 다함이 없는 뜻을 함축하여 언외의 의미로 드러내야 한다〔狀難寫之景 如在目前 含不盡之意 見于言外〕"고 말했다. 시가의 함축미를 강조한 시론이다. 이것이 바로 시와 선이 강조하는 '언외지의' 요 '상외지상'이다. 「십재경영」경련의 '외'와 '변'은 이러한 함축미를 십분 발휘하고 있다.

'변' 자가 정련된 시어로 사용되어 무한한 함축과 선적 의경을 표출한 사례들을 살펴보자. '끝'이나 '가'를 뜻하는 '변'은 제際·단端·애涯 등의 글자로도 표현된다.

매요신梅堯臣 1002~1060. 송나라 때의 시인. 자는 성유聖兪, 호는 완릉宛陵이다. 공교로움만을 추구하던 서곤체西崑體의 폐풍을 일소하여 새로운 송시宋詩의 개조가 되었다. 격조 높고 신선한 발상의 시를 지어 두보 이후 최대의 시인이라는 상찬을 받았다.

황혼은 아직 구름 끝에 머물며	暝還雲際宿
이 바위 위의 달을 희롱한다.	弄此石上月

— 사령운, 「석문암에 묵으며石門巖上宿」

꽃 같은 미인 구름 끝에 있고	美人如花隔雲端
위로는 푸르고 깊은 높은 하늘 있네.	上有青冥之高天

— 이백, 「깊은 생각長想思」

애끓는 사람 하늘가에 있다.	斷腸人在天涯

— 마치원•, 「가을 생각秋思」

    위의 시구들에 사용된 '제'·'단'·'애'는 모두 필설로는 다 형용할 수 없는 저 너머의 세계를 상징하고 있다. 이런 해설을 덧붙이는 것 자체가 이미 무의미해지는 초월적 세외지심世外之心이며 언어와 문자를 넘어선 경계이다. 말하자면 개념화할 수 없는 정경이다. 선의 경계도 이와 같이 이미 "언어의 길이 끊기고 마음의 길도 사라져서[言語道斷 心行處滅]" 말로는 표현이 불가능하고 마음으로도 다다를 수 없다.

    맹자는 일찍이 "시는 해설할 수 없다[詩無達話]"는 말로 시의 비

마치원馬致遠 원나라 때의 희곡 작가. 자는 천리千里, 호는 동리東籬로, 원곡4대가의 한 사람이다. 『한궁추漢宮秋』, 『임풍자任風子』 등의 작품이 있다.

개념성을 설파한 바 있는데, 선 역시 시와 마찬가지로 개념화를 한사코 거부하면서 현량과 직관을 통한 사물 인식을 강조해왔다.

「십재경영」의 작자는 미련에서 자신의 별장(은둔처)이 장안(현 서안)의 종남산 망천에 있던 왕유의 별장보다도 낫다고 자부한다. 별장의 외형이나 호사스러움을 말하는 것이 아니다. 작자의 자부심은 왕유의 별장이 위치했던 망천 계곡의 자연 경계는 물론 그가 다다랐던 선적 경지까지도 능가(?)하고 있음을 은근히 과시하고 있다.

왕유는 정계에서 은퇴한 후 망천에 칩거하면서 주옥같은 선시와 선화를 읊조리고 그렸으며, 유마힐거사의 이름을 빌려 '왕마힐王摩詰'이라 자호하고 선적禪寂에 침잠하며 여생을 보냈다. 그런데 작자는 무릉리에서 개울물 따라 떠내려온 복숭아꽃이 금강의 강물을 물들이는 듯한 선경禪境을 보고, 왕유가 일찍이 이곳에 왔더라면 그렇게나 만족해하던 망천에 유거하지 않고 이곳을 택했으리라 상정해보았다. 또 작자는 세속 밖에서 노니는 산 그림자 밖의 선승과 빗소리 가에 잠든 백로를 내세워 한소식한 자신의 세외지심과 선열을 과시하고 있다. 시불詩佛 왕유에 필적하려는 작자의 기개가 참으로 가상하다. 아마도 작자는 불교의 선에 대한 이해와 수행의 경지가 상당했으리라.

2

"돌길을 걸어 돌아가는 중은 산 그림자 밖에 있고."「십재경영」의 이 시구에는 돌길, 선승, 산 그림자라는 세 가지 객관적 경물이 등장한다. 우리가 일상에서 보는 평범한 것들이지만 '산 그림자 밖의 선승'이 신비함을 느끼게 한다. 작자는 산비탈 돌길을 걸어가는 산 그림자 밖의 선승을 마음에 간직한 뒤 생각으로 그 모습을 선명하게 다듬어 하나의 새로운 '형상'을 만들어냈다. 이 형상이 바로 작자의 사상 감정과 외계 사물의 복합체인 의상이다.

의상은 직관과 상상 가운데서 의미를 환기하고 조합하는 것이다. 중요한 의상은 모두가 사상이 머무르는 곳이기도 하다. 의상의 운용은 감정을 형상적으로 표현해낼 뿐만 아니라 정감을 구속하고 절제하기도 한다.

선적禪的 유심주의의 색채를 띤 정감과 결합하여 만들어진 돌길, 선승, 산 그림자 등의 자연 의상은 시인의 마음속 예술 세계인 '세외지심世外之心'이라는 의경을 만들어냈다. 독자들은 시인의 정이 빚어낸 정경情境으로부터 시인의 감정 메시지를 시인의 얼굴로 환원시킨다. 독자의 입장에서 보면 이러한 시인의 얼굴은 분명히 '상 밖의 상[象外之象]'이라고 할 수 있다. 바라볼 수는 있으나 눈앞에 둘 수는 없는 바로 그런 것이다. 「십재경영」의 경련은 돌길, 선승, 산 그림자, 백사장, 백로, 빗소리 같은 구체적인 물상에 기탁하여 '세외지심'이라는 초연한 의경을 만들어내어 독자들을 크게 감동시킨다. "산 그림자 밖"과 "빗소리 가"를 통해 이미지화한 '세외지심'은 볼 수 있는 실경이 아니라 오직 느낄 수만 있는 허경虛境이다.

선시를 감상하는 데에서 의경 개념은 대단히 중요하다. 선시에서 의경은 곧 '선경禪境'이기도 하기 때문이다. 중국 고대 문예 이론의 중요한 미학 개념인 의경意境은 시인의 마음속 예술 세계를 말한다.

불교의 경계境界라는 개념에서 비롯되어 시의 회화미의 요점이 된 의경은 시학 이론의 최고 미학 범주로서, 예술가의 주관적 정의情意와 객관적인 물경이 교류하여 하나로 어울리는 것이다. 주관적 정의와 객관적 물경이 하나로 어우러지는 이른바 정경교융론情景交融論은 의경의 개념을 정의하는 대표적인 이론이다.

명대에 이르러 시인과 시론가들은 '경境(경계)'의 함의를 더욱 좁혀서 '경境'이란 곧 '경景'을 말하며 '정情과 경景의 교융'이 곧 의경이라고 정의했다. 명대의 사진謝榛은 『사명시화四溟詩話』에서 "경景이란 시의 매개체이며 정이란 시의 배아로서, 이 둘이 합하여 시가 되는 것이다〔景乃詩之媒 情乃詩之胚 合而爲詩〕"고 말함으로써 '경境'을 '경景'으로 고착화시켰다.

의경은 정情·경景의 통일과 화해를 강구하며 경에 정을 기탁한다. 사공도의 『시품』에 따르면 "의경은 사물〔景〕에 기탁하여 정을 부여함으로써 상象을 초월한 경외지경景外之景·상외지상象外之象·운외지미韻外之味·현외지음弦外之音·묘외지묘妙外之妙를 얻게" 된다. 그렇기 때문에 의경의 핵심은 바로 경景이다. '경'이 없으면 정情의 기탁이 있을 수 없다. 따라서 '의'는 빈 것이며 경景(境)이 실재적인 것이다. '의'란 흔적 없고 형상 없이 '경'에 융합하는 시인의 심미 감정이며, '경'은 '의'의 기틀인 동시에 창작에서 '정'의 규범이 되는 것이다.

선에 "영양이 뿔을 나무에 걸고 있었던 곳은 그 흔적을 찾을 수 없다〔羚羊掛角 無迹可尋〕"는 화두가 있다. 이처럼 시인의 심미 감정은 형상 없이 경에 바로 융합한다. 시인이 형상 없는 형상을 포착하는 미묘함은 바로 이 경에 있으며, 시의詩意가 독자의 눈앞에 드러나는 것도 바로 이곳이다.

절창구의 대부분은 경을 노래한 것들이다. 만고에 회자하는 사령운의 "연못가에 봄풀이 돋아난다〔池塘生春草〕"는 시구도 연못가의 파란 새싹만을 묘사하고 있는 경어景語로, 거기에 기탁된 '생명의 약동에 대한 환희'는 전혀 나타나 있지 않다. "돌길을 걸어 돌아가는 산 그림자 밖의 중"도 돌길 따라 절로 돌아가고 있는 산 그림자 밖의 선승이라는 '경'을 읊조리고 있다. 그러나 그 의경에는 물외를 노니는 선심禪心과 높은 정신적 초월의 세계가 어른거리고 있다. 돌부리에 채이며 비탈길을 묵묵히 걸어가고 있는 선승(시인)은 '돌길'이라는 세속 현실조차도 다 포용하면서 물외의 삶을 살아가는 해탈자이다. 세상을 등진다고 해서 번뇌가 사라지는 것은 아니다. 번뇌는 오히려 보리를 얻게 하는 근원이다. 다만 번뇌를 보리로 바꾸기만 하면 되는 것이다.

진정한 해탈과 초월은 세상과 현실을 포기하는 데 있는 것이 아니라, 삼라만상 모두를 자연의 일부로 여기고 인정하여 그 질서를 따르되 거기에 휩쓸리거나 물들지 않고 초연함을 유지하는 데 있다. 세속이 곧 열반이요, 번뇌가 곧 보리인 것이다. 이것이 바로 선불교가 강조하는 '평상심시도'이고 '수연임운隨緣任運'이며 '임운자재任運自在'이다.

선승(시인)은 '돌길'이라는 세속 현실을 딛고 살면서 허상인 산 그림자 밖에서 노니는 정신적 초월을 만끽한다. 비를 맞으며 다리에 물이 차오르는 금강변 백사장에서 잠자고 있는 백로(시인) 역시 번뇌와 고통의 현실을 외면하지 않고 이를 정신적 축복으로 받아들이면서 빗소리 밖의 세계에서 노닌다. 이처럼 견성한 사람은 결코 세상을 혐오하거나 포기하지 않는다. 선자는 시끄러움 속에서 정적을 즐기고 고요 속에서 움직임을 보는 지혜로 날마다를 소중하게 살아간다. 고려 원감국사 충지선사*의「한가롭게 지내면서幽居」라는 선시는 동중정動中靜의 선적禪寂을 다음과 같이 즐기고 있다.

떠들썩한 세상 밖에서 살며	棲息紛華外
아름다운 자연을 안고 노니노라.	優遊紫翠間
소나무 숲 봄이 되자 한결 고요하고	松廊春更靜
대나무 사립문은 한낮에도 닫혀 있네.	竹戶晝猶閉

 세상을 등지거나 은둔한다고 해서 번뇌가 사라지는 것은 아니다. 번뇌는 어차피 인간이 안고 살아갈 수밖에 없는 운명이며, 소중한 불성의 또 다른 형태이기도 하다. '번뇌'라는 의식의 누더기를 벗기면 그것이 바로 보리이고 지혜이다. 그래서 충지선사는 떠들썩한 세상일 곧 번뇌조차도 기꺼이 포용하며 살아가고 있다.
 솔잎에 이는 바람소리, 폭풍우, 새들의 울음소리 같은 시끄러움

충지沖志선사 고려시대의 선승. 조계산 수선사修禪社 송광사의 제6세 국사이다. 속성은 위魏씨이고 속명은 원개元凱이다. 본래의 법명은 법환法桓이었는데 뒤에 충지로 바꾸었다. 복암宓庵이라 자호하였다. 무념무사無念無事를 으뜸으로 삼았고, 지관止觀의 수행문 중 지止를 중시하고 선교일치禪敎一致를 주장함으로써 지눌의 종풍을 계승하였다.

도 자연의 일부이다. 자연은 사실 이처럼 시끄럽기도 하다. 그러나 충지선사는 개의치 않고 그러한 시끄러움조차도 선열禪悅로 감싸 안는다. 그래서 그의 한가로움의 깊이는 예사롭지 않다. 새소리·벌레소리 시끄러운 만물이 약동하는 봄날에도 고요할 수 있고, 한낮에도 일이 없어 문을 닫고 사는 듯한 정적의 아름다움을 만끽한다. 이것이 곧 해탈 도인의 초연한 삶이다.

「십재경영」의 경련은 '절로 돌아가는 선승'과 '잠든 백로'라는 본체만 드러낼 뿐 그 비유체를 생략시켜버림으로써 더욱 함축적이고 정제된 시상을 만들어내었다. "돌길을 걸어 돌아가는 중은 산그림자 밖에 있고"에는 선승만 나타나 있을 뿐 해탈의 세계나 피안의 세계 같은 비유체는 나타나 있지 않다. 다만 그 비유성은 본체(僧)를 서술하는 "산 그림자 밖〔山影外〕"이라는 구절 속의 '외外' 자에 간접적으로 암시되어 있다. "잠든 백로" 역시 해탈한 도인을 상징하는 본체로서, 해탈이라는 비유체는 "빗소리 가〔雨聲邊〕"라는 본체에 대한 서술 속의 '변邊' 자에 숨겨져 있다.

본체만 나타내고 비유체는 생략한 다음 본체에 대한 표현과 서술을 진행하는 과정에서 그 비유성을 직간접적으로 암시하는 비유법을 '잠유潛喩'라 한다. 잠유는 비유체를 숨겨서 구절 속에 함축함으로써 비유를 통해 그 뜻을 말하면서도 명확한 말로는 나타내지 않는다. 때문에 잠유는 훨씬 더 곡절하며 훨씬 더 독자들의 상상력을 자극하게 된다.

물푸레나무꽃이 기와 위에 흐르고 있다.　　　　　　　　桂華流瓦

송대의 사인詞人 주방언*의 「해어화解語花」에 나오는 구절이다. 여기에는 달빛[月光]으로 비유된 물푸레나무꽃[桂華]만 나타나 있을 뿐 물[水]이라는 비유체는 나타나 있지 않다. 단지 물과 밀접한 관련이 있는 동사 '류流' 자를 통해 독자들로 하여금 물이 흐르고 있다는 느낌을 갖게 함으로써 '달빛이 물처럼 흐르고 있음'을 묘사하고 있다. 비유체가 숨겨진 채 작자에 의해 교묘하게 암시되어 있는 멋진 잠유이다. 말은 간단하면서도 경계에 가까운 정제된 표현이다.

또한 "산 그림자 밖[山影外]", "빗소리 가[雨聲邊]"의 '밖[外]'과 '가[邊]'는 무한한 함축성을 내포하고 있다. 산 그림자와 빗소리를 벗어난 그 '바깥'이 암시하는 세계는 세속 밖의 세계, 피안, 열반의 경계, 우주 저 너머, 이상 세계 등 무한하고 영원한 세계로서, 선적에 침잠해 있는 초연물외의 대자유인이 노니는 곳이다. 이러한 대자유인의 본체인 선승과 백로는 '외外'와 '변邊'이라는 두 글자를 통해 감추어진 비유체(초월의 세계)를 드러내 보인다. 즉 두 글자는 감추어진 비유체를 밝히는 등불인 것이다.

본체(선승·백로)가 노니는 세외지심의 세계는 '외'와 '변' 두 글자 속에 함축되어 무한한 상상과 말로 다할 수 없는 감동을 자극한다. 이것이 이른바 시가 언어의 함축미라는 것이다. 시인은 모든 것

---

* 주방언周邦彦 1056~1121. 북송의 문장가. 자는 미성美成이고, 호는 청진거사淸眞居士이다. 사詞에 뛰어나서 당대唐代의 문구를 교묘히 이용한 사풍詞風을 만들어 내었다. 소식 중심의 호방파에 맞서는 남송 완약파婉約派의 시조이다.

을 드러내어 사람을 감동시킬 수도 있지만, 지나치게 드러내어버리면 독자의 상상력을 무력화시키고 만다. 그래서 시인은 말을 다 하지 않고 뜻을 남겨 독자들에게 상상의 여지를 제공한다. 시의 묘미는 이처럼 함축을 통해 뜻(詩意)을 생생하게 전하는 데 있다. 이것이 바로 시가 가지는 함축미의 매력이다. 청대의 오교[•]는 『위로시화圍爐詩話』에서 "시는 함축적이고 다하지 않은 뜻을 귀히 여기며 특별히 뜻을 드러내지 않은 의미를 최상으로 삼는다(詩貴有含蓄不盡之意 尤以不着意見聲色故事者爲最上)"라고 말했다.

"돌길을 걸어 돌아가는 중은 산 그림자 밖에 있고"와 "물안개 자욱한 백사장에 잠든 백로, 빗소리 가에 있구나"는 표면상으로는 극히 사실적이다. 묘사도 수식도 전혀 없는 백묘白描 수법으로 그려진, 시골 주변에서 흔히 볼 수 있는 경물이다. 아주 사실적인 이런 시는 고정적인 시각 현상을 사람의 상상 속에 상기시켜서 정감과 사상을 더욱 깊이 있게 해준다. 이것이 바로 시의 회화미의 요점인 '의경미'라는 것이다. 소동파는 왕유의 시와 그림을 평하는 가운데 "왕유의 시 속에는 그림이 있고, 또 그의 그림 속에는 시가 있다"고 했는데, 여기서 '시중유화詩中有畵'(시 속에 그림이 있음)가 말하는 것도 바로 '의경'이다.

「십재경영」함련과 경련의 의경미는 결코 예사롭지 않다. 선적禪

• 오교吳喬 1611~?. 자는 수령修齡이고 강소성 곤산인으로 시에 능하고 시론가이기도 했는데 시창작의 비흥比興을 강조했다.

的 경계에 이르지 않고서는 그러한 묘술妙述을 부리기 힘들다. 작자는 불교, 특히 선을 익힌 수행자나 거사가 아니었을까 싶다.

풍교에 유숙하다 楓橋夜泊

달 지고 까마귀 울며 하늘엔 서리 가득한데,　　　　月落烏啼霜滿天
강가 단풍나무에 비친 어선의 불빛, 여수에 젖은 잠자리를 마주하네.
　　　　　　　　　　　　　　　　　　　　　　　　江楓漁火對愁眠

고소성 밖 고찰 한산사의,　　　　　　　　　　　　古蘇城外寒山寺
새벽 종소리 객선의 뱃전에 와 닿는다.　　　　　　夜半鐘聲到客船
— 장계

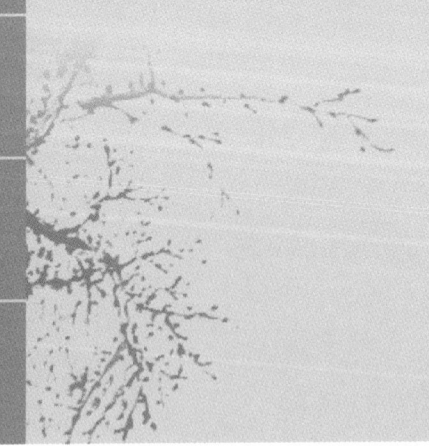

1

　천고의 명작으로 전해오는 장계의 칠언절구 「풍교에 유숙하다楓橋夜泊」이다. 이 시는 정情과 경景이 탁월하게 융합되어 시학적 심미를 드러내는 한편 분망한 세속 현실 속에 투영된 허공의 선경을 통해 돈오의 경계로 진입하는 선심을 잘 그려낸 걸작이다.

　현재 중국 관광길에서 흔히 마주하는 관광 기념용 붓글씨 족자들 가운데 가장 많은 것이 바로 장계의 이 시이다. 시에 나오는 한산사가 있는 소주나 강소성·절강성 일대는 물론이고, 중국 전역 어디를 가더라도 붓글씨 족자의 백미는 역시 「풍교에 유숙하다」이다. 그만큼 중국인들에게 애송되어왔을 뿐만 아니라 한국과 일본에도 널리 알려져 있는 이 시는 불교와 깊은 전설적 인연을 가진 선시이기도 하다. 시의 작자인 장계가 한산사 종소리의 영험으로 과거에 합격했다는 전설이 전해지면서 이 시는 더욱 애송되었고, 현재도 설날이면 한산사의 종소리를 듣기 위해 일본 불자들이 대거 몰려들고 있다.

　풍교의 야경과 나그네의 적막·애수의 심정은 유원한 의경을 묘사하고 있다. 이러한 의경은 사람들에게 무궁을 되씹게 한다. 달빛은 천천히 서쪽 하늘 아래로 기울고 고목 위의 까마귀는 깍깍 울어대며 하늘에는 가을 서리가 자욱하다. 강변의 단풍나무에는 떨어지고 남은 잎이 붉게 매달려 있고, 강 위에 떠 있는 어선의 불빛은 반짝이며 단풍잎을 더욱 붉게 물들인다. 서리 맞은 붉은 단풍잎과 고기잡이배의 불은 서로를 붉게 비추면서, 마치 반짝이는 눈동자처럼 여수에 젖어 있는 나그네와 말없이 마주하고 있다. 시는 여기서 가을이라는 사색과 애수의 절기를 명시할 뿐만 아니라, 서리 내리는 새벽의 경치를 그려내어 강가의 객선에 머무는 고독한 나그네의 여수를 교묘하게 부각시켰다.

강가의 단풍나무는 까마귀가 서식하는 곳이기도 하다. "달 지고 까마귀 운다〔月落烏啼〕"는 시구는 둥지의 불안함을 나타내는데, 이는 마음속 가득한 수심 때문에 잠 못 이루는 나그네를 비유하고 있다.

'강가 단풍나무〔江楓〕'의 시적 의상은 '어선의 불빛〔漁火〕', '달의 짐〔月落〕', '까마귀 울음〔烏啼〕', '서리 자욱한 하늘〔霜天〕'과 밀접한 관계를 맺고 있다. 달이 지는 것은 일종의 몽환적 감각을, 까마귀 울음은 가을 하늘의 야경과 고적한 심정을, 서리 낀 하늘은 투명하고 차가운 감각을, 어선의 불빛은 신선하고 요염한 밝은 감각을 각각 독자들에게 안겨준다. 단풍과 고깃배의 불빛, 배 위에 머물고 있는 객의 추사秋思, 이 삼자가 어울려 만들어낸 몽롱한 경계는 자아를 버린 선적 무의식의 세계라고 할 수 있다.

이 시의 기막힌 선경은 뒤의 두 구에서 전개된다. 고소성 서쪽 교외 한산사의 종소리는 유원하게 드넓은 허공을 가르며 강가의 객선에 들려온다. 나그네는 심야의 종소리로 인해 더욱 깊은 사색의 심연으로 빠져든다. 제3구의 '고소성'에 붙어 있는 '외外' 자는 언어가 도달할 수 없는 심원함과 시간적 유원함, 끝없는 광활함을 상징하는 선적 의경을 나타낸다.

이 시의 하이라이트는 한산사의 '종소리'이다. 불교는 물론 가톨

릭, 개신교 등 거의 모든 종교에서 '종소리'는 신비한 정신세계와 심령의 정화를 일깨우는 풍부한 상징성을 지니고 있다. 특히 선시 작가들은 우주와 심령이 일체가 된 신비한 정신세계의 상징으로 산사의 종소리를 편애하였다. 성당과 중당의 산수세계에서 종소리는 풍부한 선의禪意와 시의를 지니고 있어 선시는 물론이고 일반 시에서도 산사의 새벽 종소리[晨鐘]나 저녁 종소리[晩鐘] 등을 통해 적정의 세계로 하여금 다시 공령空靈과 유원을 얻게 해 주었다.

한밤의 고요 속에서 일어나 고요 속으로 사라지는 고사의 종소리는 영원한 '정靜', 본체로서 '정'을 상징한다. 이러한 종소리는 사람의 심령을 우주 속으로 이끌어 심령과 우주가 일체로 융합된 신비한 정신세계를 만들어낸다.

선과 시, 음악은 '적막'을 두드려 소리를 구해내는 일을 귀하게 여긴다. 「풍교에 유숙하다」의 '새벽 종소리[夜半鐘聲]'는 적막한 밤에 잠자리에서 뒤척이는 나그네로 하여금 모든 잡념을 끊고 홀연히 별다른 경계에 도달케 한다. 한산사에서 울려 퍼지는 종소리는 모든 것을 초월해 있는 영원한 본체인 '정靜'으로서, 사람의 심신을 맑고 깨끗하게 정화시켜 온갖 망념을 버리고 불법 진리에 귀의케 했던 것이다.

망념을 털어낸 '심성무염心性無染'과 곧바로 깨침에 진입하는 '당하즉시當下卽是'를 위한 환경으로는 산수 자연이나 고찰의 종소리, 깔끔한 정원 등이 가장 이상적인 장소이다. 비록 전설이긴 하지만, 과거 시험에 실패하여 실의에 빠져 있던 장계는 한밤중에 소주 풍교에 정박한 객선에서 한산사의 종소리를 들음으로써 초월의 세계를 체득한 '무심도인'이 되어 다음해 과거에서 합격할 수 있었던 것이다. 그래서 한산사의 종소리는 '영험'이 있는 것으로 유명해졌고, 그 영험은 나아가 부처님의 가피加被(돌보심)가 가지는 위력으로 받아들여졌다.

28자로 된 「풍교에 유숙하다」는 수식어가 전혀 없는 이른바 '백묘白描'의 수법을 쓰고 있는데, 그런 가운데서도 형상과 색채, 음향이 혼연히 융합되어 천성天成을 이루고 있다. 경물景物의 원근, 명암, 층차가 오묘하게 화해를 이루고 있는 것이다.

'달의 짐[月落]'은 보는 것, '까마귀의 울음[烏啼]'은 듣는 것, '서리 자욱한 하늘[霜滿天]'은 차가운 감각을 나타내는 형상이다. 먼 곳에는 서리 가득한 하늘, 잔월殘月, 까마귀 우는 소리가 있고, 가까운 곳에는 강가의 단풍나무, 어선의 불빛, 객선, 한산사의 종소리가 있다. 원근이 대칭을 이루면서 화해하고 있는 가을의 야경이다. 또 단풍과 불빛은 따뜻한 색조이고 서리 낀 하늘과 잔월은 차가운 색조이다.

시 전체 어디에도 인위적 덧칠의 흔적이 전혀 없다. 한산사의 종소리를 듣는 순간 시인의 종교 감정[禪意]은 저절로 심미 감정[詩意]으로 옮아간다. 시선일치의 걸작이다. 허공을 지나 뱃전에 와 닿은 종소리는 느릿한 종소리와 담백한정淡白閑靜한 시인의 심태가 계합해서 만들어낸 '심령의 돈오'를 상징한다.

선과 자연은 살아 있는 생명의 본진심처本眞深處에서 계합하여 깨달음이라는 열매를 맺는다. 선불교는 현세의 깨달음을 구하기 때문에 그 깨침의 순간에도 「풍교에 유숙하다」의 나그네와 같은 인생 현실적 태도를 갖는다. 풍교에 유숙하던 시인은 산사의 범종 소리를 듣는 순간 허공에 펼쳐진 선경을 빌려서 분망한 속세의 반연 攀緣(대상에 의지하는 마음 작용)을 끊고 선심禪心에 침잠하여 돈오를 성취해냈던 것이다.

2

장계의 시 「풍교에 유숙하다」의 하이라이트는 뱃전에 와 닿는 고찰 한산사의 종소리를 통해 창조되는 청담유원한 의경이다. 독자들은 이 시를 암송할 때면 공적 속에 깊이 빠져들면서 머릿속의 천만 가지 사념을 깨끗이 씻은 텅 빈 영혼을 함축해낸 작자의 의경 창조에 거듭 감탄하게 된다.

만뢰가 잦아드는 달 밝은 밤, 고찰의 종소리가 잔잔한 파도처럼 허공을 선회하여 바람결에 실려온다. 그리고 여음이 은은히 뒤를 이어준다. 서리가 가득한 가을밤의 하늘은 텅 비어 있다. 이때 고사의 종소리가 모든 망념을 던져버린 사람의 마음속으로 진입하면 종소리와 달빛, 공령한 마음이 어울려 혼연일체가 된다. 마침 영정공명寧靜空明한 영적 경계를 노니는 선승의 선심이라면 더할 나위 없이 완벽한 '물화物化'의 경지를 이루어 물아쌍망의 돈오를 성취할 것이다.

종소리는 일종의 시간 형상이다. 일정한 시간이 흐르면 종소리는 소멸되고 만다. 그러나 그 소멸은 영원 속으로 들어가는 입구이지 생명체의 죽음과 같은 매듭을 짓는 '끝'이 아니다. 이러한 종소

이당李唐, 〈만학송풍도萬壑松風圖〉
날카롭게 각이 진 바위와 절벽, 비틀리고 모난 나무들이 뛰어난 독창성을 보여준다.

리처럼, 선은 짧고 일시적인 것을 영원한 것으로 승화시킨다. 선사들이 불이법문으로 거듭 설파하는 생사일여生死一如의 원리도 바로 이와 같은 '순간=영원'이라는 새로운 의식을 전제한 것이다. 일찍이 당나라 숭혜선사(?~779)는 "만고에 변함없는 영원한 허공이요, 하루아침의 풍월이라〔萬古長空 一朝風月〕"라는 멋진 시로 순간이 곧 영원임을 노래했다.

빌딩의 그림자 황혼이 짙어갈 때
성스럽게 들려오는 성당의 종소리.
걸어오는 발자욱마다 눈물 고인 내 청춘.
죄 많은 과거사를 뉘우쳐 울 적에
아아 산타 마리아의 종이 울린다.

흰 눈이 나릴 때 미사가 들려오면
가슴 깊이 젖어드는 아베마리아.
흰 눈 위의 발자욱마다 눈물 고인 내 청춘.
죄 많은 과거사가 나를 울릴 적에
아아 산타 마리아의 종이 울린다.

나애심이 부른 「미사의 종」이라는 노래의 가사이다. 노랫말은 성당의 종소리를 주제로 삼고 있다. 절의 종소리뿐만 아니라 성당이나 교회의 종소리 또한 '영원'을 느끼게 하고 과거에 대한 회한이나 참회, 성찰 같은 종교적 심성을 자극한다. 이 노랫말의 주제 역시 그러한 종교적 심성을 바탕에 깔고 있는 인생의 참회이다.

　절과 성당, 교회의 종은 대개 새벽(아침)과 저녁에 울린다. 한적하고 고요한 시간이다. 대체로 이런 시간대에는 고독하다. 인간은 고독하면 신비스러워지고 자유스러워지며 순수해진다. 그리하여 인간은 시간과 공간이 생기기 이전의 본래 자기 모습으로 돌아가고자 한다. 고독의 샘물로 머릿속을 깨끗이 씻어낸 이때 종소리는 공령하고 맑은 영혼 속에 파고들어 공명하면서 '깨침' 같은 것을 슬며시 던져준다.

　「미사의 종」은 바로 이런 일상 속의 종교적 심성을 노래하고 있다. 성당은 대체로 절과는 달리 도심에 자리한다. 그러나 도심에도 황혼은 예외 없이 날마다 찾아온다. 보이지 않는 황혼 속을 선회하여 다가오는 성당의 저녁 종소리, 그 종소리를 듣는 모든 사람들은 신·불신을 넘어 성스러움을 느낀다. 인류 문명사를 통해 형성된 최소한의 종교적 심성 같은 것이랄까. 어쨌든 성당의 저녁 종소리는 신앙적인 참회까지는 아니더라도 자신을 되돌아보면서 반성하고 참회하는 마음을 일으키게 한다.

　성당의 저녁 종소리는 듣는 이로 하여금 존재의 심연으로 돌아가서 지난날의 죄를 회개하게 만들고, 고해성사를 하는 심정으로 과거를 참회하자 마치 격려의 박수라도 치듯이 계속해서 종이 울린다. 유행가 가락으로 집전한 엄숙한(?) 미사이다. 혹 노랫말에 나오는 '산타 마리아'가 이탈리아의 로마에 있는 성당이라는 점이 걸린다면, 일명 성모 마리아 성당이라 불리기도 하는 산타 마리아 성당의 종소리는 모든 성당의 종소리를 대표하는 상징성을 지니고 있을 뿐이라고 보면 된다.

  이처럼 고사의 종소리, 성당의 종소리는 시간과 공간의 우주가 생기기 이전의, 이른바 '부모미생전父母未生前(부모로부터 몸을 받기 전)'의 원시적인 본래 마음을 울리는 신통력을 가지고 있다. 순수하고 청정한 이 본래의 마음 자리는 만고의 세월에도 변함없이 그대로일 뿐이어서 생멸이나 증감, 정예淨穢 따위를 초월해 있다. 이 본래의 마음을 불성, 자성, 만고심萬古心, 여래장 등으로도 부른다.

  만고심을 울린 고즈넉한 산사의 종소리를 읊조리고 있는 짤막한 선시 한 수를 감상해보자.

춘천 청평사

산 한가로워 흐르는 물 멀고,	山閑流水遠
절 예스러워 흰 구름 깊다.	寺古白雲深
사람 가고 소식 없지만,	人去無消息
종은 만고의 마음을 울리네.	鐘鳴萬古心

  조선 말기 영허대사˙가 지은 선시이다. 고사의 종소리를 서정적으로 잘 읊어내고 있다. 영허선사는 덕준대사의 법통을 전승한 후

영허暎虛 1792~1880. 조선 후기의 승려. 법명은 선영善影이고 자는 무외無畏이다. 영허暎虛는 법호인데 역산櫟山이라고도 한다. 지탁知濯에게 선을 배웠고, 덕준德俊의 법을 이어받았다. 조계종사曹溪宗師, 화엄강백華嚴講伯으로 일컬어졌다.

안변 석왕사 내원암 등에 주석하며 관북 지방에서 명성을 떨쳤다.

　시는 우선 옛 절의 분위기를 잘 살리고 있다. 앞 두 구의 한가로움과 심원함은 영원 속으로 빨려들어갈 것 같은 만고의 시간 감각을 갖게 한다. 옛 절에서는 흔히 지나간 세월에 대한 회상이 살아나게 마련이다. 덧붙여 때마침 울려 퍼지는 종소리에 시인은 지나간 만고의 세월을 회상하면서 이 공간과 인연이 있었던 옛사람의 소식을 기대하고 있다.

　선은 짧고 일시적인 것을 영원한 것으로 승화시킨다. 바로 여기서 무한한 시간의 흐름 속 한순간에 불과하던 '생生'은 새로운 영원성을 얻으면서 영원한 침묵의 '사死'와 같게 되고 생사일여生死一如의 경계를 이루어 인생의 일대사인 생사초월을 달성하게 되는 것이다. 이것이 곧 참선 수행을 통해 체득하는 깨달음(반야지혜)의 실천 구조이다. 사찰의 종소리는 하나의 시간 형상으로, 순간을 영원으로 승화시키는 데 일종의 특효약 같은 성능을 가지고 있다. 영허선사도 종소리를 듣는 순간 생과 사를 뛰어넘은 경계로 진입하여 옛사람의 소식을 듣고 싶은 '영원 속의 순간'을 읊조렸던 것이다.

3

　시어가 평이하면서도 의미가 심장한 장계의 시 「풍교에 유숙하다」는 '강풍江楓', '야반夜半', '수면愁眠' 등의 시어를 둘러싸고 오랫동안 적잖은 논란이 전개되어 왔다.

　당송 8대가의 한 사람인 구양수*가 장계의 시에 나온 '야반'은

절에서 타종하는 시간이 아니라고 꼬집은 이래 이에 대한 논란이 몇 세기에 걸쳐 계속되었다. 결론은 고지식한 변론이라는 판정을 받고 그저 던져본 하나의 '우스갯소리'로 간주되고 말았다.

한때 '수면'이 산 이름이라는 설이 제기되기도 했으나, 결국은 시에 등장하는 의상의 역사적 의미를 충분히 이해하지 못한 데서 온 곡해라는 것으로 결론이 모아졌다. '수면'은 역대의 많은 시구들에서 "시름겨워 잠 청하네"라는 뜻을 갖는 시어로 빈번히 사용되어왔고 장계의 시에서도 역시 같은 의상을 담고 있다는 것이다.

논란이 가장 뜨거웠고 지금까지도 여진이 남아 있는 것은 '강풍'이다. 글자 그대로는 '강가의 단풍나무'이다. 그러나 마침 한산사 부근에 '강촌교江村橋'와 '풍교楓橋'라는 다리가 아래위로 나란히 있어, 「풍교에 유숙하다」에 나오는 '강풍'은 바로 강촌교와 풍교의 합칭이라는 주장이 제기된 적이 있었다.

실은 필자 역시 1995년 중국 선종 사찰 답사 때 소주 한산사 인근의 강촌교와 풍교를 확인하고는 '강풍'이 책에서 익혔던 '강가 단풍나무'가 아니라 두 다리의 합칭이라는 설이 그럴듯하다고 생각하기도 했다. 두 다리의 간격이 그리 멀지 않고 지금도 두 다리 사이에 부두가 있는 것으로 미루어, 당시 장계는 객선에서 잠을 청하다가 밤에 고깃배들이 강촌교와 풍교 사이의 부두로 돌아오면서

구양수歐陽修 1007~1072. 송나라의 정치가, 문인. 자는 영숙永叔이고 호는 취옹醉翁 또는 육일거사六一居士이다. 시와 문 양 방면에 걸쳐 송대 문학의 기초를 확립하였으며, 당송 8대가 가운데 한 사람으로 꼽힌다.

밝히는 불빛을 본 게 아닌가 싶었기 때문이다. 시적으로는 이렇게 풀이해보아도 그럴듯할 것 같았다. 그러나 나름으로 좀더 뒤져본 결과, '강풍江楓'의 시적 의상을 전고해보더라도 역시 '강가 단풍나무'가 맞다는 결론에 도달할 수 있었다.

역대 시인들의 시구를 고찰해보면 '강풍'이 가지고 있는 의상의 특정한 의미가 곧바로 드러난다.

넘실대는 강가엔 단풍나무 서 있고,   湛湛江水兮上有楓

『초사楚辭』의 「초혼招魂」에 나오는 시구로 강과 단풍나무를 최초로 연결시킨 예이다. 강가에는 물론 여러 종류의 나무가 있겠지만 시인들은 강과 단풍을 연결시켜 읊조리기를 좋아했다.

강기슭 스치며 떠도는 단풍.   江楓拂岸游

남조 양梁나라 시인 유견오*의 시에 나오는 시구이다. 역시 강과 단풍이 어우러진 의상이다.

강 단풍 잎새에 적어 그대에게 주노라.   題葉贈江楓

유견오庾肩吾 ?~551. 남조 양梁나라의 유명한 궁체시인宮體詩人. 아들 유신庾信과 함께 문명이 높았다.

성당 시인 전기(710~780)의 시구이다. 가을 경치 속에 담은 이별의 아쉬움을 느끼게 하는 의상이다.

강 단풍 휘날리는 저녁.　　　　　　　　　　　　況乃江楓夕

중당의 시인으로 백거이와 함께 원백元白으로 불리면서 이백과 두보의 우정을 능가하는 친밀함을 유지했던 원진元稹(779~831)의 시구이다. 원진은 시의 사회성과 통속성을 중시하였다.

위의 시구들에 나온 '강풍'은 강 언덕의 단풍으로, 시적 의상이 되어 가을 경치를 상징하면서 그리움을 이끌어내고 있다. 이처럼 '강풍'과 관련된 역대 시인들의 시구를 고찰해보면 '강풍'의 의상이 지닌 특정한 의미를 어렵지 않게 발견할 수 있다. 따라서 「풍교에 유숙하다」의 '강풍'이 강촌교와 풍교의 합칭이라는 곡해는 '강풍'과 관련한 의상의 역사적 의미를 이해하지 못한 데서 비롯된 것 같다. '시름겨워 잠 청하네'란 뜻의 '수면愁眠'도 이런 맥락에서 이해하면 산 이름이라는 주장이 곡해임을 쉽게 알 수 있다.

한산사 옆의 '풍교'는 문헌 고증에 따르면 원명이 '봉교封橋'였는데 장계의 「풍교에 유숙하다」가 인구에 회자하면서 풍교로 바뀌었다고 한다. 시가의 의상은 지속적으로 사용되면서 형성된 특별한 역사적 의미를 갖기 때문에 함부로 곡해할 수 없으며, 어떠한 경우에도 역사적인 문헌 고증을 이겨내지 못한다.

그윽한 절의 종소리와 고목에 깃든 까마귀는 선시에서 서로 어우러져 유원하고 공령한 의상을 만들어낸다.

고개 올라 찻잎 따고	登嶺採茶
물 끌어 꽃밭에 대는데,	引水灌花
머리 돌리자 햇살은 이미 기울었네.	忽回首山日已斜
그윽한 암자에서 울리는 종소리,	幽菴出磬
늙은 고목에 까마귀 깃들어	古樹有鴉
기쁘다, 이렇듯 한가롭고 즐겁고 아름답다.	喜如此閑 如此樂如此嘉

    조선조 선승 연파•의 「화중봉낙은사和中峰樂隱詞」 26수 중 첫 수이다. 연파대사는 정암晶巖선사의 인가를 받고 소요逍遙 문중의 일원이 되었다가 무주 구천동 백련사 북암에서 세수 40세로 입적하였다. 다산 정약용이 쓴 비명이 있다.

    '낙은樂隱'이라는 제목이 말해주듯이 숨어 사는 즐거움을 노래한 연파의 가사는 절의 종소리와 까마귀가 조합되어 심원하고 고요한 의상을 형상화함으로써 한가로운 선적 평상심을 부추기는 역할을 하고 있다. "그윽한 암자에는 종소리 울리고 고목에는 까마귀 깃들었다〔幽菴出磬 古樹幽鴉〕"는 연파의 시상도 「풍교에 유숙하다」의 "달이 지자 까마귀 울고"와 "새벽 종소리"가 내함하고 있는 의경과 같은 맥락의 선심禪心이다.

연파蓮坡 1772~1811. 조선시대의 선승 아암혜장兒庵惠臧을 가리킨다. 자는 무진無盡이다. 연파는 원래 법호인데, 다산 정약용이 '아암'이라는 호를 새로 지어준 뒤부터 주로 아암으로 불리게 되었다. 유학과 『주역』에도 조예가 깊었다. 대둔사에 출가하여 춘계천묵春溪天默에게서 공부하였으며, 정암즉원晶巖卽圓의 법을 이었다.

당·송대 사대부들의 문인선文人禪은 몸은 세속에 두되 마음은 속세를 떠난 출세간에서 노닐고자 했다. 6조 혜능의 남종선은 종래의 참선타좌와 정관명상을 임운수연任運隨緣과 적의회심適意會心으로 대체시켜 그러한 문인 사대부들의 요구에 부응했다. 마조의 홍주선洪州禪이 특별히 좋아한 '임운수연'은 '임운등등任運騰騰'이라고도 하는데 사물의 본신적本身的 운행을 따라 살아가는 것이다. '적의회심'이란 자기 본성에 적합한 생활 방식을 따라 살아가는 것을 뜻한다. 도가의 '무위無爲'와 비슷한 개념인 임운수연과 적의회심은 일상의 윤리적 의의를 한껏 강조하여, 다리를 올리고 내리는 것도 모두 도량이고 수행이라고 역설한다. 연파대사의 가사는 바로 이러한 선심을 잘 드러내 보인 선시이다.

장계 張繼. ?~?. 자는 의손懿孫이고 현 호북성 양번 출신이다. 생몰 연대는 미상이고 자세한 행력도 없다. 그에 관한 공식 기록은 당 현종 천보 12년(753) 진사에 급제했다는 것뿐이다. 과거에 낙제한 후 실의에 빠진 채 오월吳越로 내려가서 친구 황보염皇甫冉, 유장경劉長卿, 장팔원章八元 등과 어울려 유람을 했다. 유람 중 소주 풍교에서 야박하다가 한산사 종소리를 듣고 지은 시가 바로 「풍교에 유숙하다」이다. 다음해 과거에 합격하여 홍주(현 장시성 남창) 검교사부원외랑으로 관직에 올랐다. 이 시는 『전당시全唐詩』(권1), 『당시기사唐詩紀事』, 『당재자전唐才子傳』 등에 수록되어 있다.

종소리를 듣고 聞鐘

한산의 옛 절에서,　　　　　　　　　　　　　　　古寺寒山上
멀리 종소리가 소슬바람에 실려온다.　　　　　　　遠鐘揚好風
종소리 여운은 달빛 아래 나무숲을 돌며 파도치다가,　响餘月樹動
마침내 가을 서리 가득한 허공으로 사라진다.　　　響盡霜天空
밤새 참선하는 선객,　　　　　　　　　　　　　　永夜一禪子
냉연한 마음의 경계로 진입한다.　　　　　　　　　冷然心境中

— 교연

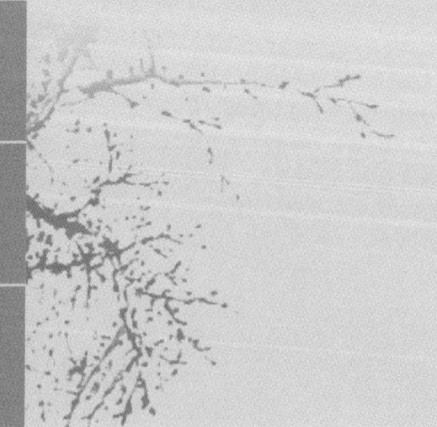

1

　당나라 때 시승 교연(720~?)의 「종소리를 듣고」라는 선시이다. 고사古寺의 종소리를 읊조린 만고의 절창으로, 타의 추종을 불허하는 수작으로 손꼽힌다.

　절의 종소리가 울리는 시간대는 고요한 적정寂靜*의 시간들이다. 예부터 자주 사찰의 종소리가 시와 노래 등의 주제로 등장하게 된 것은 신종晨鐘·모종暮鐘·만종晚鐘이 모두 풍부한 선의와 시의를 지니고 있을 뿐만 아니라 종소리가 상징하는 적정의 세계가 사람들의 마음에 공령함과 유원함을 불러일으키기 때문이다. 특히 고사의 종소리는 일순간에 시공·인과·허실·동정 등을 혼연히 아우르면서 과거와 현재와 미래가 분별되지 않는 '순간이 곧 영원〔生卽死〕'인 경계를 낳는다. 그래서 사람들은 고사의 종소리를 들으면 '종소리'라는 순간의 시간을 영원처럼 느끼게 되는 것이다. 이것이 바로 선의 세계요, 시의 세계이다.

　만뢰가 잦아든 고요한 달밤, 가을 서리가 밤하늘에서 내리는 가운데 고찰에서 울려 퍼지는 종소리의 여음이 은은하고, 그 종소리는 밤새워 참선하는 선승의 영정 공명寧靜公明한 심경 속으로 들어간다. 종소리와 파도치는 달빛, 영혼을 텅 비워낸 선객의 선심禪心, 이 셋이 혼연일체를 이루어 물외物外(세상의 바깥)의 경지로 초

---

*적정　마음에 번뇌가 없고 몸에 괴로움이 사라진 해탈·열반의 경지.

월해 간다. 이것이 1차로 초벌구이해본 「종소리를 듣고」에 담긴 시정이다.

교연의 「종소리를 듣고」는 초탈의 기운이 넘쳐나는, 이른바 소순기蔬笋氣가 충만한 선시이다. 이 시는 선자禪者의 청정지심으로 객관 세계를 관조한 결과에서 나온 것으로, 그 시정은 가을 물처럼 맑고 하얀 달빛 속의 갈대꽃처럼 공명하다. 선시론의 대가인 송대의 엄우는 자신의 명저 『창랑시화』「시평」에서 교연을 "당나라 최고의 시승〔在唐諸僧之上〕"이라고 평했다. 엄우의 평을 이해하기 위해서는 교연의 시를 좀 더 천착해볼 필요가 있다.

「종소리를 듣고」의 앞 네 구는 종소리의 울려 퍼짐을 묘사하고 있다. 모든 소리가 잦아든 적막한 한산寒山, 달빛 아래 고사의 종소리가 울려 퍼진다. 그 여운은 나무숲 사이를 맴돌다가 서리 가득한 하늘로 사라지고 만다. 사방이 태고의 정적 같은 시공이다. 시인은 이러한 극도의 공적空寂● 속에서 종소리가 울려 퍼지는 것을 묘사한다.

그렇다고 해서 이러한 공적한 의경과 객관 세계의 성음聲音을 진정한 실재로 긍정하고 있는 것은 결코 아니다. 『대반열반경』●은 "깊숙한 산속의 개울물 소리가 울려 퍼질 때, 어린아이들은 그 소리를 실제의 소리로 듣지만 지혜가 있는 사람은 개울물 소리에 고

공적 만물은 모두 실체가 없고 상주가 없음을 뜻하는 말. 공은 그 어느것도 형상이 없음을 이르고, 적은 일어나거나 스러짐이 없음을 이른다.

정된 실체(實相)가 없음을 안다"는 비유를 통해 깨친 자와 깨치지 못한 자의 차이를 설파하고 있다. 교연이 시에서 종소리를 묘사한 것도 바로 이 『대반열반경』의 비유와 일치한다. 그 종소리는 실성實聲이 아니라 실체 없는 환각일 뿐임을 설하고 있는 것이다.

교연은 그 어떤 고요함에도 비견될 수 없는 한밤의 공적함을 빌려 고사의 공명정적을 묘사했다. 이러한 공적한 환경은 독자들에게 차갑고 순수한 감각을 제공한다. 이 차갑고 순수한 감각은 바로 깨달음의 여정에 진입하는 필요충분조건이다. 이런 환경 속에서 좌선 중인 학인學人(불교에서 도를 배우는 사람을 뜻함)은 자연히 물외의 경지로 초탈해 들어간다. 마지막 두 구 "밤새 참선하는 선객, 냉연한 마음의 경계로 진입한다"는 바로 이것을 말한다. 이 시각, 독자들은 한산寒山·명월明月·야종夜鐘·추상秋霜으로 구성된 수정같이 투명한 시인의 선심禪心 속으로 빨려들어간다. 이 맑고 깨끗한 세계 속에서 마음(心)과 풍경(境)이 하나가 되는 가운데 개체적 생명은 순식간에 '영원'을 획득한다.

「종소리를 듣고」를 관통하는 고요함은 현상계의 고요함이 아니라 '마음의 고요함'이다. 교연은 자신의 시학 명저『시식詩式』「변체유일십구자辨體有一十九字」에서 "고요함이란 솔바람이 움직임을 멈춘 것이나 숲 속의 원숭이가 울지 않는 것과 같은 조용함이 아니

대반열반경 석가모니의 열반을 설명하기 위해 편찬한 불교 경전. 소승과 대승의 두 경전이 있는데, 소승은 석가모니 입멸 전후의 역사적 사실을 주로 기록한 것이며 대승은 석가모니 입멸 직전에 설한 교의를 그 내용으로 한다.

다. 그것은 마음의 고요함을 말한다(靜 非如松風不動 林狖未鳴 乃謂 意中之靜)"고 하였다. '솔바람이 움직임을 멈춘 것'이나 '숲 속 원숭이가 울지 않는 것'은 모두 구체적인 물색物色이요, 형상이다. 교연이 시를 통해 나타내 보이고자 한 '고요함'은 이러한 물색과 형상 밖의 것이다. 그것은 바로 '마음의 고요함'이었다. 교연은 이 짧은 시 한 수를 통해 구체적 물상을 초월한 내재적 공명정적을 어렵지 않게 보여주었다. 「종소리를 듣고」는 자신의 시론에 대한 구체적 실천이었던 것이다.

  사람들이 절간의 종소리를 듣고 느끼는, 말로 설명하기 어려운 신비하고 미묘한 정감은 과연 어떤 것일까?

  종소리는 그것을 듣는 사람의 종교 감정을 심미 감정으로 전화시킨다. 선의禪意를 시의詩意로 전화시켜 시적 심미감을 느끼게 하는 것이다. 끊이지 않고 은은히 울려 퍼지는 종소리는 형상 밖의 유원 무궁한 시적 운미韻味를 체현해낸다.

  또한 평화롭고 완만하면서 율동적인 종소리는 담박하고 여유로운 마음의 상태와 어울려 정신적 평형을 이루게 한다. 고요한 허공을 가르는 이 종소리는 심령적 돈오頓悟*를 상징한다. 그래서 시성 두보는 「용문산 봉선사에서 노닐다游龍門奉先寺」라는 시에서 "새벽 종소리를 듣고 깨닫고자 하였더니, 이내 자신을 깊이 되돌아보라 한다(欲覺聞晨鍾 令人發深省)"고 하여 고찰의 종소리를 정신적 돈오

돈오 소승에서 대승에 이르는 얕고 깊은 차례를 거치지 아니하고, 처음부터 바로 대승의 깊고 묘한 교리를 듣고 단번에 깨닫는 일.

에 연결시켰다.

눈에 보이지 않고 손에 잡히지 않는 무형의 종소리는 동動이면서 정靜이고 실實이면서 허虛이고 색色이면서 공空인 '동정불이動靜不二' '색공불이色空不二'의 선적·시적 본체를 상징한다. 정적 속에서 일어나 정적 속으로 사라지는 종소리가 영원한 고요함, 곧 본체적 정靜의 의미를 전달하는 가운데 인간의 심령은 우주와 혼연일체를 이루어 신비한 세계로 진입한다. 실제로 성당이나 중당의 시인들은 우주의 본체인 태고의 고요한 산수 세계를 묘사할 때 종소리를 사용하길 좋아했다. 해 질 무렵에 치는 모종과 저녁에 치는 만종은 선의와 시의가 흘러넘쳤고, 고요한 세계 속에서 공령함과 유원함을 느끼게 해주었기 때문이다.

승려 : 어떤 것이 진공입니까?
운문 : 종소리가 들리느냐?
승려 : 예, 들립니다.
운문 : 당나귀 해에 꿈에서나 보았느냐?

운문종 개산조인 운문문언° 선사와 한 중이 문답한 '운문종성雲門鐘聲'이라는 화두이다. 아마도 학인이 운문선사에게 참문할 때

운문문언雲門文偃 864~949. 당나라 때의 선승. 속성은 장張씨이다. 출가한 처음에는 율장을 배웠는데, 목주도명睦州道明을 만나 선에 입문하였고 설봉의존을 찾아가 그의 제자가 되었다. 후일 운문종을 개창하였다. 한마디의 간결한 말로 학인을 깨치는 일자관一字關으로 유명하다.

마침 절의 종소리가 울리고 있었던 모양이다. 운문은 진공眞空은 도처에 편재하기 때문에 종소리 또한 진여眞如*라고 설한다. 물리적 종소리는 울리다가 그치나 소리의 실제적 본성인 공空은 사라짐이 없다. 즉 운문이 반문한 '종소리'는 물리적 종소리가 들리느냐는 것이 아니라 공한 가운데 울리는 종소리의 본체가 들리느냐는 일깨움이다. 그러나 아둔한 학인은 그 뜻을 헤아리지 못하고 물리적 종소리가 들린다고 대답한다. 그래서 운문은 진여란 언외지상言外之相임을, 즉 언설(분별심)을 초월해 있음을 다시 한 번 일깨우면서, 그 따위로 해서는 12간지에 '당나귀 해'가 절대 없듯이 끝내 깨닫지 못하고 종소리의 실체를 알지 못할 것이라고 힐난한 것이다.

선승들은 자연계의 허다한 소리나 사물들을 본체적 입장에서 순수 현상으로 받아들여 무無 속에 유有가 있고 공 속에 색이 있음을 깨달았다. 빗자루에 쓸려 나간 기와 조각이 대나무에 부딪히는 소리를 듣고 공과 색이 하나임을 깨달은 향엄지한*선사의 '향엄격죽香嚴擊竹'이나, 활짝 핀 복숭아꽃을 보고 깨달은 영운지근*선사의 '영운

진여 사물의 있는 그대로의 모습이라는 뜻으로, 우주 만유의 본체인 평등하고 차별이 없는 절대 진리를 이르는 말.
향엄지한香嚴智閑 ?~898. 당나라 때의 선승. 유명한 향엄격죽 화두의 주인공이다. 위산영우潙山靈祐에게 법을 배웠는데, 원래 아는 것이 많았으나 "책이나 글로 배운 것 말고 태어나기 전의 소식을 말해보라"는 위산의 물음에 그만 말문이 막히고 말았다. 수차례 가르침을 청했으나 거절당하자 책을 모조리 불사른 뒤 울면서 위산을 하직하였다. 정처 없이 떠돌다 남양혜충의 유적지에서 쉬던 중에 마당을 쓸다가 쓸려나간 기왓장이 대나무에 부딪히는 소리를 듣고 홀연히 깨달았는데, 후세 사람들이 이를 '향엄격죽'이라 하였다. 평소 납자를 접할 때에는 그 말이 간략하고 곧았으며, 게송 200여 수를 남겼다.

송宋 양해梁楷, 〈육조작죽도六祖斫竹圖〉
선림에서 대나무는 부처의 법신을 상징한다. 따라서 6조 혜능대사가 대나무를 칼로 찍는 것은 법신불로 만든다는 상징성을 가진다. 양해의 쾌속한 필치와 먹을 황금같이 여겨 최소한 사용한 발묵을 통해 선화가 지향하는 간필의 멋을 한껏 발휘했다.

도화靈雲桃花'는 이러한 깨달음을 그린 대표적인 오도 공안들이다.

결론적으로 말해 교연의 시 「종소리를 듣고」에 나오는 종소리는 인간의 심령과 우주가 일체가 된 신비한 정신세계를 상징한다.

2

선취를 물씬 풍기는 고찰의 종소리를 읊은 명구들은 많다. 시인들은 고찰의 종소리에서 득의신경得意神境의 경지를 창조하여 많은 사람들에게 물외를 노니는 듯한 감동을 안겨주었다. 특히 왕유와 맹호연을 필두로 한 청담시풍淸淡詩風의 왕맹파 시인들이 종소리를 이용한 의경을 창조하는 데 뛰어났다.

탑 그림자 맑은 호수(西湖)에 걸려 있고,	塔影挂淸漢
종소리 울리고 흰 구름 떠 있네.	鐘聲和白雲

왕맹파 시인의 한 사람인 기무잠綦毋潛(692?~755?)의 「제영은사상정원題靈隱寺上頂院」이라는 시에 나오는 구절이다. 성당 시인 은번殷璠은 이 시구를 "역대에 다시없는 절창"이라고 찬탄해 마지않았다.

영운지근靈雲志勤 당나라 때의 선승. 복주대안福州大安, 설봉의존, 현사사비玄沙師備에게서 두루 배웠다. 복숭아꽃을 보고 깨달음을 얻었다는 '영운도화靈雲桃花' 화두의 주인공이다.

앞의 구는 시각적 묘사로서, 장엄한 항주 영은사의 탑 그림자가 공활한 푸른 하늘 가운데에 정지한 화면을 표출해냄으로써 '고요함'에 대한 일종의 숭고함을 환기시키고 있다. 뒤의 구는 청각과 시각을 회통한 정감으로, 아스라이 들려오는 종소리가 멀리 한가로이 떠 있는 흰 구름 속으로 빨려 들어가는 듯한 느낌을 주면서 공령空靈을 통한 일종의 허무감을 일깨운다. 이러한 숭고미와 허무감이 바로 유원한 '방외지정方外之情'이다.

탑 그림자, 푸른 하늘〔淸漢〕, 흰 구름 등은 모두 공간적 형상이고 종소리는 일종의 시간적 형상이다. 시간적 종소리가 일순간에 시공·인과·허실·동정과 융합되면서 과거·현재·미래를 분별할 수 없는 혼돈의 상태가 된다. 이러한 우주 창조 이전 태초의 혼돈 속에서 순간은 곧 영원이 되어, 끝없는 시간 위에서 보면 한순간에 불과한 삶과 죽음의 문제가 영원한 생명을 얻어 생사를 초월한 경지에서 노닐게 된다. 이것이 바로 선의 세계이고, 시의 세계이다. 사족을 하나 덧붙인다면, 절강성 항주 영은사는 현재도 잘 보존된 고찰로서 교연선사가 출가하여 수계한 절이다. 근래 우리나라 사람들이 중국을 관광할 때 특히 많이 가는 곳 중 하나가 항주인데, 영은사는 항주 관광의 필수 코스이기도 하다.

이 밖에도 산사의 종소리를 묘사하여 방외지정을 읊조린 명구들은 많다.

산사의 종소리 들리니 이미 날이 저물었구나.　　　　山寺鳴鐘晝已昏
　　　― 맹호연, 「야귀녹문산가夜歸鹿門山歌」

동림정사 가까운 곳,	東林精舍近
앉아서 저녁 종소리를 듣노라.	日暮坐聞鍾

— 맹호연, 「만박심양망여산晚泊潯陽望廬山」

고목만 늘어서 있고 사람이 다닌 길도 없는,	古木無人徑
깊은 산속 어디선가 종소리만 들려온다.	深山何處鍾

— 왕유, 「향적사를 지나며過香積寺」

숲 속 끝 성마루 처마가 멀리 보이는데,	林端遠堞見
바람결에 살랑살랑 실려 오는 종소리 들리네.	風末疏鍾聞

— 배적, 「청룡사담벽상인원집青龍寺曇壁上人院集」

맑은 종소리는 텅 빈 계곡에 울려 퍼지고,	清鍾揚虛谷
초승달은 산봉우리들 속에 깊이 잠긴다.	微月深重巒

— 전기, 「동성초함여설원외왕보궐명투남산불사東城初陷與薛員外王補闕暝投南山佛寺」

대나무 울창한 죽림사,	蒼蒼竹林寺
아득히 울려 퍼지는 저녁 종소리	杳杳鍾聲晚

— 유장경, 「송영철상인送靈澈上人」

종소리 바위골짜기 멀리 울려 퍼지고,	鳴鍾憬岩壑
향내음 텅 빈 허공 가득 채웠네.	焚香滿空虛

— 위응물, 「기교연상인寄皎然上人」

위에 등장한 시인들은 모두가 8세기 당나라의 저명한 문인들이다. 배적은 왕유와 함께 종남산에 살면서 서로 시를 창화하였으며, 전기 또한 왕유와 왕래가 잦았다. 유장경劉長卿(?~786)은 오언율시가 장기였는데, 끝없는 만리장성처럼 시를 쏟아낸다 하여 '오언장성五言長城'이라 불렸다. 불교를 숭상한 위응물은 시승 교연 등과도 친교를 맺었는데, 시풍이 도연명과 같다 하여 세상에서는 '도위陶韋'라고 부르기도 했다.

종소리와 관련된 이들의 시는 모두가 절이나 스님들에게 부치는 것들이었다. 이들은 하나같이 시어가 청담하고 의경이 그윽하여, 수식이나 과장을 배제한 채 여유롭고 간략한 가운데서도 기운이 생동하는 시풍을 공유하고 있었다.

맹호연의 '앉아서 저녁 종소리를 듣노라'는 영혼을 텅 비운 채 절간의 종소리를 듣고 느끼는, 말로 표현하기 어려운 미묘하고 신비한 정감의 경계이며 공령한 선심의 경계이다. 유장경의 '아득히 울려 퍼지는 저녁 종소리' 또한 마음에 한 소식을 얻은 신비한 경지로, 얼핏 보면 저녁 무렵의 고찰 풍광을 읊조린 평이한 시구 같지만 고찰의 종소리가 상징하는 유원함과 방외지정은 법신法身˙을 상징하는 대나무와 어울려 짜릿한 감동을 준다. 왕유의 '깊은 산속 어디선가 종소리만 들려온다'의 종소리는 윤회 속에 떨어져 나뒹

법신 삼신三神의 하나로, 불법의 이치와 일치하는 부처의 몸을 이른다.

구는 고해의 인간들에게 가야 할 길을 안내해주는 나침반과 같은 부처님의 가르침 곧 불도佛道를 상징한다. 깊고 먼 데에 있는 고찰의 종소리는 새 우는 소리가 심산의 고요를 더욱 깊게 하는 이른바 '조명산갱유鳥鳴山更幽'의 묘사법과 같은 맥락의 정적을 느끼게 하면서 생멸을 초월한 영원성을 일깨운다. 왕유의 시구는 바로 이러한 의경을 담고 있다 할 수 있다.

맑은 새벽이 옛 절에 시작되니,	淸晨入古寺
아침 해가 절 주변 높은 수림을 비춘다.	初日照高林
대밭 길 깊숙이 통해 있고,	竹徑通幽處
선방은 꽃과 나무에 깊숙이 가려 있다.	禪房花木深
산 빛은 새들의 기분을 즐겁게 해주고,	山光悅鳥性
못 그림자는 사람의 마음을 텅 비게 한다.	潭影空人心
온갖 소리가 다 멈춘 고요 속에,	萬籟此都寂
사찰의 종소리만 여운을 울린다.	但餘鍾磬音

상건*의 「제파산사후선원題破山寺後禪院」이라는 시이다. 상건은 당 개원開元 연간에 진사에 급제했으나 호북성 무창·악주 등에 은거하면서 시작에 몰두했는데, 절과 산림 등을 제재로 한 오언시를 많이 썼다. 이 시는, 선취가 물씬 풍기는 징담정치파澄澹精致派 시인들이 많이 읊조렸던 선시의 하나이다.

이른 새벽, 산림 속을 뚫고 들어오는 햇빛, 그윽한 대밭 길, 꽃과 나무에 둘러싸인 고요한 선방, 푸른 산 빛, 맑고 투명한 연못 속의 그림자, 온갖 소리가 그친 정적, 유유히 사라져가며 여운을 남기는 고사의 종소리, 이 모두가 그윽하기만 한 적정의 세계이다. 성당盛唐 시인 은번은 "산 빛은 새들의 기분을 즐겁게 해주고, 못 그림자는 사람의 마음을 텅비게 한다"는 시구에 대해 '선방의 경책警策(용맹정진을 격려하는 훈계)'이라고 찬탄했고, 구양수는 "대밭 길 깊숙이 통해 있고, 선방은 꽃과 나무에 깊숙이 가려 있다"는 시구에 담긴 창조적 의경을 높이 평가했다.

시의 끝맺음인 종의 여음은 동動이 정靜이 되고 실實이 허虛가 되면서 일체의 미망에서 깨어나 환화幻化*의 세계에서 영원한 공무空無의 세계 곧 본체계로 진입함을 상징한다. 종소리는 사람들로 하여금 마음을 비우고 본연의 자성으로 돌아가게 하는 돈오의 길잡이 역할을 하고 있다. 고요한 새벽에 울려 퍼지는 고찰의 종소리는 사람들의 마음과 정신이 세속적인 감각을 초월하여 맑고 깨끗함을 느껴서 망념을 버리고 진여본체의 세계로 귀환할 수 있게 해준다. 사람들로 하여금 온갖 잡념을 끊어버리고 홀연 별다른 경계에 도달케 하는 고찰의 새벽 종소리는 적막을 두드려 소리를 구해낸 것으로, 정靜에서 바로 동動을 보는 동정일여動靜一如의 선경禪境이다.

장계의 절창 「풍교에 유숙하다」에 나오는 '야반종성夜半鐘聲'에서

상건常建 생몰연대 미상. 당나라 장안 사람. 벼슬에 뜻이 없어 거문고와 술을 벗삼아 명산을 찾아다니며 풍류를 즐겼다. 왕창령 등과 어울려 시작으로 명성을 떨쳤다. 맹호연, 왕유와 함께 자연파 시인으로 유명하다.
환화 실체가 없는 것이 환술로 현재 있는 것처럼 되는 일. '환'은 환술사가 만든 것이고, '화'는 불보살이 신통력으로 변한 것이다.

도 '야반'은 적막(靜)이고 '종성'은 소리(動)이다. 선이나 시, 음악에서는 모두 적막을 두드려 소리를 내는 일을 귀하게 여긴다.

구름 밖의 새벽 종소리 촉촉이 젖어 있네.　　　　　　　晨鐘雲外濕

새벽 종소리를 묘사한 신운神韻으로 평가되는 시구이다. 「기주에 비가 촉촉이 내려 언덕에 오르지 못하고 지음夔州雨濕不得上岸作」이라는 두보의 시에 나오는 구절로, 청대의 섭섭•은 『원시原詩』에서 이 시구에 대해 "그것은 구름을 사이에 두고 종을 보며 소리 가운데서 촉촉함을 들었던 것이니, 그 묘한 말솜씨 하늘에서 나온 듯하다. 지극한 이치와 구체적인 현실에 대한 깨달음이 있어야만 이러한 경지에 도달할 수 있을 것이다"고 했다. 섭섭의 평을 좀더 들어보자.

과연 새벽 종소리가 하나의 물체로서 촉촉이 젖었다는 것인가? 구름 밖의 물체들은 억으로 헤아려도 다 헤아릴 수가 없을 만큼 많고, 불사佛寺와 도관道觀에는 종 말고도 수없이 많은 물건이 있다. 어찌 종만이 촉촉이 젖었다고 할 수 있는가? 소리란 형체가 없는 것인데 어떻게 새벽 종소리가 젖을 수 있을까? 이 시구는 참으로 많은 의문을 갖게 한다. 종소리가 귀에 들어와 들리게 되면 그 들림은 귀 안에 있으니, 그 소리를 변별할 수 있을 뿐 어떻게 그것이 젖었다는 것을 알 수 있겠는가?

섭섭葉燮 1627~1703. 청나라 때의 문인. 자는 성기星期이다. 시학 이론에 특히 뛰어났다. 저술에 시가문학의 발전 규율을 논한 『원시原詩』가 있다.

'구름 밖'이란, 처음에 눈이 구름만 보았을 뿐 종을 보지는 못했기 때문에 그렇게 말한 것이다. 그러나 이 시는 비가 촉촉이 내릴 때 지은 것이므로, 구름이 있고 나서 비가 있는 것인 만큼 종소리가 촉촉이 젖었다면 종은 구름 '속'에 있다고 해야지 구름 '밖'에 있다고 말해서는 안 된다.

이 표현이 귀로 들은 것인지 눈으로 본 것인지, 아니면 마음으로 헤아린 것인지는 알 수가 없다. 이 시구는 "새벽 종소리가 울릴 때 구름 밖이 젖어 있다"로 읽을 수도 있고 "새벽 종소리가 구름 밖에 젖어 있다"로 읽을 수도 있다. 어떻게 읽든 그 상상이 마치 신들린 것 같다고 하겠다. 두보는 경물景物을 단순히 묘사하는 데 그치지 않고 오묘한 깨달음을 통해 경물과 정신을 하나로 통일시킴으로써 이와 같은 신운을 토해냈던 것이다.

이어서 섭섭은 "세속의 유생이라면 '새벽 종소리가 구름 밖에서 들려온다〔晨鍾雲外發〕'나 '새벽 종소리가 구름 밖으로 지나간다〔晨鍾雲外度〕'고 읊었을 것"이라고 했다.

두보의 위 시구는 심령과 우주가 일체가 된 신비한 정신세계에서만 나올 수 있는 표현이요, 인식이다. 선과 시가 상호 보완하면서 시선일치詩禪一致의 경계를 이루는, 시정詩情의 절정을 보여주는 시구이다.

교연

皎然. 720~?. 속성은 사謝씨로 현재의 저장성 장흥 사람인데, 자칭 사령운謝靈運(385~433)의 후예라고 했다. 항주 영은사에서 출가하여 수계하였고, 자산 묘희사에서 주석하였다. 안진경, 위응물 같은 당시의 저명한 문인들과 잦은 왕래를 가지면서 서로 시를 주고받으며 불렀다. 시풍은 한담청려閑淡淸麗했으며 의경과 정취가 깊고 두터웠다. 그의 예술적 지평은 당대의 승려들 가운데 최상의 위치로 자리매김되어 속가의 문인들도 높이 받들었다. 저술로는 『자산집杼山集』, 『시식詩式』(5권), 『시의詩議』(1권) 등이 있다.

{ 선시 이해의 길잡이 ❷ }
선과 시는 어떻게 같은가

송대의 이지의李之儀는 "선禪을 설하는 것과 시를 짓는 것은 본질적으로 다르지 않다〔說禪作詩 本無差別〕"고 말했다. 종교 체험과 예술 체험은 일치한다는 의미이다. 또 명나라가 멸망하자 출가하여 승려가 된 보하普荷는 "선미 물씬하나 선어가 아니면 시이고, 시경이지만 시구가 없으면 선이다〔禪而無禪便是詩 詩而無詩禪儼然〕"고 했다. 역시 시와 선은 표현 방식만 다를 뿐 '경계境界'의 측면에서 볼 때는 같다는 뜻이다. 물론 여기서 말하는 시들은 위진남북조 이래의 서정시·산수시를 말한다. 불교 선종의 영향을 받은 이러한 시론은 불교 역사에서 선종이 주류를 이뤄온 한·중·일 3국에 다 같이 적용된다. 서정시나 산수시 속에 담긴 선경禪境(일체의 정욕이 그친 상태)은 어떠한 장광설의 선법문보다도 깊은 감동을 주면서 돈오의 길로 안내한다.

시선일치를 주장한 선승과 시학 이론가들은 수없이 많다. 모두가 결론은 시적 신운神韻과 선적 묘체妙諦는 일치한다는 것이다. 그래서 흔히 "선가의 불조佛祖는 시를 쓰지 않은 시인이고, 시인은 선을 말하지 않는 선사이다. 양자는 본질상 같다"고 말하기도 한다. 선종 조사가 시인인 예로는 '염화미소拈花微笑(석가모니가 이심전심으로 가섭을 인증한 고사)'의 주인공 마하가섭, '전의傳衣(가사를 전함)'로 법맥을 전한 달마, '묵언默言'으로 유명한 유마거사, 득법게得法偈를 남긴 6조 혜능 등이 있다. 또 시인이 곧 선사인 예로는 선의禪意가 풍부한 시를 많이 쓴 왕유, 맹호연, 위응물 등을 손꼽는다.

시와 선은 '가치 지향적 취향', '정감을 특징으로 하는 점', '사유 방식', '언어 표현 양식' 등에서 유사함을 보이면서 사람들을 놀라게 하는 표현을 쏟아낸다. 선과 시에 내재된 기제적 연결점을 좀 더 구체적으로 살펴보자.

❶ 가치취향적 비공리성

선종 특히 남종선은 세간적 번뇌에서 벗어나 자성청정심自性淸淨心을 발현함으로써 무애한 열반의 경계에 도달하는 것을 종지로 삼는다. 남종선은 고행·염불·독경 등과 같은 번쇄한 계율을 제창하지 않는다. 남종선의 금욕주의는 심령상의 금욕주의이지 신체적 금기를 말하는 것이 아니다. 그래서 남종선은 전통적인 수행 방식으로 전해오던 참선수행과 정관명상을 임운수연任運隨緣과 적의회심適意會心(자기 본성에 적합한 생활방식을 따라 살아가는 것)으로 대체했다. 선은 물질적·명리적인 것을 추구하지 않는다. 오직 정신적 해방을 추구할 뿐이다. 선가는 '내가 곧 부처'인 초월의 경계에서 유무, 색공, 허실, 생사, 선악, 희비, 빈부, 귀천 등의 구별을 없애고 욕계로부터 해방된 심령의 자유를 만끽한다.

선이 갈구하는 선경과 시가 추구하는 심미는 서로 통한다. 시의 핵심은 심미이다. 심미는 하나의 형상적 직각直覺으로, 본래가 실용적 목적을 가지고 있지 않다. 직각이란 사물을 보고 느낀 감각적 종합을 한순간에 완성해내는 것이다. 선도 미학적 관점에서는 삼라만상에 대한 '심미'이다.

선의 경지나 시의 심미 과정에서는 잠시 자아를 망각하고 의지의 속박에서 벗어나서 의상意象의 세계로 이동한다. 따라서 시와 선의 심미는 '욕망'을 대동하지 않는 초월적·비공리적 활동이다. 미美나 미감의 본질은 원래 공리를 뛰어넘는다.

선의 돈오는 신속하고 민첩한 감성적 초월이며, '순간' 속에서 실현하는 '영원'이다. 예술(시)과 종교(선)의 작용은 차이가 없다. 둘 다 심미와 초월을 통해 일체의 욕망을 떠난 무아의 경지로 들어감으로써 현실 세계 속에서 자아분열과 자아모순이 초래하는 고통에서 벗어나 해탈하는 것이다. 미술(선화)도 역시 인생의 고통과 해탈의 도를 그린다. 세속적인 욕망의 투쟁을 떠나 지혜와 평화를 획득하는 것이 미술의 목적이다.

예술적·선적 심미와 생활 속에서 지각하는 정감은 분명 다르다. 그래서 선에서는 "욕계에는 선이 없고, 선계에는 욕망이 없다〔欲界無禪 禪界無欲〕"고 말하고, 예술에서는 "욕계에는 미가 없고, 미의 세계에는 욕망이 없다〔欲界無美 美界無欲〕"고 말한다. 예술 심미는 실용적 목적과 공리성, 지식 판단, 과학적 분석을 초탈하고 객체 사물의 감성 형태를 관찰하여 주체의 정감에 계합시킨다. 이러한 심미적 희열감은 정감의 정화 과정을 요한다. 즉 저급의 생리적 욕구나 오락적 분장, 정치·도덕적 평가 등을 회피해야 한다는 말이다. 그와 같은 심미적 희열은 인류가 자기초월(현실의 초탈을 통해 얻는 자유)을 통해 체현하는 최고의 정신적 품격이다.

선은 대경관심對境觀心(외계 사물을 대할 때 그 사물과 연계되는 자신의 마음을 통찰하는 것)을 강조한다. '대경관심'은 감성적 초월을 통해 순간을 영원으로 인식하는 통로이다. 움직이는 현상 세계 가운데서 영원부동의 고요한 본체를 인식하는 것이 바로 돈오요, 영오領悟이다.

숭혜선사는 한 학인이 찾아와 "달마가 중국에 오기 전부터 있던 불법 진리는 어떤 것입니까" 하고 묻자 "만고에 변함없는 허공이요, 하루아침의 바람과 달〔萬古長空 一朝風月〕"이라고 답했다. 영원불변의 허공 속에서 끊임없이 변화하며 뜨고 지는 달과 일었다 사라지는 바람소리를 보고 들으면서, 그는 달과 바람이라는 순간도 결국은 영원불변인 허공의 한 부분임을 간파했던 것이다. 순간이 곧 영원이요, 영원이 곧 순간이라는 그 한순간의 깨침이 바로 숭혜선사의 돈오 해탈이다. 돈오란 선계禪界의 심령으로 비약해 가는 것으로, 물과 나를 모두 잊는 미묘한 정신 경계의 체험이다. 숭혜선사의 답이 뜻하는 바가 바로 이런 것이다.

　불교의 참선과 시의 심미는 욕계欲界를 떠나는 것이 아니라 욕계를 초월하는 것이다. 또한 참선과 시는 공리를 포기하고 정관靜觀하는 특징을 공유하며, 둘 다 심령을 정화시켜주는 기능을 갖고 있다. 화정선자의 게송 「긴 낚싯대 드리우니」는 이러한 공통점을 한눈에 보여주는 무욕의 선계인 동시에 시적 경계이다. 달빛이 휘영청 밝은 넓은 호수에서 일엽편주에 몸을 싣고 홀로 하는 낚시나 참선은 심미적으로 욕계를 떠나 선계에 도달하는 돈오의 과정이다. 빈 배를 가득 채운 '명월明月'은 관조의 대상이지 욕구의 대상이 아니다. 그래서 선자화상은 배 안에 가득한 달빛 가운데서 깨달음에 도달하여 모든 것을 쉬고 한가한 심령의 세계에서 노닐 수 있었던 것이다. 선자화상의 게송은 심미 만점의 선시이다.

　선적 깨달음의 대상은 곧 심미의 대상이기도 하다. 따라서 심미 대상은 선적 가치를 충분히 갖추고 있으며, 시적 가치의 체현은 '물아쌍망'의 선적 희열을 느끼게 한다. 선승과 시인은 밖의 사물을 관조할 때 다 같이 일체의 욕망이 없다. 선승은 일체의 성색聲色과 사물을 대할 때 거기에 집착하거나 머무르지 않고 인연 따라 자유롭게 옮아가면서 도처에서 불법 진리를 깨닫는다. 시인도 마찬가지이다. 시인은 외계의 사물을 대할 때 우의寓意(임시로 마음을 맡김)할 뿐 유의留意(집착하여 마음이 머무름)하지 않는다. 소동파는 「보회당기寶繪堂記」에서 "뭉게구름 눈앞을 지나가고 온갖 새소리 귓가를 스쳐 가지만, 흔연히 자연스레 지나갈 뿐이지 어찌 다시 생각(집착)할쏘냐"고 읊조렸다. 이러한 선승과 시인의 관물 태도는 스위스 심리학자 벌로프(Edward Bullough)가 말하는 심미적 태도에서 '심리적 거리'와 유사하다.

　예술가뿐만 아니라 일반인도 일상생활을 영위하는 가운데 수시수처隨時隨處에서 일종의 비공리적 심미 태도를 갖는다. 선가가 말하는 '평상심平

常心'이란 것도 역시 심미적 대상에 대해 실용적 수요나 이해 관계를 따지지 않는 마음이다. 왕유, 위응물, 왕안석 등을 비롯한 많은 시인들이 욕심 없는 비공리적인 평상심의 담박한 선시들을 남겼다.

중국 불교 선종은 위진 현학玄學(발전된 노장학)과 천 갈래 만 갈래로 얽혀서 서로 영향을 미쳤다. 선종 쪽에서 보자면, 선종은 현학적 사변에 힘입어 물화경계物化境界를 진일보시켜 본체화할 수 있었다. 대표적인 예가 물아쌍망적인 '장자의 나비꿈'이 선의 경계와 일치한다고 보는 것이다.

이러한 선종의 영향을 받아 순수 심미시가 출현하였다. 심미시는 유가의 공리적 목적을 따르는 전통 시가에서 벗어난 새로운 형식의 시가였다. 선시가 출현한 과정이다.

❷ 비분석적 사유방식

인간의 인식 활동 중에서 예술과 종교의 영역은 엄격하고 정확한 개념을 요구하지 않으며 엄밀한 분석적 사유도 행하지 않는다. 시와 선 또한 마찬가지이다. 선의 '돈오불성'과 시의 '심미직관'은 그 성격을 같이한다. 양자는 추상적 논리를 따르는 분석적·이성적 사고를 배격한다.

선은 세상의 구체적 사물을 '가상'으로 보고 불성 진여眞如를 본체로 인정한다. 따라서 선의 본체는 무일물성無一物性·허공성·즉심성卽心性·자기성自己性·자재성 등을 특징으로 한다. 이는 오직 신비적인 인식으로만 접근이 가능한 것으로, 지해知解(분별적 이해)로써 알거나 언어로써 그 실체를 얻는 것은 불가능하다.

선의 본체는 근본적으로 표술表述이 불가능하다. 이른바 언어도단言語道斷, 심행처멸心行處滅이다. 6조 혜능과 제자 남악회양의 선문답은 선의 본체를 말로 설명하는 것이 불가능하다는 사실을 한마디로 잘 요약하고 있다.

남악 : 제가 깨달은 바가 있습니다.
혜능 : 그래 무엇이냐?
남악 : 설사 한 물건이라 해도 맞지 않습니다〔說似一物卽不中〕.

　말로는 선의 본체를 드러내 보일 수 없음을 개탄하고 있는 선문답이다. 시인도 이러한 언어의 한계를 개탄한 바 있다.

이 가운데 참뜻이 있나니	此中有眞意
말을 하고자 해도 말을 잊었노라.	欲辨已忘言

　유명한 절창구 "동쪽 울타리 아래서 국화를 따다가 문득 남산을 바라보네"가 나오는 도연명의 「음주」 제5수의 말구이다. 일찍이 도연명도 이처럼 언어가 지닌 표현의 한계성을 아쉬워했다. 시의 본체도 역시 '불가표술성不可表述性(말로는 다 표현할 수 없음)'을 가지고 있다. 시의 본체는 언어의 연결 구조나 형식 같은 데 있는 것이 아니라 정신과 심미 관념을 전달하는 데 있다. 이러한 시의 본체를 흔히 운미韻味, 흥취, 신운神韻 등으로 말한다. '신운'이란 유성적有聲的 언어로 나타나지 않는 무성적無聲的인 성정 곧 심미 감정을 가리킨다. 무성에서 듣는 것이 시의 정수이고, 유성에서 듣는 것은 시의 흔적이다.
　선의 본체와 시의 본체는 언어 개념을 떠났을 때 비로소 진실로 파악할 수 있다. 이는 선과 시의 본체가 이성적 사로思路나 언어적 논리와 무관하다는 뜻이기도 하다. 그래서 선은 '불락언전不落言詮(언어적 논리에 떨어지지 마라)', '불섭이로不涉理路(이성적 분석이나 비교를 하지 마라)'를 강조한다. 시나 선의 '무성'은 인간의 심령으로 감수感受하는 것이지 설명이나 논리적 분석을 통해 지해知解하는 것이 아니다.

나무에 뿔을 걸고 공중에 뜬 채로 잠을 자는 영양은 발자국을 남기지 않는다. 이른바 '영양괘각羚羊挂角'이라는 화두이다. 이 화두는 언어적 논리에 떨어지지 않고 성외지성聲外之聲, 상외지상象外之象의 본체를 파악할 것을 촉구한다. 선과 시의 본체 감지는 오직 미묘한 체험을 통한 심령상의 계합〔冥契〕에 의해 이루어진다.

선과 심미시(서정시)는 언외지의의 심미 감정을 무성의 '성정'을 통해 전달한다. 선승의 참선 오도와 시인의 심미 활동은 모두 형상을 빌려 드러낼 뿐 개념을 통해 전달되지 않는다. 피안의 불성을 차안의 인성을 통해 확증하는 데에서 선은 형상 즉 비개념적 객관 체험을 수단으로 삼는다. 참선을 통한 범아합일梵我合一의 체험은 물아쌍망적 심미 체험을 심화시킨다. 이러한 심미 체험의 심화는 세속의 홍진을 피하지 않은 채로, 심지어는 내심의 욕망과 번뇌까지 그대로 지닌 채로 '해탈'이라는 심미 경계에 도달할 수 있게 해준다. 이것이 바로 남종선이 기치로 내세우는 돈오이며 번뇌가 곧 보리요, 보리가 곧 번뇌인 인간 해방이다.

지성과 사변을 떠나 감성을 배회하다가 다시 이성에 침잠하는 정신적 직각은 이성과 감성을 모두 초월한 융연묘연融然杳然이다. 선사들이 복숭아 꽃을 보거나 대나무 소리를 들어서 깨닫는 것과 시인이 바깥 경계에 접촉하여 미감을 체험하는 것은 모두 비개념적 이해이자 직관적 지혜이다. 이는 선과 시의 돌출적 특징이기도 하다.

장자는 일찍이 '혼돈칠규混沌七竅'라는 우화를 통해 지적 몽매함을 포기할 것을 강력히 촉구하였다. 중앙을 지배하는 제왕 혼돈은 자주 남해의 제왕 숙儵과 북해의 제왕 홀忽을 초청하여 잔치를 베풀고 융숭하게 대접하였다. 그래서 숙과 홀은 혼돈의 후의에 보답할 궁리를 했다. 그들은 "사람에게는 7개의 구멍(眼·耳·鼻·口)이 있어 보기도 하고 듣기도 하며 먹고 마시기도 하는데 유독 혼돈만은 구멍이 없으니, 그에게 7개의 구멍을 뚫어

주자"고 했다. 그래서 숙과 홀은 혼돈의 얼굴에 하루 한 구멍씩을 뚫었는데, 마지막 7일째가 되어 구멍을 다 뚫고 나자 혼돈은 이내 죽고 말았다.

시와 선의 본체는 이 우언寓言 속의 혼돈과 같다. 우언에서처럼 분석적 접근 같은 인위人爲를 가하게 되면 시와 선의 본체는 이내 사멸해버리고 만다. 그러므로 시적 언어나 선적 언어에 대한 접근은 언제나 천연적 접근이어야 한다. 송대의 시인 장표신張表臣은 『산호구시화珊瑚鉤詩話』에서 "문장은 함축을 통해 자연스럽게 이루어진 것이 최상이고, 조탁을 가한 것은 하품이다. 양대년의 서곤체가 아름답지 않은 것은 아니지만, 그것은 인공적 조탁이 심한 까닭에 이른바 7일 만에 혼돈이 죽고 만 예와 같다"고 말했다.

선은 직관적인 영오領悟를 강조하기 때문에 어떠한 추상적 개념도 허용하지 않는다. 따라서 선은 추상적 본체를 말하지 않고 눈앞의 생활이나 풍경, 경우 등만을 설한다.

3월이면 늘 기억나느니   常憶三月里
자고새 노래하는 곳에 온갖 꽃 향기롭다.   鷓鴣啼處百花香

이 구절은 임제종 풍혈연소(896~973)의 화두로 선의 사물 인식 방법을 잘 보여주고 있다. 풍혈이 자고새 우는 봄철의 싱그러운 꽃향기를 인식한 방법은 비분석적·비추상적·비개념적인 직각 영감을 감지한 것이지 분석·추리·종합을 동원한 과학적 인식 방법이 아니다.

시 감상자의 심미 체험과 참선자의 진여본체 체험은 지성적 개념을 배격하고 비분석적이라는 점에서 일치한다. 선의 비이성적 사유는 사물의 인식에 '모호성'을 가져오며, 시인과 독자는 그러한 선의 사유 방식을 수용하여 자기가 감수한 인상·감각·정감을 표현해낸다. 이것이 바로 선시의 작법이고 감상법이다.

❸ 비논리적 언어 표현

　선의 목적은 깨달음〔悟〕이지 어떤 지식〔知〕을 얻는 것이 아니며, 시의 목적은 심미審美에 있지 과학적 진리〔眞〕를 탐구하는 데 있지 않다. 불가의 선오禪悟와 시의 심미는 논리주의를 단호히 거부한다. 선가의 '불립문자不立文字'란 진여의 본체는 문자를 떠나지도 않지만 문자 속에 있는 것도 아님〔不離文字 不在文字〕을 의미한다. 진여본체는 부득이 언어 문자를 빌려 말하기는 하지만 언어 문자로 본체를 완벽하게 설명하거나 이해시키는 일은 불가능하다.

　불교 선종은 언어가 필요치 않은 심령적 해탈을 통해 무한한 자유를 얻고자 한다. 선종은 그러한 정신적 해방을 '통견불성洞見佛性'이라는 말로 강조하면서, 그 방법으로 스승과 제자 사이의 말없는 심령적 접촉〔心燈相接〕을 통한 오도의 길을 제시한다. 다만 그 오도 체험의 전달에서는 부득불 언어 문자를 빌린다. 이것이 선문답이고 선어록이며 게송이다.

　시의 심미 획득도 선종의 오도와 같다. 시인의 심미 의식은 무언적인 것이지만 예술품이라는 창작물을 통해 타인에게 전달된다. 시인은 이때 언어를 사용한다. 이에 대해 시승 교연은 "다만 성정만을 볼 뿐 문자는 보지 않는다〔但見情性 不睹文字〕"고 하였고, 사공도는 "문자를 쓰지 않고도 풍류를 다 얻는다〔不着文字 盡得風流〕"고 말했다.

　선과 시는 다 같이 문자적 의미에 매달리지 말라고 한다. 선은 언어 문자의 허환성虛幻性을 강조할 때 모든 경전의 이론과 설법을 '마설魔說(마귀의 말)' '희론戲論(말장난)' '조언粗言(조악한 말)' '사어私語(사사로운 말)'라고 매도한다. 시 역시 마찬가지여서, 비록 언어 문자의 은유적 기능을 차용하여 복잡한 의의와 미묘한 감각, 신비한 체험을 말하기는 하지만 여전히 언어 문자에 대한 축자적逐字的 해석이나 천착을 금기시한다. 이처럼 시와 선은 동공이곡同工異曲(겉만 다를 뿐 내용은 똑같음)으로 문자의 논리에 대항하고 있다.

언어 문자의 한계성(허환성)에 대해서는 먼 옛날부터 『노자』·『장자』·『주역』 등에서 명쾌하게 설파해왔다. 노자는 "진리를 진리라고 말하면 이미 불변의 진리가 아니고, 이름을 이름이라 부르면 이미 불변의 본체적 이름이 아니다〔道可道非常道 名可名非常名〕"는 말로 언어 문자의 한계성을 명쾌하게 설파하였다. 『주역』 「계사상」에는 "글로는 말을 다 드러낼 수 없고 말은 뜻을 다 표현할 수 없다〔書不盡言 言不盡意〕"는 말이 있다. 역시 언어 문자의 한계성을 개탄하는 말이다. 도와 의意 같은 정신적 본체는 언어나 문자로 그 실체를 알려줄 수 없는 불가유성不可喩性을 가지고 있다는 것이다.

총명한 장자는 『장자』 「외물外物」에서 "고기를 잡고 나면 통발을 버려야 한다〔得魚而忘筌〕", "토끼를 잡고 나면 올무를 버려야 한다〔得兎而忘蹄〕", "뜻을 얻으면 말을 잊어야 한다〔得意而忘言〕" 등의 설법을 통해 언어 문자는 논리를 표현하는 도구에 불과하기 때문에 '도'나 '의'에 대한 체험을 묘사하는 데는 부적절하다고 했다. 언어의 기능은 '의意'를 밝히는 데 있으므로 언言은 '의'에 대해 종속적인 지위에 있다. 따라서 '의'를 얻고 나면 더 이상 '언'에 구속될 필요가 없다. 이처럼 장자는 이해와 감상의 각도에서 '언'과 '의'의 관계를 탐구하였다.

선종은 노장老莊이나 『주역』의 '언부진의' 사상을 더욱 발전시켜 실천했다. 선은 『장자』와 현학에 대해 개념적 논리성을 벗어나지 못하고 사변적 추리를 일삼는 '지해종도知解宗徒'라고 혹독하게 몰아치기까지 했다.

선은 언어의 한계를 극복하고 본체를 직접 파악하도록 하기 위해 '형상직각의 방식'과 '상투적 언어 방식' 등을 사용하여 불가설不可說의 진여

본체를 설하고 전달했다. 선림을 진동시킨 방봉棒(주장자로 내려침)과 할喝(고함을 질러 놀라게 함), 희언戲言이나 반어, 날카로운 기봉機鋒 등은 '망언忘言'이나 '언부진의'를 넘어선 선종 특유의 본체 인식 방편들이었다. 여기서는 형상에 매달릴 틈을 전혀 주지 않는 불락적상不落迹象(자취나 형상에 얽매이지 않음)의 순간, 번개가 내리치는 듯한 신속한 문답과 기지로 진여의 본체를 직각적으로 깨닫게 한다.

당나라 때의 선승 설봉의존•의 화두 '영양괘각羚羊挂角'도 직접적인 본체 파악을 강조한 것이다. 그는 학인들에게 "내가 서쪽에 길이 있다 하면 서쪽으로 우르르 몰려가고 동쪽에 길이 있다 하면 동쪽으로 우르르 몰려가는데, 만약에 영양이 뿔을 나무에 걸고 자서 그 발자국을 찾을 수 없게 된다면 너희는 어데서 영양을 찾을 것이냐"고 물었다. 이 '영양괘각' 화두는 오도적 체험에 대해서는 어떤 표술도 불가능함을 암시하고 있다.

만당의 시인 두순학•은 「두견새子規」라는 시에서 "울어대며 아무리 피를 토한들 소용이 없네. 차라리 입 다물고 남은 봄을 보내는 것만 못하리〔啼得血流無用處 不如緘口過殘春〕"라고 읊조렸다. 선승의 오도 경계도 이와 같다. 선종은 언어적 논리의 궤적을 따라 불성을 탐구하는 일을 절대 금기시한다. 그래서 논리를 전개하는 화두를 '사구死句'라고 부르며 무시해 버린다. 그러나 '영양괘각'은 언어를 피하지 않고 오히려 언어가 갖는 다의성을 활용하여 언어의 오류성과 허환성을 극대화시킴으로써 일상의 논

설봉의존雪峰義存 822~908. 속성은 증曾씨로, 덕산선감德山宣鑑의 법을 이었다. 복부福府 서쪽 상골산象骨山에 암자를 짓고 살았는데, 겨울이면 눈이 이 산에 제일 먼저 내린다 하여 설봉雪峰이라 하였다. 그의 제자 운문문언에 의해 운문종이 개창되었다.
두순학杜筍鶴 당나라 사람. 정확한 신분은 알려져 있지 않으나 평생을 두고 청빈한 생활을 하며 수도에 전념하였다.

리와 규범을 완전히 뛰어넘고 있다.

선은 언어 문자를 희롱하는 '동문서답'과 주장자로 머리통을 내리치는 '방봉'을 통해 언어의 한계성을 일깨우며 진리 그 자체는 절대로 언어적 논리로 탐색하거나 더듬어서는 안 된다고 역설한다. 그래서 선종의 화두와 공안(선문답)에는 논리성이 없다. 예컨대 "어떤 것이 부처냐?"고 묻자 "마른 똥막대기〔乾屎橛〕"라고 답했던 운문문언의 '간시궐' 화두에는 논리가 전무하다. 이는 대도약적인 비유인 동시에 아무런 뜻이 없는 말〔無意語〕이기도 하다. 이처럼 비뚤어지고 견강부회적인 비유를 곡유曲喩(conceit)라고 한다. 선은 자못 폭력적이기까지 한 곡유를 휘둘러 논리로부터 이탈할 것을 촉구한다.

법해행주法海行周는 한 학인이 "바람이 자고 파도가 가라앉았을 때는 어떠냐?"고 묻자 "바람이 불어 남쪽 담장이 무너졌다〔吹倒南墻〕"고 답했다. '취도남장'은 아무런 의미도 없는 무의어이다. 아직도 논리적 사고에 얽매인 학인에 대한 힐난쯤으로 해석할 수도 있겠지만, 문장 자체로는 그 야말로 엉뚱한 대답이고 역설(Paradox)이다.

선문답에서 한소식한 선사들의 답은 모두가 황당하고 기이하다. 선은 무의어와 모순어, 아이러니 등을 통해 논리에 대한 집착을 깨뜨려준다. 선에서는 오직 진리의 본체에 대한 직접적인 '체회體會'와 '영오領悟'만을 인정한다. 시 또한 논리적 사유 대신 형상 사유를 한다. 물론 시인의 상상과 연상에는 때때로 다소간의 이성적인 정신이 들어 있기도 하지만, 언어 표현에서 선과 시는 일상의 상식적 논리와 배치된다는 공통점이 있다.

공안公案의 '기봉'은 상투적 비유를 타파하고 새로운 연상 작용을 유발시킨다. 이는 곧 선의 한 특징이기도 한 '불합리의 합리'이다. 운문의 '마른 똥막대기'처럼 일상의 상식을 뒤엎어버리는, 전혀 연관성 없는 사물을 동원한 곡유도 역시 '불합리의 합리'이다. '간시궐' 화두는 부처도 깨치지 못했을 때는 쓸모없는 '마른 똥막대기'에 불과했다고 하는 '합리적 법문'일 수도 있고, 부처가 되겠다고 되뇌면서도 사변적 질문이나 늘어놓는 네놈은 똥막대기와도 같다고 힐난하는 '합리적인 할喝'일 수도 있다. 이러한 '불합리의 합리'를 이끌어내는 선의 설법은 예술적 변증법과 잘 부합한다.

시는 심미 관념을 표현하는 데 논리적 언어를 사용하지 않고 특수한 표현의 어상語象을 활용하여 언어가 극대의 탄력성을 갖도록 한다. 따라서 비규범적·비논리적 언어 형태를 취하는 시어는 늘 그 의미가 풍부하다. 시에 자주 등장하는 역유와 풍자는 시가 언어의 돌출적인 양대 표현 방식이다.

전혀 연관이 없는 사물을 동원한 비유인 곡유를 통해서는 다음과 같은 두 가지 효과를 얻을 수 있다. 하나는 논리적인 복잡한 비유를 거듭 순환시켜 무한한 연상을 하다가(확대 비유) 몽롱한 의식에 떨어져서 불합리 속의 합리를 새로이 체득하게 되는 것이다. 다른 하나는 추상과 구상 사이의 비유를 통해 전혀 다른 영역의 경험 가운데로 밀어 넣음으로써(견강부회적 비유) 논리 판단의 사로思路를 끊어버리는 것이다. 이 순간 돌발적인 직각이 일어나서 시인(독자)은 본체를 찰나간에 꿰뚫어보는 영감의 돈오를 체험하게 된다.

곡유는 특히 황정견, 여본중을 중심으로 선시의 일가를 이룬 강서시파에서 즐겨 사용한 비유법이다.

| 나는 수심으로 매일같이 술에 취해 있는데, | 我自只如常日醉 |
| 만천의 풍월이 사람의 수심을 대신해주네. | 滿川風月替人愁 |

황정견의 시 「밤에 분녕을 떠나며 두간의 노인에게 부치다夜發分寧寄杜澗叟」에 나오는 시구이다. '풍월風月'이라는 무정물이 사람의 수심을 대신해 준다는 것은 반어이다. 이처럼 풍자나 곡유는 반反논리성을 지니고 있

다. 상리적常理的으로만 생각하고 판단하면 매너리즘에 빠질 우려가 있다. 그래서 시나 선에서는 곡유·풍자·반어 등을 통해 충격을 줌으로써 상식을 깨뜨리려 한다. 깨침이란 기존의 낡은 사유와 껍데기를 벗어던지고 대사大死 후에 새롭게 태어나는 정신적 부활이다. 강서시파가 시작에서 거듭 강조했던 '환골탈태換骨奪胎'도 이러한 선의 사유 체계와 맞닿아 있다고 볼 수 있다.

선림禪林 공안의 돌출적 특징의 하나는 '추상적 질문에 대한 구상적 대답'이다. 남악나찬의 「낙도가」에 나오는 "봄이 오니 풀이 스스로 푸르구나〔春來草自靑〕"나 조주선사의 "뜰 앞의 측백나무〔庭前栢樹子〕" 같은 화두들이 구상적 대답의 대표적인 예이다. 이들 화두는 시가적 의상 언어를 사용하고 있다.

시에서도 상투적 어법은 효과가 없기 때문에 의상어를 즐겨 사용한다. 시의 창작과 감상에서 의상 언어는 순수한 형상 사유의 왕국이다. 의상 언어가 가지는 특징으로는 구상성, 다의성, 도약성 등을 들 수 있다. '구상성'은 곧바로 직각에 호소하여 독자들로 하여금 '알음알이의 이해〔知解〕'가 아닌 '감오感悟'에 이르도록 한다. '다의성'은 모호성이기도 한데, 여러 의상을 독립적으로 등장시켜서 이들 의상이 서로 모순적인 논리 관계를 가지도록 하여 다양한 해석이 가능하게 만든다. '도약성'은 압축된 어법으로 논리를 감추어 독자들이 어법상의 공백처空白處에서 임의적인 상상을 창조해낼 수 있게 한다.

『장자』는 우언을 사용하여 언어 문자의 한계성을 극복하였지만, 우언의 경우는 여전히 논리적 서술의 언어이다. 이에 비해 선의 활구活句는 의식적으로 언어의 논리적 기능을 파괴한다. 때로는 폭력적이기까지 하다. 그러나 선이나 노장이 강조하는 '논리 배격'은 실은 문자에 대한 집착을 버리고 문자외적인 신비 본체를 체험하기 위한 것이지 막무가내의 논리 부정이 아니다. 선과 시가 강조하는 언어의 비논리성은 세속의 논리를 뛰어넘은 '초논리의 논리'이다.

❹ 긍정성과 표현의 주관성

선종이 중히 여기는 지고무상의 가치는 '마음[心]'이다. 선종에서는 "마음이 일어나면 온갖 법이 생겨나고 마음이 사라지면 온갖 법도 사라진다[心生則種種法生 心灰則種種法灰]"고 말한다. 삼라만상의 실체는 '열반묘심涅槃妙心' 즉 '하나가 전체이고 전체가 곧 하나[一卽一切 一切卽一]'인 넓디넓은 포용의 마음이다. 이런 마음은 마치 허공과도 같아서 포용하지 않는 것이 없다. 이를 선가에서는 '심외무불心外無佛(마음 밖에 따로 부처가 없음)' 또는 '즉심즉불卽心卽佛(마음이 곧 부처)'이라는 말로 표현한다. 철학적 용어를 빌리자면 철저한 주관적 유심주의이다. 이는 예술 창작과 감상에 극히 중요한 가치가 된다.

선종의 주류가 된 혜능의 남종선은 중국의 개성 해방 사조와 밀접한 관련을 맺고 있다. 소농경제小農經濟에 뿌리를 둔 한문寒門 출신의 신진 사대부 및 농민을 배경으로 태동한 남종선은 인간의 정신적·육체적 해방을 종지로 하고 있었다. 이 종지가 당시의 시대 사조와 맞물려 호응을 얻게 되면서 남종선은 북종선을 누르고 유력한 시대정신이 될 수 있었다.

시가와 회화, 음악 같은 낭만 예술은 자주적이고 해방된 '자아'를 무한히 높은 지위에 올려놓고 받든다. 이 가운데서도 전통적으로 시가의 주관 정신이 가장 강하다. 심성론에서 선과 시가 일치하고 있는 점을 요약해보면 다음과 같다.

첫째, 선과 시는 주관 정신을 강조하는 점에서 일치한다.

선과 시는 근본적으로 주관 심성의 표현이다. 선종은 "삼계는 오직 마음에 의한 것이며 삼라만상이 한 법에서 생겨난 것[三界唯心 森羅萬象 一法

之所印"임을 강조, 일체의 객관 세계가 주체 의식의 허망과 분별에 의해 생겨난 것이라고 설파한다. 이러한 선의 '심조만물心造萬物'은 시의 '의중지경意中之境'과 같은 구조이다. 시의 의경은 객관 세계에서 획득한 감성 경험이 주관적 정감과 융합하여 일종의 새로운 표상을 형성한다. 이 새로운 표상은 단순한 인지認知 반영과는 전적으로 다르다. 작가의 심미 취미와 주관적 표현의 요구가 객관 사물과 교융을 진행해가는 과정에서 새로운 표상은 선택과 조합을 통해 하나의 객관 경상景象을 만들어낸다. 독자들 앞에 나타난 이러한 객관 경상은 심령화된 의상이다. 다시 말해 마음이 곧 심미 경계이다.

시는 외재적 시각 형상을 작자의 심리 환상으로 변화시켜 표현해낸다. 유우석은 『동씨무릉집기』에서 "일체의 예술 형상은 마음이 화로가 되고 붓이 석탄이 되어서 만들어낸 것"이라고 하여, 예술 형상의 창조를 선가의 '심조만물心造萬物'에 비유하였다.

둘째, 선종의 '직지인심直旨人心'과 '견성성불見性成佛'은 송·원 이래 시단을 풍미해온 '사심寫心' 또는 '사의寫意'의 이론과 상통한다.

선종은 마음[心]을 '자성自性'이라는 말로 바꾸어 심적 작용의 중요성을 강조한다. 인간의 자유 실현은 전적으로 자성에 의해 결정된다는 것이다. 당시唐詩가 강조하는 의경이나 경계는 선종에서 말하는 '마음'과 같다. 규봉종밀*은 『선원제전집도서禪源諸詮集都序』에서 "마음은 홀로 일어

규봉종밀圭峯宗密 780~841. 화엄종의 제5조이자 하택신회荷澤神會의 선을 익힌 선사이다. 세속의 성은 하何씨이며, 과주果州 서충西充 사람이다. 어려서 유교에 정통했다가 수주도원遂州道圓에게 불법의 가르침을 받았고, 징관澄觀에게 화엄의 교의를 배웠다. 화엄의 가르침을 밝히고 기술하는 동시에 선종에 대해서도 많은 저술을 남겼다. 여러 종파의 선에 관한 말들을 수집하여 『선원제전집』 100권을 만들었다고 하는데 지금은 그 가운데 『도서都序』만이 남아 있다. 200여 권의 저술이 전한다.

나는 것이 아니라 경계에 의탁하여 두루 생겨나며, 경계는 스스로 생겨나는 것이 아니라 마음으로 말미암아 나타난다"고 말했다. 이는 왕창령이 『시격詩格』에서 말한 "상에서 찾아 정신이 경물과 계합하면 마음으로 인해 얻는 바가 있게 된다"는 정경교융情境交融의 표현과 같은 의미이다. 선학의 종밀과 시학의 왕창령이 동일한 맥락의 마음과 경계의 관계를 말하고 있는 것이다. 송대의 시론에서는 '마음이 곧 경계〔心卽境〕'였다.

셋째, 선종의 자성본자구족自性本自具足(자성은 본래 스스로 갖추어져 있음) 사상은 독창성·개성 해방 등을 강조하는 문예 사조와 상통한다.

중국 불교 선종은 유심주의를 극대화시켜 강조함으로써 중국 고대 사상 가운데 가장 먼저 개체의 독립과 자유 정신을 고취시켰다. 혜능의 남종선은 '자성自性'을 영원하고 절대적인 우주의 근본이라고 천명하였다. 여기서의 '자성'이란 천지나 불조佛祖조차 초월한 '나〔我〕'를 말하는 것으로, 극단적인 유심주의이다. 유가의 윤리도덕주의나 도가의 화해자연 사상과는 확연히 구분되는 이념이다. 자성의 본질은 독립자재獨立自在와 원만구족이다. 남종선은 자성을 천지간에서 가장 존엄한 것으로 여긴다. 자성의 강조는 곧 개인의 자유와 인간 존엄에 대한 고도의 긍정이며, 사회적으로는 봉건 사상의 속박을 타파하는 데 목적을 두고 있다. 남종선의 자성은 석가모니가 설파한 '천상천하유아독존天上天下唯我獨尊'과 같은 맥락으로서 개인의 존엄성을 절대 가치로 인정한다. 천평산 종의선사와 한 학인의 선문답을 보자.

문 : 어떤 것이 부처입니까?
답 : 하늘과 땅을 가리키지 않는다.
문 : 하늘과 땅을 가리키지 않으면 어떻게 됩니까?
답 : 오직 나 홀로 존재한다.

부처와 역대의 수많은 조사들이 거듭 강조한 '유아독존' 사상은 혜능에 이르러 인간의 존엄성과 자아 의식을 절대 가치로 긍정하는 자성 사상을 확립했다. 송대의 예술론 가운데 '독창성'을 강조하는 문예 사조는 바로 이런 선종 사상과 상통한다. 송대 양만리*는 "의발의 전수가 영원불변인 것은 아니니, 산과 언덕은 단지 한 티끌일 뿐이네〔衣鉢無千古 丘山只一毛〕"라고 설파하여 예술(시) 창작에서 옛사람의 길만 따르지 말고 독창성을 추구할 것을 강조하였다. 만명晩明 시기에는 선종의 영향을 받아 자아를 긍정하고 정감을 추구하는 낭만적인 예술이 풍미하면서 심령의 자유를 무한대로 확장시킨 시가들이 많이 나왔다.

남종선의 종지 가운데 하나인 "이 마음 그대로가 곧 부처〔卽心卽佛〕"라는 말은 무념無念・무상無相・무주無住의 자유자재한 허공심이 바로 부처임을 선언하고 있다. 선은 형이상의 본체를 탐구하는 철학적 사변이 아니다. 선의 본질은 주체적 실체를 밝혀내는 데 있는 것이 아니라, '지금 여기(當下, Now and Here)'의 이 인생이 어떠한 의지함도 구속됨도 없이 자유자재한 생활을 영위할 수 있게 하는 데 있다. 시도 이와 같은 목적과 기능을 가지고 있다. 선과 시가 서로 제휴할 수 있는 접점이 바로 이처럼 '현실 인생'을 지향한다는 점이다. 다만 현실 인생을 행복하게 하기 위한 지향점에서 선은 반야지혜를, 시는 창조력을 각각 강조한다.

선림 공안의 세계에는 문학적 재기가 번뜩이는 시의詩意가 충만하다. 선종 조동종 개산조의 한 사람인 조산본적*의 화두 '정처려井覰驢(우물이 나귀를 엿본다)'에도 시의가 흘러넘친다. 우물에 비친 나귀의 그림자를 마치

---

* 양만리楊萬里 1124~1206. 남송의 학자, 시인. 자는 정수廷秀이고, 호는 성재誠齋이다. 남송사대가의 한 사람으로 자유롭고 활달한 시체詩體가 특징이다.

무정물인 우물이 나귀를 엿보는 것처럼 시화한 것이다. 시의 심미 철학이 선가의 게송에 미친 영향은 아주 크다. 그래서 선철학은 일종의 '철학의 시화詩化'라고도 할 수 있다.

그렇다고 선가의 게송과 선시를 동일시해서는 안 된다. 둘 사이에는 다음과 같은 차이점들이 엄연히 존재한다.

첫째, 게송과 선시의 공능은 다르다. 게송은 종교적 측면에서 법을 들어 보여 깨달음으로 인도하는 데 목적을 두고 있다. 그러나 선시는 정감을 즐기며 심령의 해방과 자유를 누리는 적의適意와 심미에 목적이 있다.

둘째, 창작 과정이 서로 다르다. 게송은 교육에 치중하기 때문에 '민첩함'을 생명으로 한다. 그래서 글자를 다듬거나 문구를 손질하는 등의 '공들임'을 무시하고 돈오로 이끄는 데에만 중점을 둔다. 그러나 선시는 시정이 넘치는 심미에 역점을 두고 한 글자 한 글자 공을 들여 다듬는다.

셋째, 언어의 풍격이 서로 다르다. 게송은 시에서와 같이 미려한 문장을 위해 언어를 다듬는 행위를 번잡한 장식이고 문자에 대한 집착이라 하여 혐오한다. 게송에서는 오직 감각적 종합을 순간에 완성해내는 '직각'을 중시한다. 그러나 시는 거친 게송의 언어와는 다른 절제되고 다듬어진 언어를 구사한다. 그래서 때로는 선어禪語의 유입이 시의 이해에 장애를 불러오기도 한다.

여기서 선시의 개념을 어렴풋이나마 정리해볼 수 있다. 선시란 게송류의 철학시와는 달리 심령이 밖으로 나타난 형상 즉 경境(의경)을 갖춘 심미시로서, 선리를 설파하고 선취禪趣를 드러내 보이는 시학의 한 범주인 것이

조산본적曹山本寂 840~901. 당나라 때의 선승. 속성은 황黃씨이다. 동산양개洞山良价의 법을 이었으며, 스승과 함께 중국 선종의 일파인 조동종曹洞宗을 열었다.

다. 선시는 당대에 크게 성행하여 공령한 의경을 추구하는 데 열중했고, 송대에서는 기지 넘치는 언어를 선택하여 선리를 설하였다. 송대에서 선을 빌려 시론을 전개한 사람들이 많았다. 대표적인 인물로는 엄우, 섭몽득, 여본중 등을 들 수 있다. 엄우는 『창랑시화』에서 선리를 빌려 '묘오설妙悟說'을 전개하였고, 섭몽득은 『석림시화』에서 운문선사의 '삼구三句'를 빌려 두보의 시를 평했다. 황정견과 더불어 강서시파의 양대 거목이었던 여본중은 「학시시學詩詩」에서 "시를 배우는 것은 마치 참선을 공부하는 것과 같다"고 했고, 『동몽시훈童蒙詩訓』에서는 "글을 짓는 데는 반드시 깨달아 들어가는 부분이 있어야 한다"고 말함으로써 참선의 핵심 내용이기도 한 '깨달음[悟]'의 문제를 시론에서 본격적으로 제기하였다.

선과 시는 서로가 상대방의 장기와 특점을 필요로 했기 때문에 선승과 사대부 간의 교유 가운데 별다른 거부 반응 없이 쉽게 교융할 수 있었다. 선과 시가 서로 주고받은 영향은 여러 방면에서 연구하고 살펴볼 수 있다. 이는 앞으로의 과제이다.

단칸 초옥 —間屋

높은 산꼭대기 한 칸 초옥,　　　　　　　　　　千峰頂上一間屋
노승이 반 칸, 구름이 반 칸을 차지하고 산다.　　老僧半間雲半間
지난 밤 구름이 몰고 와 휘몰아치고 간 풍우의 급함은,　昨夜雲隨風雨去
끝내 노승의 한담자적과는 다르다.　　　　　　　到頭不似老僧閑
—지지선사

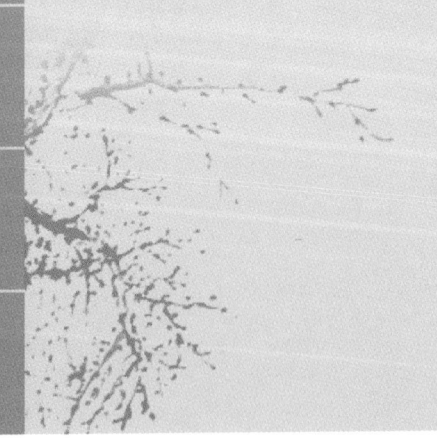

1

 황룡종 지지선사의 게송이다. 높은 산꼭대기에서 한가로이 홀로 지내는 산거山居의 정경을 읊조렸다.

 노승의 산꼭대기 초옥에는 찾아오는 사람도 없고 오직 흰 구름만 때때로 오간다. 지난밤 급히 몰아치고 간 폭풍우는 산의 푸름을 더해 주었지만, 풍우가 보여준 숨 가쁜 '쾌질快疾(빠름)'이 어찌 노승의 한가로움과 자적함보다 값지다 할 수 있겠는가?

 이 게송이 담고 있는 시의詩意가 이 정도에 그친다면 그저 한 편의 평범한 한정적閑情的 자연산수시쯤으로 치부하고 넘어갈 수 있다. 그러나 그 평범함 속에 함축된 심오한 선적 감오와 시정화의는 음미하면 음미할수록 안신입명처를 찾은 것 같은 희열을 느끼게 한다.

 본래 선사들의 게송에는 시제詩題가 붙지 않는다. 후대 사람들이 편의상 제목을 붙여 명편으로 회자하는 예가 있는 정도이다. 이 게송의 「단칸 초옥一間屋」이라는 제목도 필자가 글을 쓰기 위해 임의로 붙여본 것일 뿐이다. 시의 내용은 산거시, 한정적 자연산수시, 선시의 범주에 넣을 수 있다.

 수천의 산봉우리들 가운데서도 가장 높은 봉우리의 정상에 있는 띳집은 속연을 끊은 고고함〔孤高絶俗〕을 상징한다. 왕래하는 사람도 없고, 그저 산봉우리를 둘러싸고 있는 무심한 흰 구름만 보면서 지내는 가운데 시간이 흐른다.

 게송의 낙처落處는 제3·4구의 "폭풍우의 질주쯤이야 노승의 한담자적閑淡自適과는 격이 다르다"는 데 있다. 이는 자연의 대섭리를 감오한 자아가 토로하는 자신감 넘치는 선의 골수이다. '빨리빨리'와 전철역의 뜀박질 걸음이 특징인 우리나라 사람들에게 이 한담자적이라는 '느림의 미학'은 새삼 곱씹어볼 만한 의미가 있다. 산꼭대기의 노승은 일체의 물욕을 떨친 채 세상 밖에서 노니는 목동과도 같다.

소의 등에 타고 피리를 부는 목동들은 저녁 바람을 기롱한다. 석양을 기롱하는 피리 소리의 곡진한 뜻은 유원하고, 주위의 산들은 푸르다. 산꼭대기의 고승, 소 등에 올라탄 목동, 한가로이 누워 있는 고인高人 등의 의상은 일용시도日用是道(일상생활이 그대로 도임), 촉목보리觸目菩提(눈길 닿는 모든 것이 그대로 진리임), 수연임운隨緣任運(모든 인연에 나를 맡겨 항상 자재함) 등의 선리를 드러내 보여주는 표현 수단이다. 중국 선불교 오가칠종五家七宗* 중 막내로 개산한 임제종 황룡파의 선승들은 행주좌와行住坐臥(길을 가고 멈추고 앉고 눕는 것, 즉 일상의 모든 행위) 속에서 불도를 참구하여 배고프면 밥 먹고 졸리면 잠자는 일용시도, 촉목보리의 선리를 감오하였고, 이런 선리를 산거노승, 목동 등의 의상을 통해 표달해내었다.

황룡종의 선시들은 일용시도보다는 촉목보리의 감오를 중시하였다. 일용시도는 일상생활 중의 감오에 중점을 두지만, 촉목보리

오가칠종 중국 불교의 선종을 가풍의 차이에 따라 분류한 것으로 남종선 유파의 총칭. 임제臨濟 · 조동曹洞 · 위앙潙仰 · 운문雲門 · 법안法眼을 가리켜 5가라 하고, 여기에 임제종의 분파인 양기楊岐 · 황룡黃龍의 2파를 더하여 7종이라 한다.

는 자연 산수에서 느끼는 감오를 강조한다. 강서시파의 비조이며 소동파와 더불어 황룡종 거사로서 소황蘇黃이라 불리며 송대를 대표하는 시인이었던 황산곡黃山谷의 개오 이야기를 보자.

황산곡이 회당조심을 찾아가 선법의 요체를 묻자 회당은 "내 자네한테 숨긴 게 없다"고 가르쳐주었다. 산곡은 회당의 이 가르침을 나름으로 이해하여 설명하려 했으나, 회당은 산곡이 입을 열기만 하면 매번 "그게 아니다"고 꾸짖었다. 어느 날 산곡이 스님을 따라 산행을 했다. 마침 물푸레나무꽃이 만개하여 향기가 온 계곡을 가득 채우고 있었다. 이때 회당이 산곡에게 물었다.
"물푸레나무꽃 향기가 나지 않는가?"
"예, 납니다."
"내 자네한테 눈곱만큼도 숨긴 게 없네."
이 한마디를 듣는 순간 산곡은 도가 만물에 두루 실려 있음을 명명백백히 깨쳤다.

   산곡이 목서향木犀香을 통해 깨친 일화는 자연 산수 속에서 진여 법성을 감오하는 황룡종의 촉목보리를 대표한다. 회당은 산곡에게 말한다. 일출, 구름의 흩어짐, 꽃의 미소, 새들의 노래, 가을 산, 낙엽, 푸른 하늘, 보름달 등 하나하나가 모두 너에게 숨긴 바 없는 진여의 법성이라고.
   선은 인간의 심성을 순화하고 정신세계를 빚어내는 공정이다. 시와 예술의 존재 이유도 전적으로 선과 일치한다. 관념적인 불교 이상을 현실화시켜 재가수행과 거사불교의 생활 불교로 탈바꿈한 선종의 시정 넘치는 촉목보리와 일용시도는 사대부들의 구미에 딱 맞아떨어졌다. 선종은 세속적인 물질생활을 포기하기 싫어하면서도 한편으로는 고상하고 공령한 정신을 향수하고자 하는 사대부들에게 안성맞춤의 의탁처였던 것이다. 6조 혜능의 남종선은 출발점에서는 농민과 유민을 기반으로 한 '농민선'이었지만 점차 신흥사대부들의 이러한 욕구와 융합하면서 '사대부선'으로 바뀌어 시선 詩禪 교류라는 선림의 새로운 물줄기를 형성하였다. 이것이 바로 선의 '문인화' 과정이다.

10년을 경영하여 초려草廬 한 간 지어내니
반간半間은 청풍이요 반간은 명월이라.
강산을 드릴 데 없으니 둘러두고 보리라.

　조선 명종 때의 시인 면앙정 송순*의 시조로 풍류를 잘 드러낸 작품이다. 시조의 중장은 지지선사의 게송 승구承句와 같은 맥락이다. 문학적 평가로는 '풍류'이지만, 선학적 평가로는 물외物外의 '초연 심태'라 할 수 있다.
　초장에서는 가난한 삶인 양 하고 있더니 종장에 가서는 자연으로 인해 한없이 풍요로워진 삶을 노래하고 있다. 가난이 멋지게 풍

송순宋純 1493~1583. 조선 명종 때의 문신. 자는 수초遂初, 호는 면앙정俛仰亭 또는 기촌企村. 좌찬성을 지냈으며, 가사 「면앙정가」를 지었다.

류로 탈바꿈했다. 굳이 초가 한 칸에서 청빈이나 검소함의 이념을 찾을 필요까지는 없다. 그저 달, 바람 등의 인연을 사랑하고 '자연' 속에서 평생을 살고 싶어하는 마음을 드러낸 것이라고 볼 수도 있다. 그러나 선시와 사대부시가 '자연'을 통해 자기 본성을 찾고 일상의 이념을 얻으려는 노력을 거듭 강조한다는 점을 상기하면 송순의 시조에는 선의禪意가 흘러넘친다. 자연의 질서를 인간 내면에 규범화함으로써 개체의 내적 질서를 확립하고 사회화시키고자 하는 것이 선시의 실천 목표이기 때문이다.

송순의 시조는 전부 허구이다. 10년에 걸쳐 초가 한 칸을 지은 것도 아니고 또 그런 집에 산 것도 아니다. 조선시대의 이념에 맞는 풍류를 드러내고자 한 것뿐이다. 한 칸 초가에 반 칸은 청풍을, 반 칸은 명월을 들인다고 했으니 세간살이는 하나도 없다. 바로 누우면 청풍이 지나가고 눈을 돌리면 밝은 달이 보이니, 그저 자연을 벗 삼아 산다는 말이다. 그렇지만 이 허구는 진실을 담고 있다. 물론 세계의 진실이 아니라 서정적 자아의 진실이다. 선학적으로는 주관적 유심론에 의해 확립된 진여법성의 '자아'이다. 청풍도 명월도 내 집 안에 둔다. 강산도 내 것인 양 내 집 뒤에 둘러두고 본다. 다시 말해, 청풍도 명월도 강산도 다 나를 위해 있다. 곧 이들을 자아화한 것이다.

자기 감정을 감추지 않고 진솔하게 드러낸 시는 흥취가 있다. 이런 흥취는 외적인 목적을 위해서가 아니라 자기 자신을 위한 것으로, 내적인 충만함에서 오는 바로 그 순간의 순수한 기쁨이다. 사물 세계의 편에서 나를 보지 않고 자아의 편에서 세상을 조망한 것이다.

자아와 세계는 상대적 크기를 갖는다. 세계가 커지면 자아는 작아지고 자아가 커지면 세계는 작아진다. 자아가 커지면 세계에 대한 두려움이 없어지고 자신감이 많아지면서 여유가 생긴다. 자아가 지나치게 커져서 과대망상증이 될 염려도 있긴 하지만, 자신을 잃지 않기 위해서는 세계를 자기화하는 자아의 능력을 인정할 필요가 있다. 백장회해*의 '독좌대웅봉獨坐大雄峰*'이나 서암사언*의 '암환주인岩喚主人*', 임제의현*의 '무위진인*無位眞人' 같은 화두

백장회해百丈懷海 749~814. 당나라 때의 승려. 마조도일에게 법을 인가받은 뒤 홍주洪州 신오현新吳縣의 대웅산大雄山에 절을 세우고,「백장청규百丈淸規」를 만들어 도속道俗이 함께 용맹정진하게 하였다. 그의「백장청규」는 선림청규의 효시이다.

독좌대웅봉 '홀로 대웅봉에 앉아 있다.' 어느 수좌가 백장회해에게 '어떤 것이 가장 좋은 일입니까?' 하고 묻자 백장은 '홀로 대웅봉에 앉아 있는 것'이라고 말했다. 대웅봉은 백장이 살고 있던 높은 산을 가리킨다. 지금 여기에 홀로 이렇게 앉아 있는, 이것이야말로 가장 좋고 가치가 있는 일이라는 뜻이다.

서암사언瑞巖師彦 당나라 말엽에 절강성 서암사에 주석했던 선승. 암두巖頭선사의 제자였다는 것 외에는 알려진 바가 없지만 '암환주인巖喚主人' 화두의 주인공으로 유명하다.

암환주인 '서암瑞岩선사가 주인장을 부르다.' 서암선사는 매일 스스로 "주인공!" 하고 부른 뒤 "예" 하고 답하고는 속임을 당하지 말고 늘 깨어 있을 것을 경계하였다. 유가의 상성성常惺惺 즉 늘 깨어 있는 공부법도 서암화상으로부터 유래한 것이다.

임제의현 ?~867. 당나라 때의 선승. 속성은 형邢씨이다. 임제종의 개조開祖로, 황벽희운의 법을 이어받고, 진주鎭州의 임제원臨濟院에 정착하여 선풍을 드날렸다. 제자 혜연慧然이 펴낸『임제록』에 그의 언행이 전한다.

무위진인 '정해진 자리(차별)가 없는 참 사람.' 어느 날 임제의현이 법상에 올라 "붉은 살덩이 위에 한 무위진인이 있는데 아무도 그를 본 사람이 없다"고 설법하자 한 승려가 나서서 무위진인이 무엇인지 물었다. 임제가 법상에서 내려와 도리어 그에게 무위진인이 무언지 말하라고 윽박지르다가 이내 "무위진인이란 바로 마른 똥막대기니라" 하고 말한 뒤 방장실로 돌아가버렸다.

청淸 이인李寅, 〈산거도山居圖〉
선취禪趣 물씬한 기괴한 산봉우리 밑 깊은 곳에 포진한 인가가 계곡에 걸린 물레방아 옆에서 한가롭고 적막하기만 하다. 높은 곳에서 내려다보는 구도여서 정경이 멀어 보인다.

들이 다 '주인공'으로서 자아를 강조하고 있다. 이것이 바로 임제 스님이 설파한 "어데서고 주인공이면 서 있는 곳마다 다 진리〔隨處作主 立處皆眞〕"라는 것이다. 이것이 세계가 지나치게 커지고 자아가 위축되어 생기는 피해망상보다는 유리하다.

지지선사의 게송과 송순의 시조 속에 있는, 자연과 어우러져 희열을 느끼는 시구의 곳곳에서 우리는 임제종이 설파하는 '할 일을 다 마친 대장부〔無事是貴人〕'에 담긴 선의 골수를 느낄 수 있다. 소금물을 마시면 갈증이 나는 보통의 사람들이 곧 부처이다.

2

선시에는 산꼭대기의 노승, 소의 등에 탄 목동, 백운과 백구를 벗하며 사는 삶, 어부의 생애, 한가로이 누워 있는 고인 같은 의상들이 자주 등장한다. 이는 일상생활 속에서 불도를 참구하여 감오하는 일용시도·수연임운의 선리를 설파하기 위한 것이다. 또 목우牧牛나 산거 생활 등은 일체의 구속이 없는 해탈의 자유 경계가 가지는 의취를 나타낸다.

산거 생활을 묘사한 선승들의 선시는 대체로 시정화의詩情畵意가 아주 풍부하다.

대나무 통 속의 몇 됫박 개울물,	竹筧二三升野水
소나무 창에 비친 몇 조각 한가로운 구름.	松窓七五片閑雲

황룡과 지화知和선사의 선시에 나오는 구절이다. 이 선시의 시심에 칠해진 산거山居의 경색景色은 유한염적悠閑恬適(한가롭고 편안함)과 장양도심長養道心(도심을 배양함)의 색깔이다. 이러한 시심은 곧 선심인 동시에 사대부들이 지향하는 인격 정신이다.

산거에서 쓰는 물품들은 화려하지 않고 투박하며 실용적인 것들이다. 대나무 통이 그렇고 소나무를 대충 깎아 만든 창문이 그렇다. 독자들은 이러한 경색에서 대해처럼 드넓은 정감과 운치를 만난다.

밥 얻어 먹고는 인연 따라 떠나고,	乞食隨緣去
산을 만나면 마음 따라 오른다.	逢山任意登

황룡종 2세 회당조심*의 산거시에 나오는 구절이다. 산, 등나무 같은 풍물은 질박하고 순수한 선취를 가득 담고 있다. 선종은 "마음의 깨끗함이 곧 불국토의 깨끗함〔心淨卽佛土淨〕"이라는 『유마경』의 설법에 입각하여 '존재와 함께하는 초월'을 강조하면서, 현실 세계를 대할 때 적극 대응하는 태도로서 '불 속에서도 타지 않는 연꽃'과 같은 투탈透脫을 지향한다. 선은 어떠한 현실도 피하지 않는다. 심지어는 술집이나 창녀촌까지도 피하지 않고, 다만 그 속에

회당조심晦堂祖心 1025~1100. 송나라 때의 승려. 임제종 황룡파의 선승이다. 젊어서는 선비로 이름이 높았는데, 19세 때 눈이 멀게 되었다가 출가한 후 눈이 뜨였다고 한다. 황룡혜남黃龍慧南의 법을 이었다.

서도 물들지 않고 오직 초연하고자 한다. 회당조심의 제자인 사심오신•은 "술집과 창녀촌, 호랑이굴, 악마의 소굴도 모두 다 그 안에 있는 사람들의 안신입명처이다〔淫坊酒肆 虎穴魔宮 盡是當人安身立命之處〕"라고 설파했다. 또 마조의 법사인 대매법상•은 "진여자성이란 눈앞에 나타나 있는 현재의 경색이지 별도의 다른 물건이 아니다. 별다른 곳에서 그것을 찾으려고 애쓰지 말라"고 했다. 스스로 마음만 깨끗이 하면 바로 '산은 산이고 물은 물'인 선적 감오를 획득할 수 있는 것이다.

선종이 지향하는 인격 정신은 '평상심시도'로 요약된다. 평상심이란 일상생활 속에서 자성이 일대의 광명을 발하는 초탈한 자심自心을 말한다. 지지선사의 선시 「단칸 초옥」이 바로 이런 자심을 잘 드러내 보여주고 있다. 이것이 바로 선적 경계이기도 하다. 선경禪境이란 일체의 정욕이 그친 심리 상태를 말한다.

산두山頭에 백운白雲이 기기하고 수중水中에 백구白鷗가 비飛이다.
무심코 다정하니 이 두 것이로다.
일생에 시름을 잊고 너를 쫓아 노리라.

사심오신死心悟新 1044~1115. 속성은 왕王씨로, 황룡조심黃龍祖心의 법을 이었다.
대매법상大梅法常 752~839. 속성은 정鄭씨이다. 출가한 처음에는 경론을 연구하였는데, 선에 뜻을 두어 마조도일에게서 깨달음을 얻고 이후 매자진梅子眞이라는 사람의 은거처였다는 대매산大梅山에 주석하였다.

농암 이현보의 시조이다. 한운閑雲과 백구白鷗를 벗하여 즐길 수 있는 것은 '무심'하고 '다정'하기 때문이다. 무심은 사심 즉 개인적 욕심이 없는 것이다. 한운과 백구라는 자연 경물을 욕심이나 탁한 기질 등에 의해 굽어진 마음이 없는 것으로 상정하고 그 점을 배우겠다는 것이다.

이러한 한정적閑情的 자연 시조는 세계를 자아화하지만 세계에 대한 관심으로부터 완전히 벗어나지는 않는다. 이는 문인선과 유가 사대부의 공통된 지향점이기도 하다. 도가적 경향처럼 보이기도 하지만, 유가 사대부와 문인선은 이를 도가의 경향을 따르는 것이라고 인정하지 않는다. 다만 '은둔'의 경향을 갖는 것뿐이라고 말함으로써 세계의 질서를 완전히 망각하지 않는 태도를 견지한다. 유가의 경우에도 도가 실현되지 않는 세상에서는 은거가 인정되지만 은둔해 있더라도 끊임없이 바른 정치에 관심을 갖고 현실과의 고리를 끊지 않는 것이 도리이다. 혼자 즐기는 것은 쉽다. 그러나 그것은 사회적 인간, 유학적 관점의 인간이 취할 바가 아니다.

선시와 사대부의 산수시는 자연을 통해 자신의 본성을 찾고자 한다. 바꾸어 말하면, 자연을 도덕의 근본으로 삼고 자연에서 일상의 이념을 얻어내고자 한다. 선시나 사대부의 한정시의 자아가 자연을 택하는 것은 자연이 자신에게 싸움을 걸지 않기 때문이다. 인간의 현실은 자신이 마음대로 할 수 없지만 자연은 자신의 정서와 입맛에 맞게 해석할 수 있다. 인간의 마음은 이래서 자연을 대하면 즐겁다. 선시와 사대부시는 그러한 마음의 즐거움을 추구한다. 도가의 자연시도 이 점에서는 일치한다.

3

선시에 등장하는 의상意象들은 대체로 질박하고 순수하며 원초적인 자연스러움을 간직하고 있다. 우선 선시를 포함한 한시를 이해하기 위해서는 중국 시학의 핵심인 의상이라는 개념을 반드시 숙지해 둘 필요가 있다.

의상은 의경, 경계와 더불어 개념이 모호한 상태로 혼동되기도 하지만 공통점과 함께 차이점을 갖고 있기도 하다. 의상과 의경은 서구 시학의 '이미지'와 비슷한 개념인데, 그저 유사할 뿐이지 '동일'하다고 할 수는 없다.

시가에서의 감정 표현은 소설처럼 일일이 묘사하여 드러내지 않고 주로 개괄적인 의상에 호소한다. 적나라한 감정이나, 매개체를 빌리지 않고 표현된 감정은 추상적이고 창백해서 독자를 감동시키지 못한다.

의상은 객관적인 사물과 주관적인 정의가 통일을 이루어 만들어낸 산물이다. 시가의 서정적 측면에서 말한다면 상象에다 의意를 기탁, 상으로써 의를 모두 나타낸 것이다. 따라서 의상은 순수한 객관적 물상도 아니고 주관적 심리 상태도 아니다. 물상과 시인의 감정이 어우러져 만들어낸 형상(이미지)이다.

『주역』「계사상」에서는 "글로써 말을 다 표현하지 못하고 말로써 뜻을 다 표현하지 못할 때〔書不盡言 言不盡意〕에는 그 모순을 해결하기 위해 상을 세워 뜻을 나타낸다〔立象以盡意〕"는 원칙을 제시했다. 이는 구체적인 물상이 추상적인 의意보다 훨씬 더 쉽게 이해될 수 있을 뿐만 아니라 '직관적인 상'은 추상적인 개념만으로 테두리 지을 수 없는 다향성多向性을 지니고 있음을 인식한 것이라고 할 수 있다. '의'를 짊어지고 있는 '상'은 의보다 훨씬 넓은 공간을 함축하고 있기 때문에 그 뜻을 모두 전할 수 있다.

시학 용어로서 의상은 위진남북조시대 유협*의 시론서인 『문심조룡文心雕龍』「신사神思」편에 처음 등장한다. 유협은 "솜씨가 빼어난 장인은 '의상'을 꿰뚫어 가볍게 도끼를 움직인다〔獨照之匠 窺意象而運斧〕"고 했다. 그러나 유협이 말한 의상은 구상 과정 중에 있는 원료로서의 형상을 가리키는 것으로, 아직은 도끼로 깎고 다듬어야 할 형상이지 밖으로 드러난 예술 형상으로서 의상이 아니다.

어의적 각도에서 정리하면 의상은 정情과 지志를 표현하는 시가의 가장 기본적인 단위를 의미하는 단어이다. 그 개념을 간단히 개괄하면, 의상은 상에다 의를 기탁함으로써, 즉 감정의 객관적인 대응물을 찾아 구체적인 감정의 형체를 갖추게 함으로써 작품을 보다 실감 있게 관조하고 감상할 수 있도록 해주는 시가의 형상 부호이다.

의상은 개괄적이다. 의상은 어떤 특징을 지닌 감정의 상징물을 통해 유사한 감정 체험을 환기시킴으로써 독자들로 하여금 전체적인 측면에서 서서히 스며들게 하지, 그 세세함과 까닭을 자세히 밝

유협劉勰 465~521. 남북조시대 양나라의 문학자. 자는 언화彦和로, 뒷날 불교에 귀의하여 이름을 혜지慧地로 고쳤다. 경론에 박식하였으며, 저서에 『문심조룡文心雕龍』이 있다.

히지 않는다. 전형화는 개성화를 개괄하는 특징을 지니고 있기 때문에 의상의 정감은 보편성을 지닌다. 같은 유형의 유사한 경험을 환기시켜 정서적 공명을 불러일으키는 것이다. 슬픔이나 기쁨을 말하되 구체적으로 묘사하지도 말하지도 않는다. 그 대신 슬픔과 기쁨의 각종 심태를 총괄할 수 있도록 해준다.

의상은 '빈 광주리' 역할을 하여 독자들에게 그와 상관된 감정을 집어넣을 수 있도록 해준다. 때로는 다른 사람의 술잔을 빌려 자기 자신의 불편한 심기를 달래는 역할도 한다. 또 의상은 자기 감정의 굴절을 볼 수 있게도 해준다.

의상의 개괄성은 선택을 통해 압축적으로 표현된다. 즉 의상은 주체의 감정과 상응하는 상징이 풍부한 사물을 선택하여 작은 것으로 많은 것을 총괄케 함으로써 개괄의 포용량을 넓힌다.

다만 오동잎 한 가지이련만,	只有一枝梧葉
얼마나 많은 가을바람 불어왔던가.	不知多少秋風

시인은 '단 한 가지의 오동잎'이라는 의상을 선택해서 천지간에 가득 찬 소슬한 가을 기운에 대한 깊은 느낌을 강조했다. 이러한 선택은 심령의 불빛을 탐조하는 것으로, 시인의 정신세계를 밝게 비추어주고 독자에게로 나아가는 길도 환히 비추어준다. 오동나무에는 가지가 여럿이건만, '단 한 가지의 오동잎' 또는 '오동잎 단 한 잎'이라는 표현을 썼다. 우주 만물의 근원인 '일—'로의 귀의를 암시한 것이다. 한 송이 매화꽃이 봄을 알리는 전령이듯이, 바람을

못 이겨 떨어지는 '오동잎 한 잎'은 내성의 고요가 와서 머무는 시간인 가을이 왔음을 깊이 느끼게 한다. '한 가지의 오동잎'이기에 한층 더 집중적인 전형성을 지니면서 가을에 대한 찬탄을 더욱 강렬하고 진지하게 드러낼 수 있는 것이다.

정신과 사물의 일치는 어떤 때는 '첫눈에 반하는 식'으로 눈이 맞아 이루어지기도 한다.

가물가물 저 멀리 촌락에선,	曖曖遠人村
모락모락 저녁 연기 피어오르네.	依依墟裏煙

도연명의 시구로, 아주 일상적인 경물이지만 황혼 녘 농가와 밥 짓는 연기 속에 따뜻한 인정미와 절실한 그리움을 담아내었다. 도연명의 시는 시의 의상이 곧 물상物象이고 서정이 아예 경물 묘사 그 자체인 경우가 아주 많다. 시인이 다만 눈으로 본 경치를 읊은 것 같지만 사실은 경물이 시인의 마음에 스며들어 심령의 불빛에 환히 비쳐진 후 '성령性靈'을 얻게 된 것이다.

일순간 정과 경이 돈오적으로 일치된 예를 하나만 더 보자.

성긴 그림자 맑은 시냇물 속에 비스듬히 비치고,	疎影模斜水淸淡
그윽한 향기 떠다니네, 몽롱한 달빛 아래.	暗香浮動月黃昏

임포*의 「매화를 읊은 시詠梅詩」 가운데 나오는 시구이다. 시인은 매화를 통해 자신의 심미적 취향을 드러내었다. 매화의 품격과

시인의 품격이 융합되어 하나를 이루었다. 시인은 매화를 보는 순간 매화꽃과 자신의 인격적 품성이 곧바로 하나가 되는 일치감을 느꼈던 것이다.

어떤 의상은 오랜 세월 동안 반복적인 운용과 가공을 통해 풍부한 연상과 역사적 반추를 불러일으키기도 한다.

베갯머리 두견새 울음소리,	枕上杜鵑啼
총총히 자리서 일어났지요.	忽忽早起時
문 열고 나서니 날 아니 새어,	出門天未曉
달님은 살구꽃 가지에 걸려 있더군요.	月在杏花枝

송나라 공평중•의 「새벽길曉行」이라는 시이다. 새벽길을 떠나는 정경을 평이하게 묘사했다. 그런데 시 속의 두견과 살구꽃, 새벽달은 이별 당시의 정경을 구성할 뿐만 아니라 그 자체로 이별을 상징하는 역사적 심상心象이기도 하다. 당송대의 시인들은 자주 두견새, 살구꽃, 밝은 달 등을 이별의 정을 묘사하는 촉매로서 '의상'으로 삼았다. 장서•의 「완계사浣溪沙」라는 시에는 다음과 같은 구절이 나온다.

임포林逋 967~1028. 북송北宋의 시인. 시호는 화정和靖이다. 서호西湖의 고산孤山에서 매화를 아내로, 학을 자식으로 삼아(梅妻鶴子) 평생 독신으로 은일하였다. 매화 시인으로 일컬어질 정도로 매화에 관한 절창들을 많이 남겼다.
공평중孔平仲 북송 신종 때의 시인. 생몰년은 미상이다.
장서張曙 당나라 때의 시인.『전당시全唐詩』와『전당문全唐文』에 그의 시문이 전한다.

| 두 해 내내 종일토록 그리워할 줄을, | 二年終日兩相思 |
| 살구꽃과 명월은 처음부터 알았으리. | 杏花明月始應知 |

역시 살구꽃과 명월을 통해 절절한 이별의 정을 토해내고 있다. 이렇듯 반복된 운용을 통해 그 속에 강점이 응집된 의상은 개인의 특수한 체험을 넘어 '보편성'과 '전형성'을 지니게 된다. 이러한 역사적 의미를 아는 독자라면 굳이 가르쳐주지 않아도 저절로 그 의상과 관련된 기억과 연상을 통해 묵계와 교감을 이루게 되는 것이다.

역사적 상징성을 가진 대표적 예의 하나가 '버드나무〔楊柳〕'이다. 옛날 중국에서는 흔히 이별할 때 버드나무를 꺾어주는 풍습이 있었다. '버들 류(柳)'와 '머물 류(留)'는 발음이 비슷하다. 그래서 버드나무는 유별留別(떠나는 사람이 남는 사람에게 작별하는 것)을 뜻했고, 송별시 가운데 자주 등장하면서 이별을 가리키는 일종의 상징적인 의상이 되었다.

| 위성의 아침 비 가벼운 먼지 적시니, | 渭城朝雨浥輕塵 |
| 객사엔 푸릇푸릇 버들빛 새롭구나. | 客舍靑靑柳色新 |

먼지를 씻어내는 아침 비와 푸릇푸릇 새로워진 버드나무로 이별의 정을 수식했다.

의상은 깊숙이 가려져 있어야지 알몸으로 드러나서는 안 된다. 이른바 의상의 은현隱顯 문제이다. 은현론은 선학에서도 체용론·

불성론 등의 중요 이론이 된다.

의상은 심층적인 함축성을 지니고 있어야지 한 번 보고 나면 더 이상 아무런 여운도 남기지 못하는 것이 되어서는 안 된다. 그렇다고 지나치게 난삽하여 이해할 수 없어서도 안 된다. 심상心象은 반드시 독자의 감성을 꿰뚫을 수 있어야 한다. 그래야만 독자의 감상력을 불러일으킬 수 있는 것이다. 심상이 지나치게 드러나버리면 한눈에 파악되어 전혀 여운이 없으므로 도리어 군더더기가 되고, 반대로 심상이 지나치게 숨어 있으면 이해하기 힘들어 독자들이 문밖에서만 서성거리다가 그냥 되돌아가고 만다.

의상의 은현 문제에서 성공적 사례로 곧잘 제시되는 송나라 진여의*의 「묵매시墨梅詩」를 보자.

함장궁 처마 밑 봄바람 스치는 얼굴,	含章檐下春風面
붓끝으로 조화의 공을 이루었네.	造化功成秋兎毫
기상을 중히 여겨 겉 색깔 구하지 않으니,	意足不求顔色似
전생에는 말 관상 보던 구방고였으리.	前身相馬九方皐

휘종은 이 시를 매우 찬미하였고, 이러한 황제의 호감으로 시의 작자는 벼슬도 높아졌다고 한다. 우선 이 시에는 두 개의 고사가 들어와서 그 전고성典故性을 통해 은유적인 암시로써 시를 감상하

---

* 진여의陳與義 송나라 때의 문신. 자는 거비去非이고, 호는 간재簡齋이다. 저서에 『간재집』이 있다.

는 길을 인도한다.

첫 번째 전고는 수양공주가 매화꽃을 이마에 그려 화장한 고사이다. 남송 무제의 딸 수양공주가 정월 초이렛날 함장궁 처마 아래 누웠는데 매화꽃이 이마 위로 떨어져서 설화雪花로 변하여 아무리 털어도 떨어지지 않았다고 한다. 궁녀들이 이를 흉내 내면서 이름하기를 '매화장梅花粧'이라 했다고 한다.

두 번째는 춘추시대 말 관상 전문가였던 구방고가 친구인 백락伯濼의 추천으로 진 목공의 명을 받고 천리마를 구해 왔을 때의 이야기이다. 구방고는 목공이 말이 어찌 생겼느냐고 묻자 '황색을 띤 암말'이라고 대답했다. 그런데 막상 끌고 온 말은 '검은색 수컷'이었다. 목공은 구방고에게 말의 색깔과 암수도 구분하지 못하느냐고 꾸짖었다. 그러자 백락은 다음과 같이 탄식하였다. "속에 담긴 정화만 얻고 겉모습의 거친 생김새는 개의치 않았으며, 내면의 것에 치중하여 그 외면적인 것은 잊어버렸던 것입니다. 볼 것만 보고 안 보아도 될 것은 안 보았으며, 눈에 차는 것만 보았고 눈에 차지 않는 것은 안 보았던 것입니다. 구방고 같은 사람은 말을 고를 때 소중히 여기는 바가 따로 있는 것입니다."

시인은 구방고의 눈에 든 '검은 말'을 이용하여 먹으로 그린 '묵매'를 암시하였다. 시의 "겉 색깔 구하지 않으니〔不求顔色似〕"는 먹물로 그린 매화의 색깔은 진짜 매화와 다르다는 것을 말하고 있다. 이는 매화를 그릴 때 중요한 것은 매화의 정신이지 판에 박은 듯한 모양과 색깔에 있는 것이 아님을 강조한 것이다. 다른 한편으로는 화가의 고명한 예술을 찬미한 것이기도 하다.

시는 전고의 사용이 매우 적절하고 또 사용한 흔적도 드러나지 않았다. "함장궁 처마 밑 얼굴에 스치는 봄바람"은 전고의 의상이 비교적 평범하며 매화의 아름다움만 나타냈을 뿐 그것이 먹물로 그린 매화라는 것까지는 나타내지 않고 있다. 마지막 구 구방고의 전고에 와서는 화가의 뛰어난 예술 기법에 대한 찬미는 물론 그것이 한 폭의 '묵화'라는 것까지 확실하게 암시하고 있다. 이는 전고 의상의 내함이 외연보다 크다는 특징을 충분히 이용하여 다층적인 의미가 퍼져 나오게 한 하나의 예이다. 그래서 진여의의 「묵매시」는 심상의 은과 현을 처리하는 데에도 아주 적절했다. 수묵화로 그린 매화의 아름다움과 절조가 의상의 은현을 통해 더욱 세련되게 표현됐던 것이다.

시인은 직접 진술할 필요가 없다. 의상을 통해 묵묵히 암시하면 된다. 시인은 복잡한 심정을 구체적으로 진술하지 않고 모순되고 대립적인 일련의 의상을 통해 호소한다.

침몰된 배 옆으로 수많은 돛단배 지나가고,	沈舟側畔千帆過
병든 나무 앞에 온갖 나무 봄이구나.	病樹前頭萬木春

선종에 깊이 침잠했고 6조 혜능대사의 비문을 짓기도 했던 당나라 유우석의 대구對句로 벼슬살이의 부침을 경험한 시인의 감개를 기탁하고 있다. 지금 잘 달리는 배라고 해서 장래에 침몰될 우려가 없다고 말할 수 없고, 또 병든 나무라 해서 봄이 되어 꽃을 피우지 말라는 법도 없다. 시인은 화 속에 복이 있고 복 속에 화가 있으니

영고와 부침은 원래 일정하지 않고 무상한 것이라고 읊조리고 있다. '침몰된 배'와 '달리는 돛단배', '병든 나무'와 '새싹이 돋은 봄날의 나무'는 대립적인 의상이다.

의상의 동태미는 독자들의 시각과 청각을 황홀케 한다. 의상의 동태미를 장악하는 관건은 다층적 함의를 발굴하고 감각적 효과를 강화하는 데 있다.

퇴고推敲의 전고로 유명한 승려 시인 가도(779~843)의 시구를 보자.

새들은 연못가 나무 위에서 잠들고, 鳥宿池邊樹
중은 달빛 아래서 문을 두드린다. 僧敲月下門

가도는 위 시구에서 '퇴推' 자를 쓸지 '고敲' 자를 쓸지 고심하면서 길을 가다가 중당 고문 운동의 지도자로서 대시인이자 고관인 한유*의 행차와 정면으로 충돌하였다. 괘씸죄를 면할 길 없게 된 가도에게 사연을 알아보았더니 '퇴' 자와 '고' 자를 둘러싼 시작에서의 고뇌 때문이었다. 한유가 '고' 자가 더 좋다고 하자 가도는 마침내 '고'를 선택했다. 왜 '고'가 '퇴'보다 좋은가? 이 문제는 시의 의미를 천착해보아야 한다.

한유韓愈 768~824. 당나라 때의 탁월한 문장가이자 정치인. 자는 퇴지退之이고, 호는 창려昌黎이다. 당송8대가의 한 사람으로, 사륙변려문을 비판하고 고문古文으로 복귀를 주장함으로써 송대 성리학 성립의 토양을 마련하였다.

'퇴推'는 문에 빗장이 걸려 있지 않은 상태로, 밀면 곧장 들어갈 수 있다. 동작의 과정이 극히 짧을 뿐만 아니라 소리의 울림도 거의 없다. 이에 비해 '고敲'는 문이 잠겨 있는 상태로, 문을 두드려 들어가기를 구하는 것이다. 동작의 과정이 비교적 길고 소리의 울림도 있다. "연못가 나무 위에 새가 잠들어 있는" 고요한 밤중에 똑똑 문 두드리는 소리는 한밤의 정적을 깸으로써 오히려 고요한 밤의 정적을 더욱 부각시키고 있다. 정情과 경境이 일치하고 시의가 한층 더 풍부해졌다.

석양빛 강물에 비쳐 절벽 위로 넘어가고, 返照入江飜石壁
구름 돌아와 나무를 안으니 산촌 모습 사라진다. 歸雲擁樹失山櫬

두보의 시구이다. "석양빛이 절벽 위로 넘어가고" "구름이 나무를 안는" 동작에서 자못 새로운 생동감을 느낀다. 늘 보는 심상한 풍경이지만 시인이 이러한 의상을 통해 동태미를 보여줄 때 엄청난 시각적 효과를 새삼 갖게 된다.

지지선사 송나라 때 임제종 황룡파의 선승으로 황룡혜남(1002~1069)의 법제자이며 황룡종의 특징인 문재가 번뜩이는 선객이었다. 정확한 생몰 연대는 알려지지 않았다. 임강臨江 출신으로 강서성 여산 귀종사歸宗寺의 말사인 어느 암자에 살았다. 그래서 선종 사서인 『오등회원』(권7)에는 그의 법명과 칭호가 '귀종지지암주歸宗志芝庵主'로 기록되어 있다. 이 책에는 그의 게송 3개가 실려 있는데, 그중의 하나가 「단칸 초옥」이다. 전형적인 산승으로 철저한 무소유의 삶을 살았고, 학인들을 제접提接할 때에는 늘 풍부한 문학성을 담은 게송과 거량으로 격외의 도리를 일깨워주었다.

나찬화상가 懶瓚和尚歌

세상일 끝이 없으니 저 산등성이만 못하구나. 世事悠悠不如山丘
푸른 솔 해를 가리고 계곡물 깊이 흐르네. 青松蔽日碧澗長流
산 위의 구름으로 천막을 삼고 밤의 달로 갈구를 삼아 山雲當幕夜月爲鉤
머루덩굴 밑에 앉고 돌베개를 베고 잔다. 臥藤蘿下塊石枕頭
천자를 뵙고자 하지도 않고 왕후를 부러워하지도 않으며 不朝天子豈羨王侯
생사 걱정 없으니 다시 무엇을 근심하랴. 生死無慮更復何憂
물속의 달 형상 없듯이 나는 늘 이렇게 편안하고 水月無形我常只寧
만 가지 법이 모두 그러하여 본래부터 생멸이 없다. 萬法皆爾本自無生
오뚝이 일 없이 앉았으니 봄이 오면 풀이 저절로 푸르다. 兀然無事坐春來草自青

— 남악나찬화상

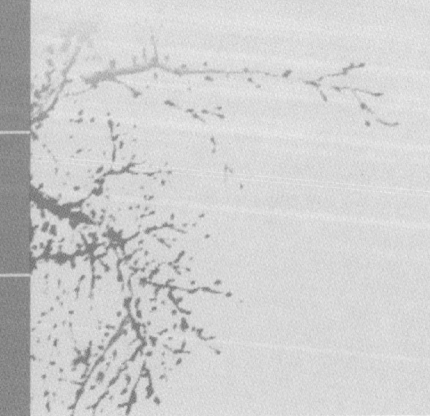

1

  8세기 당나라 현종 때 호남성 남악 형산에 살았던 남악나찬의 산거시山居詩로, 『경덕전등록』 권30에 「남악나찬화상가南嶽懶瓚和尙歌」라는 제목으로 수록되어 있는 긴 선시의 일부이다.

  이 시는 깊은 산속 자연에서 살아가는 산승山僧의 독거와 무소유를 노래한 낙도가樂道歌이다. 초기 선승들이 즐겨 부르던 낙도가는 중당中唐에 이르러 달마계 불교가 천태·화엄의 불교와 합쳐 이루어진 선종의 선시라는 문학 장르와 연결되었다. 따라서 선승들의 낙도가는 선시의 원류라고 할 수 있다. 선종이 남·북종의 대립을 거쳐 일상적인 생활 불교로 자리하게 되는 데 맞추어, 선시 또한 왕유·이백·두보·백거이를 거치면서 독자적인 당시唐詩의 한 분야를 형성하게 된다.

  인도 불교의 독주獨住와 명상을 중국인들은 『장자』의 「소요유」와 「제물론」이 표방하는 사상과 비슷한 것으로 이해하였다. 중국 불교는 이러한 맥락에서 산사의 선정禪定을 "하늘과 땅의 근원이 같고 만물은 하나〔天地同根 萬物一體〕"라는 「제물론」의 자연관조적 낙천주의와 연결시켰다. 위진남북조시대에 이르러 불가의 산거가 산속에서 음풍농월을 즐기는 은둔 문학의 풍조와 결합하게 된 이후로는 산속에서 도 닦는 승려를 '산승山僧'이라 불렀으며, 또 신이神異하다고 해서 신승神僧이라고도 했다.

  「남악나찬화상가」의 장점은 자구를 갈고 다듬은 데 있는 것이 아니라 자연스럽고 진실되게 시정을 드러낸 데 있다.

앞의 네 구는 산승의 생활을 있는 그대로 진솔하게 드러내 보였다. 초기 선승들은 산속 바위틈이나 동굴 속에 기거하면서 오직 참선에만 열중하는 두타행頭陀行*의 수행을 했다. 나찬화상은 번뇌로 뒤덮인 티끌세상인 속세가 아무리 변화하고 편리하다 해도 천리天理의 굳센 운행을 직관할 수 있는 산등성이만 못하다는 굳센 믿음 위에 서 있다. 이런 산등성이라는 거처는 곧 정신적 해방 공간이다. 제3·4구에서는 다소 문학적인 표현을 빌려 구름으로 천막을 삼고 고리 모양의 초승달을 천막을 매는 갈고리로 사용한다고 했다. 여기까지는 '현실'이다.

다음의 네 구는 '이상'이다. 천자를 뵙고자 하지도 않고 왕후장상도 안중에 두지 않는 탈속의 삶은 도인만이 도달할 수 있는 이상세계이다. 더욱이 물에 비친 달에는 형상이 없음[水月無形]을 보고 무상無相을 깨쳐 본체계에 안주하면서 생사를 초월한 나찬화상의 경계는 더 이상 위로 향할 데가 없는 선경이다. 생사를 초월한 불생불멸의 본체계는 불가 최고의 경계인 열반의 세계이다.

나찬화상의 낙도가는 얼핏 보면 세간과 출세간을 이분법적으로 나누어 세속을 버린 도피와 은둔을 강조하는 것처럼 느껴질 수도 있다. 그러나 한 발만 내디뎌 살피면 현실(세간)과 이상(출세간)이 둘이 아니라 하나임을 깨닫게 하는 내용이다. 이 선시의 말후구末

두타행 범어 'dhu-ta'를 음역한 것으로 '버리다'·'씻다'·'닦다' 등의 뜻을 내포하고 있다. 출가수행자가 세속의 모든 욕심이나 속성을 떨쳐버리고 몸과 마음을 깨끗이 닦으며 견디기 힘든 고행을 능히 참고 행하는 것을 말한다.

後句이며 시안詩眼인 "봄이 오면 풀이 저절로 푸르다〔春來草自靑〕"는 이러한 불이법不二法*을 명쾌하게 설파하고 있다.

"봄이 오면 풀이 저절로 푸르다"는 시구는 지극히 평범하지만 정감이 충만하다. 작위적인 흔적을 남기지 않고 감정을 읊어내었다. 이른바 선이 지향하는 '무종적의 영양괘각'이고 '무위법無爲法'이다. 산양은 발자국을 남기지 않기 위해 뿔을 나무 위에 걸어두고 공중에 뜬 채로 잠을 잔다. 선은 이러한 산양의 생태와도 같은 '무종적의 종적'이자, 일체의 인위적 조작을 거부하고 천연 자연의 본래면목을 추구하는 '무위법'이다.

"봄이 오면 풀이 저절로 푸르다"는 선사의 언어이며 시인의 언어이다. 그것도 아주 얻기 어려운 '시인과 선사의 언어'인 것이다. 이 시구는 기발함만을 가지고 따질 수도 없고 시구 그 자체만 가지고 논할 수도 없는 저 너머의 지평을 가지고 있다. 이렇게 자연스럽게 이루어진 아름다움은 전체의 서정적 분위기 속에서 음미하고 감상해야 한다. 이런 시구는 갈고 다듬어서 얻어지는 것이 아니라 자연스럽게 우러나온 것으로서, 우연히 얻을 수는 있지만 억지로 구할 수는 없다.

또 이 시구는 우리 모두가 접하는 자연적 일상성이다. 봄이 오면 풀이 푸른 것은 우주의 본래면목이다. 선이 거듭 강조하는 '평상심

---

* 불이법 불교의 중도관을 깨치는 대표적인 방편법 중의 하나이다. 중생과 부처가 둘이 아니고 큰 것과 작은 것 둘이 아니며 흰색과 검은색이 둘이 아님을 설하여 중생이 곧 부처이고 큰 것이 곧 작은 것이며 흰색이 곧 검은색임을 깨치게 하는 것이다. 특히 『유마경』에서 이 불이의 방편법에 대해 상세히 설명하고 있다.

시도'라는 일상성은 무의미하게 반복되는 파편화된 일상이 아니다. 또 현실을 초월해버리거나 현실의 무질서를 그대로 반영하는 것도 아니다. 선학의 일상성은 세계와 사회의 질서를 개인의 윤리로 내면화하면서 일상을 의미 있게 완성해 나간다는 뜻의 일상성이다.

나찬화상은 "봄이 오면 풀이 푸른" 일상을 굳건히 딛고서 천리와 합치한 엄격한 도덕성 위에 서 있는 낙천주의자이다. 사대부들의 선에 대한 관심이 세속에 대한 절망이나 위안과 연결되어 있음은 부인할 수 없는 사실이다. 그러나 선은 단순히 도피나 은둔을 꾀하거나 절망을 달래고자 하는 소극적인 은둔주의와는 궤를 달리한다. 선은 현실과 초월을 전혀 이질적인 것으로 보지 않고 하나로 묶는다.

푸른 솔 밑이요 밝은 창 안이니,	靑松下明窓內
옥으로 된 대궐이나 단청한 누각도 견주지 못하네.	玉殿朱樓未爲對

마조의 강서선과 쌍벽을 이룬 호남선의 종장이고 나찬과 동시대인이었던 석두희천●의 「초암가草庵歌」에 나오는 구절이다. 다른 낙

석두희천石頭希遷 700~791. 당나라 때의 선승. 속성은 진陳씨이다. 조계산 보림사로 출가하여 혜능을 뵈었으나 구족계를 받기 전 혜능이 입적하자, 혜능의 유언대로 청원행사에게 나아가 그 법을 이었다. 이후 형악衡岳으로 가서 남대사南臺寺 동쪽에 누대 같은 반석 위에 암자를 짓고 좌선하였는데, 여기에서 석두화상이라는 이름을 얻었다.

북송 곽희郭熙,〈조춘도早春圖〉
북송의 화가 곽희가 그린 현존하는 가장 감동적인 작품. 천태만상의 변화와 성장, 생명과 동시에 질서를 담고 있다.

도가들과 마찬가지로 무소유의 삶과 영원불변의 진여를 노래하고 있다. 석두화상은 이 두 줄의 시구에서 생과 사, 현실과 이상이 둘이 아니라 하나임을 확신하는 현실주의자이면서 초월자인 자신의 당당한 모습을 보여주고 있다.

나찬과 석두는 하루하루 후회 없는 삶을 살면서 육신의 생명에 영원성을 부여한다. 이는 그저 산속에서 혼자 살며 '고독'을 즐기는 태도가 아니다. 모든 욕심을 털어낸 무소유의 정신 위에서 적극적인 삶을 살아가는 낙도이다. 비관적·염세적 은둔과는 질이 다르다.

"봄이 오면 풀이 저절로 푸르다"는 어찌 보면 '바보 같은 말', '쓸데없는 말'이기도 하다. 그러나 그 말 가운데에는 깊은 정이 담겨 있다. 바보스런 말이기에 더욱 깊은 정을 드러낼 수 있는 것이다. 나찬의 이 한마디는 그럴 수밖에 없는 생활의 근거와 표현의 논리를 지니고 있기에 더욱 큰 감동을 준다. 얼굴 가득 스치는 봄기운에서 느끼는 마음속 희열을 말로는 형언할 수 없었으리라. 그래서 그저 "봄이 오면 풀이 저절로 푸르다"는, 일절 조탁을 가하지 않은 평이하고 질박한 표현을 써서 갈고 닦은 문인들의 기발함과 정교함을 압도하는 파문을 일으켰다. 보통 사람으로서는 결코 도달할 수 없는 언어도단의 세계이다.

2

후일 선림의 유명한 선구禪句가 된 나찬화상의 '춘래초자청春來

草自靑' 즉 "봄이 오면 풀이 저절로 푸르다"는 작가의 감정과 사물의 진면목을 있는 그대로 질박하게 드러낸 선어이다. 언뜻 보기엔 바보 같고 아무 의미도 없는 말 같지만, 반복해서 읊어보면 천리의 굳센 운행을 직관하여 시로 담아낸 선승의 짙은 달관과 관조를 읽을 수 있다.

시어와 선어는 일반적인 언어를 넘어서려는 강렬한 성향을 지니고 있으며 심령을 풍부하게 드러내고자 한다. 심령의 호소력을 강화시켜 사람들에게 놀라움과 감동을 주고 신선미를 배가시키기 위해 표현 방식에서 상식을 깨고자 하는 성향을 보인다. 그래서 때로 시어와 선어는 치어痴語(바보 같은 말)·반어·허풍 등과 같이 상식을 초월한 변태로 나타난다. 독자들은 그러한 언어들을 이해하는 데 그치지 않고 깊은 감동까지 받는다.

석양은 서쪽으로 넘어가면 언제나 다시 돌아올까? 夕陽西下幾時回

안수•의 「완계사浣溪沙」에 나오는 시구이다. 이 시구도 나찬화상의 "봄이 오면 풀이 저절로 푸르다"와 같이 상식적으로 볼 때 '쓸데없는 말' 또는 '바보 같은 말'이다. 시인은 애초부터 해답을 구할 생각이 없었다. 그저 이러한 표현을 통해 풀 수 없는 고통과 곤

안수晏殊 991~1055. 북송의 정치가, 문인. 자는 동숙同叔이고, 시호는 원헌元獻이다. 후학 양성에 힘을 기울여 문하에서 범중엄范仲淹, 공도보孔道輔 등을 배출하였고, 한기韓琦, 부필富弼, 구양수 등을 발탁하였다. 오대 풍연사馮延巳의 영향을 받은 고아한 풍격의 사詞를 지어 송사宋詞를 융성하게 하였다.

혹을 묘사했을 따름이다. 선사들의 경우 "6×6=36, 9×9=81"과 같은 어눌한 문법으로 진리(불법)의 불변성과 당위성을 강조한다. 바보스런 말 속에는 깊은 정이 담겨 있다. 그래서 바보스런 말은 더욱 깊은 정을 드러낼 수 있다.

선에서 즐겨 사용하는 어법인 반어反語도 그럴 수밖에 없는 생활의 근거와 표현의 논리를 지니고 있기 때문에 더욱 큰 감동을 준다.

비흥比興 즉, 비유와 흥치興致는 시가 언어의 꽃이다. 시의 비유는 구체적인 설명을 통해 독자의 이해를 돕는 것이 아니라 감정을 상像으로 구체화시켜 눈앞에 드러내 보이고자 한다. 따라서 시가의 비유는 선명한 형상성으로써 독자를 깊이 감동시켜 마치 독자 자신이 특정한 정경 가운데 들어가 있는 듯한 느낌을 갖게 한다.

치어, 반어, 대어大語(허풍), 비흥은 선가의 상용적인 언어 문법이다.

문: 만법과 짝하지 않는 사람은 어떤 사람입니까?(부처란 무엇입니까?)
답: 저 서강의 물을 한입에 다 마시면 말해주마.

방온거사가 묻고 마조대사가 답한 유명한 선문답이다. '일구흡진서강수一口吸盡西江水'라는 화두는 "서강(강서성 남창 서쪽을 흐르는 양자강 지류) 즉 양자강의 물을 한입에 다 마신다"는 대어를 통해 언어 문자만으로는 불법이나 진리를 다 나타낼 수 없다는 이른바 '불립문자'를 설파한 것이다.

이 운거는 선이 무엇인지를 모른다. 다만 발을 닦고 침대에 올라가 잠을 잘 뿐이다. 동아(호박의 일종)는 곧고 표주박은 꾸불꾸불하다.

운거효순(?~1065)의 법문이다. 대선사의 법문치고는 너무 시시하다는 생각이 든다. 지극히 평범한 말이고 너무도 흔히 보는 일들이기 때문이다. 불교 용어가 한 글자도 없어 선승의 법문이라기보다는 시골 할아버지의 말씀 같다. 그러나 이 법문은, 일상생활을 하나의 '자연'으로 보고 자연의 섭리를 따라 사는 삶이 바로 순리의 삶이요, 불법·진리의 실현임을 설파한 선법문이다.

불법이란 본래 현묘한 것이 아니다. 너희들 모두가 각각 눈은 가로로, 코는 세로로 되어 있다는 도리를 알았다면 다 되었다.

천여유칙天如惟則(생몰연대 미상) 선사의 법문이다. "눈은 가로로 코는 세로로 자리했다"는 얘기 역시도 전혀 무의미하고 바보 같은 말이다. 그러나 이 법문 또한 운거선사의 법문과 마찬가지로 본래면목의 자연을 통해 영원불변·공평무사·생생불식生生不息의 진리를 체득할 것을 친절히 안내하고 있다.

선시 가운데에는 지극히 평범한 말로 읊었지만 무척 정취가 흘러넘치는 것이 많다. 이런 시구는 갈고 다듬어서 만들어낸 것이 아니라 자연스럽게 우러나온 것이다. 선적 표현을 빌리자면 우연히 얻을 수는 있지만 억지로 구할 수는 없는 것이다.

연못가엔 봄풀이 파릇파릇 돋아나고,   池塘生春草
뜨락 버드나무 위 새들의 울음소리 변했네.   園柳變鳴禽

　인구에 회자하는 사령운°의 「지상루에 오르다登池上樓」에 나오는 시구이다. 평범한 말들로만 읊었다. 선시 형성에 지대한 영향을 미친 산수시의 개산조 사령운이 읊은 이 시구는 역대 시평가들에게 숱한 찬사를 받았다. 왜 이 시구가 훌륭하다는 것일까?
　송대 섭몽득°은 시평집 『석림시화石林詩話』에서 사령운의 이 시구를 다음과 같이 평했다.

　세인들은 "연못가에 봄풀이 파릇파릇 돋고, 뜨락 버드나무 위 새들의 울음소리 변했네" 이 두 구가 왜 훌륭한지 잘 모르는데, 이는 무슨 특별한 것이 없을까 하고 기발한 것만 찾으려 하기 때문인 것 같다. 이 시구의 훌륭함은 의도적으로 묘사하지 않은 데 있다. 갑자기 경물과 만나 그것에 의지해서 시구를 만들었을 뿐 인위적인 조탁을 가하지 않았다. 그러므로 보통 사람의 생각으로는 도달할 수 없다.

사령운謝靈運 385~434. 육조시대의 문인. 자연시를 즐겨 지었다. 멸망한 남조 귀족 가문의 자제로, 동진東晉과 유송劉宋에서 벼슬하였으나 파쟁으로 자주 면직당하다가 결국 유배중에 사사되었다. 독실한 불교 신자로서 여산사廬山寺를 지원하였으며 불경을 번역하고 선적 색채가 짙은 작품들을 쓰기도 했다.
섭몽득葉夢得 1077~1148. 송나라 때의 사인詞人, 학자. 『석림사石林詞』에 120수의 사가 전한다.

청대 양소임梁紹壬은 자신의 시평집에서 사령운의 이 시구에 대해 다음과 같이 기술했다.

사령운은 "연못가에 봄풀이 파릇파릇 돋고, 뜨락 버드나무 위 새들의 울음소리 변했네'를 신의 도움이 있었기에 읊을 수 있었다고 말한 적이 있다. 이원응은 말하기를 '여러 번 반복해서 읊어보았지만 남보다 뛰어난 점을 발견할 수 없었다. 이 구절을 칭찬하는 사람들은 이 시구는 말로 전달할 수 있는 것이 아니라고 하지만, 사실 모두 문외한의 말이라고 할 수 있다' 하였다. 그런데 『도엄집陶弇集』(작자는 명대 황순요로 추정)에는 다음과 같은 말이 있다.
'이 시구의 뿌리는 앞의 네 구에 있으니, 즉 '병들어 누워 빈 숲만 바라보았고, 누워 지내느라 절기를 몰랐네〔臥痾對空林 衾枕昧節候〕'가 그것이다. '이부자리 걷고 잠시 먼 곳을 바라보니〔褰開暫窺臨〕' 이하는 평소에 보았던 경치를 하나하나 읊은 것이다. 연못가의 봄풀과 정원 버드나무의 새 울음소리는 와병 전에는 보지 못했던 경치로서, 그것을 보고 계절이 바뀌었음을 알 수 있었던 것이다.'
『도엄집』의 이 평은 아주 정확하다 하겠다."

이원응은 이 시구의 훌륭한 점을 끝내 발견하지 못하자 그 시구를 칭찬하는 사람들을 문외한이라고 우롱했다. 그는 섭몽득이 지적했듯이 기발함만을 찾으려는 병폐를 가지고 있었던 것이다. 그러나 이 시구의 훌륭한 점은 자구를 다듬고 조탁한 데 있는 것이 아니라 감정을 자연스럽고 진실되게 드러낸 데 있다. 『도엄집』의 작자는 이 시구에서 다음과 같은 사실을 간파했던 것이다.

사령운은 와병으로 인해 계절의 변화를 모르다가 우연히 누각에 올라 경치를 바라보던 중, 어느새 파릇파릇 돋아난 연못가의 풀과 버드나무 가지 위에 앉아 노래하는 새들을 발견한다. 병석에 오랫동안 몸져누워 있다가 이렇듯 아름다운 경치를 만난 작자는 얼굴 가득 스치는 봄 기운을 느낀다. 마음속의 희열을 이루 다 형언할 수 없었을 것이다. 아! 연못가에 돋아난 저 풀! 나무 위에 노래하는 저 새! 시인은 마음 깊숙한 곳으로부터 봄에 대한 놀라움과 기쁨에 환호하면서 자신의 병든 몸도 만물과 함께 소생하리라는 믿음을 갖는다.

이런 시구는 마음속 깊은 곳에서 흘러나온 것이지 결코 인위적으로 지어낸 것이 아니다. 정情과 경景이 감응하여 마치 물새가 물 위를 스치면서 자연스레 파문을 일으키는 듯한 모습이다. 기막힌 의경이다. 탕혜휴°는 사령운의 시에 대해 "물속에서 피어난 연꽃〔芙蓉出水〕"같다고 평했다. 이는 바로 "연못가엔 파릇파릇 봄풀이 돋고" 같은 시구를 말한 것이다. 이러한 시구는 작위적인 흔적 없이 평범하면서도 정감이 충만한 것으로, 선가와 도가가 지향하는 무위법의 절정이다. 이 시구는 자구의 아름다움을 뛰어넘은 언외지의言外之意의 의경을 통해 독자들을 태초의 순수 세계로 빠져들게 한다.

탕혜휴湯惠休 남송 때의 시인. 출가하여 승려가 되었다가 효무제의 명으로 환속하였다.

남악나찬화상

북종선 개창자인 대통신수 문하의 3세이며 대조보적(651~739)의 제자로, 생몰 연대는 미상이다. 일명 명찬明瓚으로도 불리는 나찬화상은 중국 5대 명산의 하나인 남악에 들어가 일생 동안 나오지 않고 초암에서 수행했다. 산거수도山居修道의 심경을 노래한 「남악나찬화상가」는 『조당집』, 『전등록』, 『송고승전』 등에 실려 있다. 나찬화상에게는 다음과 같은 유명한 일화가 있다.

그의 높은 도와 인격을 흠모하던 당 현종이 칙사를 보내어 입내설법을 청했다. 칙사가 도착했을 때 마침 그는 초암 마당가에서 쇠똥으로 지핀 불에 고구마를 구워 맛있게 먹고 있었는데, 때는 겨울철이라 콧물과 침이 목덜미까지 흐르고 있었다. 이 모습에 감동한 칙사가 "필요한 것이 있으면 무엇이든 말씀하십시오. 다 해결해드리겠습니다" 하고 말했다. 한동안 묵묵히 칙사를 쳐다보던 나찬이 한 마디를 내뱉었다. "그렇다면 당신이 서 있는 그 자리를 비켜주시오. 아까부터 햇볕이 들지 않아 곤란했소이다."

저 유명한 고대 그리스 철인 디오게네스와 알렉산더 대왕의 고사를 떠올리게 하는 일화이다. 나찬과 디오게네스는 둘 다 철저한 무소유의 삶을 살았다.

음주 飲酒

초가집 짓고 마을 근처에 살아도,　　　　　　　結廬在人境
수레나 말 시끄럽지 않다.　　　　　　　　　　而無車馬喧
그대에게 물노니 어떻게 그럴 수 있는가,　　　問君何能爾
마음 멀어지면 사는 곳도 자연 외진 곳이 된다오.　心遠地自偏
동쪽 울타리 밑에서 국화를 따다가,　　　　　　采菊東籬下
한가로이 눈을 돌려 남산을 바라보네.　　　　　悠然見南山
산 기운은 저녁에 아름답고,　　　　　　　　　山氣日夕佳
날던 새들도 무리지어 돌아오누나.　　　　　　飛鳥相與還
이 가운데 참뜻이 있나니,　　　　　　　　　　此中有眞意
그 뜻을 밝히려다 말을 잊었도다.　　　　　　　欲辨已忘言

— 도연명

1

　전원시의 비조로 일컬어지는 동진東晉 도연명의 「음주」 20수 중 제5수이다. 수많은 사람들에 의해 읊조려진 이 시의 5·6구는 선시의 표상이기도 하다. 송나라 시덕조施德操는 자신의 시평집 『북창자과록北窓炙輠錄』에서 도연명의 이 시구에 대해 "이때 달마는 아직 중국에 오지도 않았는데 연명은 이미 선을 알고 있었다"고 평했다.

　"동쪽 울타리 밑에서 국화를 따다가, 문득 고개를 돌려 한가로이 남산을 바라보네"라는 구절은 그대로가 선이요 적의회심適意會心한 불도이다. 이 시구는 경境과 의意가 만나 하나로 통합되면서 나타난 대자유의 정신세계를 그리고 있다. 바로 선이 지향하는 바이다. 선가와 도가가 거듭 강조하는 무아지경·물아일체의 경지를 유감없이 읊어낸 만고의 절창이다.

　자기 본성에 맞는 생활 방식을 따라 살아가는 것이 적의회심이다. 인생의 아름다움을 심미하는 가운데 생명의 가치를 진정으로 향수하며 사는 '초연 인격'은 바로 선이 지향하는 목표요 깨달음의 구체적 내용이다. "동쪽 울타리 밑에서 국화를 따다가, 문득 고개를 돌려 한가로이 남산을 바라보네"는 그러한 선의와 선취와 선미를 남김없이 드러낸 명구로서 물아일체와 무심합도無心合道(마음을 내는 일 없이 저절로 도와 하나가 됨)의 기막힌 언어적 표현이다.

　남산은 도연명의 집 앞에 있는 산이다. 국화가 만개한 가을철 어느 날 동쪽 울타리 밑에서 술을 담글 국화를 따다가 문득 허리를 펴고 남산을 바라본다. 그는 평소에도 남산을 바라보긴 했지만 늘 건성으로만 보았던 듯하다. 그런데 우연히 국화를 따던 중에 머리 들어 무심히 남산을 바라보다가 그 존재를 새삼 발견하게 된 것이다. 이 시구의 핵심은 '무심'이다. 무심은 또한 선의 핵심이기도 하다. 따라서 이 시구는 선이 그처럼 강조해 마지않는 "무심이 곧 도〔無心是道〕"라는 선리를 잘 설파하고 있는 명구가 아닐 수 없다.

이 시는 자연을 응시할 때 느낀 묘한 주관 감정, 즉 마음속 독특한 깨달음의 세계를 표현해낸 기막한 선법문이다. 선적 깨달음이란 당연한 자연의 순리를 아는 직관이다. 도연명의 「음주」는 혼탁한 사회의 멍에서 벗어나 자유를 얻었을 때 산문적인 서술〔直敍〕을 하지 않고 우회적으로 표현한 평담미平淡美를 한껏 발휘하고 있다. 불교의 금욕주의는 당·송대 사대부들의 선불교 수용을 통해 적의·충담沖淡·영정寧靜을 구체적 내용으로 하는 생활선으로 개조됐다. 이때부터 중국 사대부들의 마음속에서 선은 곧 일종의 미적美的, 이상적 생활이었다.

남산 너머로 석양의 노을이 불타고 산은 빗기는 햇살을 받아 몽환적 색조를 띠고 있다. 그 사이로 새들은 아스라한 모습을 남기며 날아간다. 넋을 놓고 이 광경을 바라보던 시인은 가슴에 다가서는 어떤 느낌을 가졌다. 남산이 그의 상대가 되고 그가 남산의 상대가 되어, 마치 옛 친구를 만난 듯 서로 말을 잊은 채 바라보다가 유한한 심정이 마음속 가득함을 느끼게 된 것이다.

이 유한한 심정은 과연 무엇인가? 그러나 그 느낌을 표현하려는 순간 말은 혀끝을 맴돌다 사라지고 말았다. 언어가 힘을 잃고 사라진 자리에는 남산과 시인만이 마주하고 있고, 그 둘 사이에는 아무런 간격도 없다. 여기서 내가 곧 남산이고 남산이 곧 나인 물아일체의 경계가 펼쳐진다.

이러한 경계에서는 그 무엇인가의 느낌을 도저히 말로 표현할 수 없다. 무어라 말할 수 없는 몽롱 그 자체일 뿐이며, 말할 필요성도 못 느낀다. 여기에는 언어가 끼어들 틈이 없다. 이것이 바로 선의 경계이다. 선사들이 참으로 깊은 불도는 언어도단이고 불립문자라고 거듭 강조하던 법문은 바로 이런 것이다. 도연명은 달마가 중국에 오기 200년 전에 이미 이런 선법문을 했던 것이다. 그래서 시덕조는 간결한 한마디로 "달마가 오기 전 연명은 이미 선을 알고 있었다"고 했던 것이다.

산수화 이론의 효시로 자리매김돼 있는 동진 종병•의 화론집 『화산수서畵山水序』에서는 "부처는 정신으로써 도를 그려내고, 산수는 모양으로써 도를 그려낸다〔佛以神法道 山水以形媚道〕"고 설파했다. 이러한 논리의 틀을 빌리면 "시인은 언어로써 도를 그려낸다"고 할 수 있다. 도연명의 시구가 바로 이를 대표한다. 자연 심미 곧 시정화의詩情畵意는 회심會心의 중요 내용이다.

선의 지취는 '비움〔空〕'·'담박함〔淡〕'·'심원함〔遠〕'으로 요약할 수 있는데, 도연명의 시구 "동쪽 울타리 밑에서 국화를 따다가, 문득 고개를 돌려 한가로이 남산을 바라보네"는 이러한 선취를 빠

종병宗炳 375~443. 남조 송의 화가, 음악가.

짐없이 갖추고 있다. 그는 이 시구에서 무심합도를 이루어 물아일체가 되었다.

선학적인 설명을 덧붙이자면, 성聲·색色·행위行爲는 사람들로 하여금 사유의 중단을 이끌어 순간적으로 입정케 함으로써 사실(진리)의 이해를 가능하게 한다. 선가에서 말하는 성·색·행위는 상징적 의미가 풍부하다. 도연명의 「음주」에 나온 '남산'은 선학적 상징을 빌려 풀이하면 본래면목·자성·본체·도·불성을 가리킨다. 남종선 개산조인 6조 혜능은 공자의 "사무사思無邪(마음에 조금도 나쁜 일을 생각함이 없음)"를 점화한 "불사선不思善 불사악不思惡(선을 생각하지 않고 악을 생각하지도 않음)" 법문을 통해 혜명惠明수좌로 하여금 본래면목의 순간을 노출케 하여 깨달음의 강을 건너게 했다.

'동쪽 울타리 밑 국화'는 「음주」를 통해 도연명만의 독특한 시의詩意가 되었다. 국화를 읊조린 도연명의 시의는 한마디로 '선심禪心'을 말한다. 후세의 문인들이 국화를 읊조릴 때 도연명을 새삼 우러러보며 부끄러워했던 것은 "동쪽 울타리 밑의 국화를 따던 중 무심히 남산을 바라보다가" 물아일체의 감오를 느끼던 그의 선심을 따라잡을 만한 시의를 그려낼 수 없었기 때문이었다.

우연히 동쪽 울타리로 가니 얼굴엔 부끄러움만 가득,	遇向東籬羞滿面
진짜 국화를 가짜 도연명이 보기 때문이라네.	眞黃花對僞淵明

포은 정몽주, 야은 길재와 함께 '고려 삼은三隱'으로 문명을 떨쳤던 목은 이색•의 「국화를 보고 느낀 소감對菊有感」이라는 칠언시

의 전구轉句와 결구結句이다. 이색은 도연명쯤 되어야 동쪽 울타리 밑에 핀 국화의 아취를 만끽할 수 있지 자기 정도로는 안 된다는 겸손을 읊었다. 흥치가 도연명에 미치지 못하면서 동쪽 울타리 옆에서 얼쩡대는 것이 부끄러울 따름이라는 것이다.

"마음 멀어지면 사는 곳도 자연 외진 곳이 된다오〔心遠地自偏〕"는 자신의 마음을 다스릴 수만 있으면 사는 곳이 비록 속세일지라도 한적한 외딴 곳이 될 수 있다는 초탈한 철학을 잘 드러내고 있다. 이것이 바로 평상심시도의 삶을 사는 '범부이면서 도인인' 초속超俗한 선수행자의 모습이다. 또 불가가 청정무구의 본래면목으로 비유하는 '진흙 속에 피어난 연꽃'의 설법과도 같은 문법이다. 시덕조는 그래서 도연명의 선심은 달마가 오기도 전에 이미 한소식한 경지에 가 있었다고 말한 것이다.

선가는 이러한 돈오의 경계를 '설점홍로雪点紅爐(불타는 화로 속의 눈송이)', '홍로편설춘紅爐片雪春(벌건 화로 속의 봄 잔설)'이라고 표현한다. 눈은 화로 속에서 순간적으로 녹아버린다. 순간적인 도와의 합일을 형상화한 상징적 설법이다. 여기서 눈은 사람이고 화로는 불도를 상징한다. 벌건 화로 속의 눈이 순식간에 녹듯이 사람이 순식간에 도와 합일하는 물아일체의 돈오가 도연명의 "문득 고개 돌

이색李穡 1328~1396. 고려 말기의 문신, 학자. 자는 영숙穎叔이고, 호는 목은牧隱이다. 조선 개국 후 태조가 여러 번 불렀으나 절개를 지키고 나가지 않았다. 여말삼은麗末三隱의 한 사람으로, 문하에 권근과 변계량 등을 배출하여 조선 유학사에 큰 발자취를 남겼다.

려 남산을 바라본다"는 시구에서 여실히 드러났다.

공空은 자신을 비워 내는 것이다. 무아라는 고급 무의식은 오직 자신을 비워낼 때에만 가능한 것이다. 기독교 신학에서는 이를 '케노시스(Kenosis)'라고 부른다. 자신을 비하하고, 신성神聖을 포기하고, 자신을 비우는 케노시스는 불가의 무심과 같다. 도연명은 국화를 따다가 무심한 채로 남산을 바라보았고, 그 순간 산과 당하當下(찰나)에 합일을 이루어 오도의 경계로 진입했던 것이다. 그래서 도연명의 이 시구는 선리禪理의 핵심인 비분석적 사유 방식이며 무아지경에서 체득하는 오도를 설한 법문이라고 할 수 있다.

| 봄날 달 밝은 밤 개구리 우는 소리, | 春天月夜一聲蛙 |
| 천지를 깨뜨려 하나 되게 하네. | 撞破乾坤共一家 |

만뢰가 적정에 싸인 봄날의 달 밝은 밤, 개구리 울음소리가 춘광春光과 월색을 가르며 가없는 지평선 너머로 울려 퍼져 나갈 때 인간이 느끼는 감회를 드러낸 시구이다. 인간과 우주의 철저한 융합이며, 역시 물아일체를 통해 다다른 오도의 경계이다.

당나라 때의 사공도(837~908)는 『시격詩格』에서 "사람이 담박하기가 마치 국화와 같다〔人淡如菊〕"고 했다. 국화는 공자의 제자 안연처럼 가난 속에서도 자신의 즐거움을 고집하는 담박한 맛이 있다고 인식되어왔다. 그래서 한시에서 국화는 세속에 얽매이지 않는 방일한 문인들의 친구로 형상화되었다. 중국의 세시풍속에 '국화준菊花樽'이라는 것이 있다. 음력 9월 9일 중양절에 만개한 국화

송宋 석각石恪, 〈이조조심도二祖調心圖〉
달마에게 구법할 때 왼팔을 잘라 바쳤다는 설화를 따라 왼팔이 없이 좌선수행하고 있는 2대 조사 혜가 대사를 선화의 특징인 수묵 간필로 그려냈다.

아래 술동이를 놓고 술을 마시는 풍속이다.

　북송의 철학자 주돈이*는 「애련설愛蓮說」이라는 글에서 도연명이 국화를 사랑한 사실을 언급하면서 "내가 생각하기에 국화는 꽃 가운데 은일자이다"고 했다. 국화는 시들더라도 땅에 떨어지지 않고 의연히 가지에 붙어 향을 끌어안은 채 죽어간다. 그러한 품성이 곧 오상고절傲霜孤節의 이미지를 낳았다. 남송 말의 시인이었던 정사초鄭思肖는 한국寒菊을 두고 지은 시에서 "차라리 가지 끝에서 향을 끌어안고 죽을지언정, 어디 북풍 속에 날려 떨어진 적이 있던가"라고 읊조렸다.

　소동파는 『서제집개자書諸集改字』에서 도연명의 시정신을 논하면서 "국화꽃을 따다가 우연히 남산을 바라보았으니, 애초부터 아무 생각이 없었던 가운데 풍경과 심경이 일치했기 때문에 기뻤던 것이다"고 평했다. 도연명의 선심禪心을 족집게처럼 집어낸 시평이다. 소동파는 또 『계륵집鷄肋集』에서 "망남산望南山"이라 하지 않고 "견남산見南山"이라 한 이유를 다음과 같이 설명하였다.

　"도연명의 뜻은 시에 있는 게 아니고 시로써 그 뜻을 기탁했던 것이다. '망남산'이라고 하면 이미 국화를 따고 나서 '남산을 우러러본다'는 뜻이 돼 의미가 여기서 다해버리고 여운이 없어져버린다. 그러나 '견남산'이라고 하면 국화를 따다가 무의식적으로 '남

주돈이周敦頤 1017~1073. 북송의 유학자. 자는 무숙茂叔이고, 호는 염계濂溪이다. 훈고와 사장 위주의 학문 풍토를 비판하면서 불교와 도교의 이치를 응용하여 성리학의 토대를 형성하였다. 저서에 『태극도설太極圖說』, 『통서通書』 등이 있다.

산을 바라보는 것'이 된다. 마침 무심히 고개를 들어 보게 된다는 것은 유유히 사사로운 마음(번뇌와 망상이 들끓는 마음)을 잊게 된 것으로 풍취가 한가롭고 아득해진다. 이는 문자의 거칠고 정교함에 의해 얻어질 수 있는 것이 아니다."

"몸은 번잡한 세속에 살면서도 시끄러운 수레 소리나 말 달리는 소리를 듣지 못한다. 국화를 따다가 무심한 채로 남산을 바라보는 한가로움. 새들은 저녁에 짝을 지어 둥지로 돌아온다." 이 얼마나 평안하고 담박한가! 이러한 유한함과 평상심은 모두 마음이 세속적인 욕망과 번뇌를 털고 '멀리'가 있기 때문에 가능한 것이다. 만강萬江에 밝게 비친 달과 같은 선심이다. 당나라 때의 시승 한산寒山은 이러한 선심의 세계를 "내 마음은 가을밤의 밝은 달과 같다〔吾心似秋月〕"는 시구로 표현했다.

2

도연명은 애주가였다. 소동파는 술과 관련한 풍류객 가운데 도연명을 제일로 꼽았다. 그는 도연명의 시를 논하며 "조曹·유劉·포鮑·사謝·이李·두杜가 모두 따라잡을 수 없다"고 했다. 조는 조조曹操, 유는 유곤劉琨, 포는 포조鮑照, 사는 사조謝朓, 이는 이백, 두는 두보를 가리킨다.

도연명은 늘 술을 마시기 전에 손님에게 "내가 취하면 먼저 떠나시게"라고 말하곤 했다. 그는 가세가 넉넉지 못해 술을 마음대로 사 마실 처지가 아니었다. 그래서 근처의 관리로 있는 친구가 매일

술을 가지고 와서 함께 마셨고, 돌아갈 때는 술을 사 마시라며 돈을 몇 푼 놓고 갔다. 하루는 중양절인데 마실 술이 없어 울타리 옆에 앉아 국화꽃을 쳐다보고 있었다. 이때 마침 술을 보내온 친구가 있어 실컷 마시고 취한 후 국화를 따다가 「음주」라는 시 20수를 읊었는데, 그중 이 제5수가 가장 유명하다.

선은 하나의 사유 방식이자 인생의 지혜이다. 선은 결코 메마르고 적막한 것이 아니다. 선수행자는 자신의 안락만을 추구하는 세상 밖의 은둔자가 아니다. 선자는 세상의 모든 사물에 대한 사랑과 동정이 충만하며 세속에 있으면서도 맑고 고요한 마음을 유지하는 사람이다. 선열禪悅이란 활달하고 낙관적인 마음이자 평범한 일상에서 즐거움을 느끼는 지혜이다.

문인선文人禪은 술에 취한 상태를 참선입정을 통해 도달하는 무의식 상태의 하나로 비유한다. 그래서 음주는 참선입정의 심리 상태에 도달하는 하나의 방편으로 원용된다. 술은 꿈과 마찬가지로 참선입정에서 얻어지는 일종의 의식 고양 효과를 낸다. 술을 마셔 신속하게 의식 활동을 약화시키거나 상실시켜서 무의식적 활동 상태로 진입한다. 시화의 창작에서는 이와 같이 신속히 조성된, 일종의 꿈과 같은 무의식 상태를 통한 영감의 획득을 중히 여긴다. 때문에 많은 문인들은 예술 창조의 필수 요건인 영감(고급 무의식의 체험)을 술에 기탁하여 얻고자 했다. 시화를 하는 선승들도 마찬가지였다.

당나라 문호의 한 사람인 백거이는 만년에 낙양의 용문 향산사에 은거하여 호를 향산거사香山居士라 하면서 참선에 열중하였는데, 그는 『백씨장경집白氏長慶集』에서 "첫째는 참선만 한 것이 없고 둘째는 술에 취함만 한 것이 없다〔第一莫若禪 第二無如醉〕"고 말했다. 이쯤이면 농선일치農禪一致, 다선일치茶禪一致, 권선일치捲禪一致에 이어 '주선일치酒禪一致'라 할 만도 하다.

당나라 때의 화가 오도자吳道子는 그림을 그리기 전 반드시 술로써 정신을 가다듬어 기를 살리고서 붓을 들었다고 한다. 송나라 곽약허郭若虛의 『도화견문지圖畵見聞志』에는 "영가승永嘉僧 택인擇仁은 소나무를 잘 그렸다. 그림을 그리기 전 취할 때까지 술을 마시고서 발묵하였다가 술이 깨면 첨묵하여 보필했다"고 기록되어 있다.

도연명의 「음주」와 관련된 소동파의 '음주선경飮酒禪境'은 자못 선법문을 듣는 듯하다. 소동파는 57세에 양주자사로 있으면서 도연명의 「음주」의 운에 맞추어 음주시 20수를 지었는데, 「도연명의 음주에 화답함·서문和陶飮酒·序」에서 "사람들은 내가 취했다고 보지만 내 속은 분명하기 때문에, 취했다고 할 수도 없고 깨어 있다고 할 수도 없다"고 하였다. 보기에는 취한 것 같지만 실제의 마음속은 아주 맑다. 이것이 바로 참선입정의 고급 무의식이다.

나는 도연명보다 못해서,	我不如陶生
세속 일에 늘 얽매여 있네.	世事纏綿之
어떻게 한 번의 여유라도 얻어서,	云何得一適
나도 선생 같은 생활을 할 수 있을까?	亦有如生時
한 뙈기의 밭에 잡초가 없다면,	寸田無荊棘
여기에 바로 좋은 곳이 있다네.	住處正在玆

마음대로 세상일 하여도,	從心與事往
만나는 것마다 더 이상 의심하지 않네.	所遇無復疑
가끔 술 마시는 즐거움 있어,	遇得酒中趣
빈 술잔이라도 늘 들고 있다네.	空杯亦常持

    소동파의 「음주」첫 수이다. 그는 도연명처럼 전원으로 은거하지 못한 채 세속 일에 얽매여 있음을 한탄한다. 그렇지만 마음속이 탁 트여 있어서 일을 당하면 자연을 따르고 인연 따라 사람 사귀는 즐거움을 누린다. 그는 자신이 술을 마시는 것을 두고, 술을 탐해서가 아니라 술잔을 들고 있는 그 마음에서 즐거움을 느낄 수 있기 때문이라고 말한다. 술잔만 들면 자신이 먼지투성이의 인간 세상에 있다는 사실조차 절로 잊는다. 술에 취하면 칭찬을 받든 비방을 받든 몽땅 멀리멀리 버린다. 마음이 곧 허공과 같아서, 모든 일에 대해 분명히 알지만 다시는 그런 것들로 인해 번뇌하지 않는다.

    이러한 경지는 바로 선가에서 거듭 강조하는 '무심한 마음으로 행하는 경지', 즉 『금강경』이 설하는 '머무는 바 없이 마음을 내는 것〔應無所住而生其心〕'이다. '머묾이 없기' 때문에 세상사와 인간으로부터 초탈할 수 있고, 그렇게 '마음을 내기' 때문에 세상을 마주해도 아무런 걸림 없이 웃음 지을 수 있다. 이것이 바로 소동파가 말하는 "취해 있으면서도 깨어 있는 것"이자 "무심한 마음으로 행하는 것"이며 주선일치酒禪一致의 경계이다. 바로 음주의 지극한 경지이자 술 속에 담겨 있는 선적 경계이다. 술을 마셔서 이 정도의 경계에만 이를 수 있다면 음주도 곧 참선이라 하겠다. 금은 광석을 제련해 얻고, 옥은 돌을 깨서 갈고 닦아 얻는다. 광석과 돌이 없이는 금과 옥도 없다. 그렇듯이 사람은 세속(광석과 돌)을 벗어날 수 없는 존재이다. 부처나 조사·도인도 모두 세속적 기반을 벗어나지 않은 현실 속의 존재였다. 따라서 술이나 기녀의 세계가 현실적이고 세속적이라면 바로 거기에도 도덕군자나 신선·도인의 영역이 존재할 수 있는 것이다. 이것이 '세속이 바로 열반'인 도리이다.

자고로 문인 사대부들은 탈속의 생명 경계를 추구했고 티끌세상 밖의 운치를 즐길 수 있는 정신적 역량을 키우고자 했다. 도연명의 "동쪽 울타리 밑에서 국화를 따다가, 문득 고개를 돌려 한가로이 남산을 바라보네"도 유한悠閑하고 소박하며 참된 의취가 흘러넘치는 의경이다. 그는 무심히 남산을 바라보다가 홀연 깨달은〔直覺體悟〕대도를 "이 가운데 참뜻이 있나니 그 뜻을 밝히려다 말을 잊었도다〔此中有眞意 欲辯已忘言〕"고 읊음으로써 위진남북조시대 이래로 예술적 사유에 깊은 영향을 끼쳐온 '언부진의설言不盡意說'(말은 뜻을 다 담아낼 수 없다는 설)을 심화시켰다. 그가 체오한 대도는, 그 안에 진리가 들어 있지만 말로는 표현이 불가능하다는 것이다. 당시는 '직각적인 깨달음'이라는 것에 대한 사유 방식이 성숙된 단계가 아니었다.

전원시인이 추구하는 바는 생명의 유연자족悠然自足과 자아의 정신적 초월, 맑은 성령의 만끽이다. 도연명이 바라보았던 남산은 단순한 전원 생활 중에서 느끼는 즐거움이 아니라 그것을 법열로 이끌어낸 유연한 심정적 체험이었던 것이다. 그가 체험한 유한자적의 법열은 심경적으로 체험한 일종의 정신 경계이다.

송나라의 시론가 장계는 "'동쪽 울타리 밑에서 국화를 따다가' 이하의 구절은 후인들의 이른바 '다함이 없는 뜻(不盡之意)'을 말한다"고 했다. 골목에서는 개가 짖고 뽕나무 위에서는 닭이 우는데 동쪽 울타리 밑에서 국화를 따고 있는 경물은 전원에서 흔히 볼 수 있는 풍경이다. 그러나 우리는 이런 풍경이 눈앞에 있어도 그것을 고도한 정신적 경계로 승화시켜 받아들이지를 못한다. 욕념에 가려 사물을 있는 그대로 받아들이지 못하기 때문이다. 선수행은 그처럼 욕념에 가려 사물을 있는 그대로 보지 못하는 눈을 활짝 트이게 해주는 역할을 한다. 도연명의 시구는 바로 그러한 선적 경계라 할 수 있다. 중국 근대 미학의 대가인 왕국유는 "'동쪽 울타리 밑에서 국화를 따다가, 문득 고개를 돌려 한가로이 남산을 바라보네' 의 연은 무아지경을 드러내 보여준 것"이라고 평하였다.

선의 중요 내용은 생명의 자주성과 자유의 획득이다. 이는 바로 사대부가 추구하는 정신적 가치이기도 하다.

보리는 본래 나무가 없고,	菩提本無樹
밝은 거울 역시 받침대가 아니다.	明鏡亦非臺
불성은 늘 청정하거늘,	佛性常淸淨
어디에 먼지가 앉을 수 있단 말인가.	何處有盡埃

6조 혜능대사의 유명한 심게心偈이자 득법게得法偈로, 이 한 수의 게송을 통해 혜능은 5조 홍인*의 의발(법맥)을 전수받을 수 있었다. 선학적으로는 이 게송에 대해 여러 가지 의미를 부여하고 분석

을 하지만, 결론적으로 말해서 이 게송 역시 별달리 구하는 바 없이 자연의 운행 질서를 따라 살고자 하는 사대부들의 정신적 지향과 일치한다고 할 수 있을 것이다.

3

도연명의 시에 나온 국화·남산·석양·새 등은 모두 자연이다. 자연自然은 '모든 것이 저절로 그러하다'는 뜻이다. 도연명은 석양의 자연 풍경을 묘사하여 그 속에다 정신의 세계를 담아내었다. 산과 마주하여 산을 닮는 것은 곧 선가에서 힘주어 강조하는 '본래면목을 찾아나서는' 의식의 고양 과정을 반영한다.

소동파는 '자연'을 "완전한 자유의 획득, 곧 자기가 자신의 주인이 됨과 동시에 자기 이외의 사물과도 완전한 조화를 이루는 것"이라고 풀이하였다. 또 서진西晉의 현학자 곽상은 "밖으로 사물을 구함이 없고 안으로 자기에게 기댐도 없는 완전한 독화獨化의 경지"를 '자연'이라고 했다. 앞서 보았던 소동파의 '도연명의 시정신에 대한 평'은, 자연 즉 대자유의 정신세계는 사물과 시인의 정신이 일치하는 데서 나타난다는 뜻이다. 자연의 변화에 대한 생생한 체

홍인弘忍. 602~675. 당나라 때의 선승. 선종의 제5대 조사로, 대만선사大滿禪師라고도 부른다. 선종의 4대조 도신道信의 법을 이었다. 선종의 제파는 모두 제1조 보리달마菩提達磨에서 홍인까지를 공통의 스승으로 추앙하고 있다. 홍인의 제자 가운데 신수神秀가 북종선으로, 혜능이 남종선으로 각기 그 선풍을 확립하였고, 남종선에서 다시 많은 종파가 갈라져 나왔다.

험이 바로 선이다.

봄에는 온갖 꽃 피고 가을엔 달 뜨며,	春有百花秋有月
여름엔 시원한 바람 불고 겨울엔 눈이 온다.	夏有凉風冬有雪
한가한 일마저 마음에 두지 않는다면,	若無閑事卦心頭
이것이 바로 인간의 좋은 시절이니라.	便是人間好時節

선승들이 거듭 설파하는, 자연에서 체득한 평상심시도의 선열을 대표하는 게송들 중 하나이다.

6조 혜능의 남종선이 장자의 학문을 한 단계 끌어올린 남조의 현학과 합류하여 꽃을 피우면서 발산한 향기가 바로 이러한 대자유의 정신세계이다. 당나라에 들어오면 선은 인도 불교의 가사를 걸치고 있던 남북조 시기 현학의 단계를 뛰어넘어 마음(불교)과 자연(도교)과 이치(유교)를 하나로 묶는 삼교통합의 선불교를 지향한다.

소동파의 선시 하나를 감상하면서 다시 산, 바위, 돌 같은 무정물을 포함한 자연이 설하는 법문을 통해 오도의 길을 여는 경우를 보자.

계곡 물 소리도 부처님 설법인데	溪聲便是廣長舌
산 빛인들 어찌 청정법신이 아니랴.	山色豈非淸淨身
여래의 (밤새 들은) 팔만사천 법문을	夜來八萬四千偈
후일 남들에게 어떻게 이처럼 드러내 보이랴.	他日如何擧似人

「물소리 산 빛溪聲山色」이라는 제목으로 선림에 회자하고 있는 소동파의 선시이다. 필자는 1996년 중국 선종 사찰을 답사하던 중 호남성 남악 형산의 복엄사(옛 이름은 반야사)에 들른 적이 있는데, 그때 사찰 마당가의 산자락 암벽에 '계성산색溪聲山色'이라는 소동파의 시제목이 새겨진 것을 보고는 몹시도 기뻐했던 기억이 있다.

'광장설廣長舌'은 부처의 화신이 갖추고 있는 32가지 장엄한 모습 중 하나이다. 넓고 긴 부처의 혀는 내밀면 얼굴 전체를 덮을 정도이고 얇고 부드럽다고 한다. 이는 부처가 설법에 뛰어남을 상징한 것이다. '청정신淸淨身'은 부처의 삼신 즉 법신法身·보신報身·화신化身 가운데 공덕과 깨달음으로 성취한 부처의 본체인 법신을 말한다.• 법신불은 불법의 인격화로서, 『화엄경』에서 말하는 "모든 중생이 선천적으로 불성을 갖추고 있음"을 가리킨다. 제3구의 '야래夜來'는 시의 운율을 위해 '여래如來'를 '야래'로 썼다고 해석하기도 하고 '밤새도록'의 뜻으로 해석하기도 한다.

소동파는 이 시에서 눈앞의 산과 계곡물이 모두 미묘한 불법을 설하고 있고 부처의 지혜와 자비를 드러내 보이고 있다는 '촉목보리觸目菩提(눈앞에 보이는 것 모두 다 지혜임)', '일체현성一切現成'의 공안을 설파하였다. 방온거사와 함께 중국 선림의 양대 거사인 소

• 법신法身은 청정신淸淨身이라고도 하는데, 부처의 세 가지 몸[三身] 중 가장 으뜸으로서 사람의 몸과 전혀 상관없이 존재하는 영원한 본질이자 진리를 의미한다. 보신報身은 보살이 수행 정진한 과보에 의해 성취하게 되는 원만한 불신으로, 아미타불·약사불 등이 이에 해당한다. 화신化身은 응신應身이라고도 하는데, 고통 받는 중생들을 위해 부처가 인간세상에 잠시 사람의 형상으로 나타난 것을 말한다.

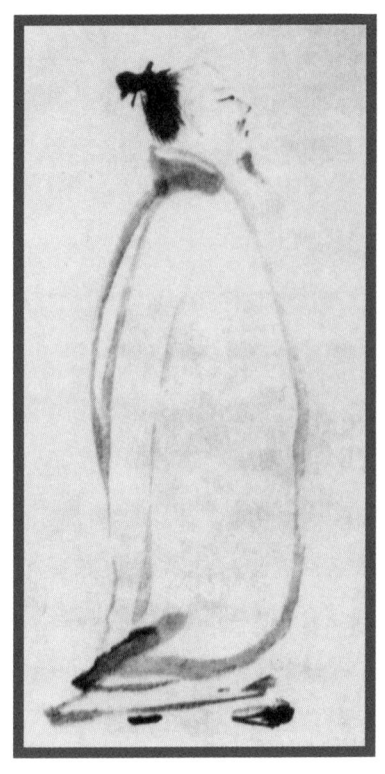

양해梁楷,〈이백음행도李白吟行圖〉

동파는 선불교에 심취하여 호북성 여산 동림사의 동림상총*을 참문하여 바위나 산천초목 같은 무정물도 설법을 한다는 '무정설법 無情說法' 화두를 받았다. 이 화두는 일찍이 동진의 승려 축도생竺道生(355~434)이 "성불할 성품이 없는 자도 성불할 수 있다"는 일천제성불론—闡提成佛論*에서 최초로 주창했던, 당시로는 파격적인 설법이었다. 후일 조동종의 개산조 동산양개(807~869)가 이 화두를 참구하여 깨치는 등 많은 학인들이 참구했던 화두이기도 하다.

스스로 "전생이 중이었다"고 말하기도 한 소동파는 상총선사와 작별한 뒤 말을 타고 폭포 소리 요란한 여산의 깊은 계곡 오솔길을 내려오면서 화두 '무정설법'을 골똘히 참구했다. 태고의 정적을 깨는 여산폭포의 비류飛流 소리가

동림상총東林常總 1025~1091. 임제종 황룡파 선사로, 소동파에게 법을 전했다.
일천제성불론 일천제—闡提란 '욕구를 끊지 못한 이'라는 뜻이다. 성불의 자격을 갖추지 못한 자조차도 끝내 성불할 수 있다는 설로, 일체중생실유불성—切衆生悉有佛性을 다른 방식으로 설명한 것이라 할 수 있다.

귓전을 때리는 순간, 이태백의 「여산폭포를 바라보며望廬山瀑布」라는 시가 소동파의 머리를 스쳤다.

햇빛에 향로봉 자색 연기 서리고,	日照香爐生紫煙
중턱에 걸려 쏟아지는 폭포 보이네.	遙看瀑布掛前川
나는 듯이 이내 삼천 길을 떨어지니,	飛流直下三千尺
은하수 하늘에서 떨어지는 듯하구나.	疑是銀河落九天

소동파는 이태백의 이 칠언절구를 떠올리면서 여산폭포를 눈으로 보고 귀로 듣는 찰나 자신도 모르게 '아, 이거구나!' 하고 탄성을 터뜨렸다. 바로 저 폭포수 소리가 존재의 근원을 밝힌 부처의 법문이 아닌가. 그는 여기서 활연대오하여 「물소리 산 빛」이라는 게송을 읊었다.

세속 사람들은 산과 물에 너무나 익숙한 나머지 제대로 보지도 듣지도 않는다. 그러나 마음을 비우고 일체를 담박하게 보는 선수행자들은 평범한 산수의 경치에서도 인연 변화를 느끼고 자신의 청정한 마음을 본다. 이것이 '촉목보리'이고 '일체현성'이며 '평상심시도'이다. 텅 비고 집착이 없는 선의 마음으로 세계를 보면 곳곳에 부처의 이치가 있고 눈에 들어오는 모든 것이 보리이다. 이른바 "푸르디푸른 대나무가 다 부처의 법신이요, 활짝 핀 들판의 꽃들도 모두 부처다〔青青翠竹盡是法身 郁郁黃花無非般若〕"고 하는 것이다.

산과 물도 불법이다. 그러나 이런 설명과 논리에 너무 얽매이게 되면 보이는 것마다가 불법일지라도 무미건조하고 맛이 없다. 때문에 고기를 잡은 후에는 어항을 버리고 토끼를 잡고 나서는 그물을 버리듯이, 말을 하고 난 후에는 이내 지워버리고 다시 앞으로 나아가 공空을 깨달아야 한다. 이러한 '백척간두진일보百尺竿頭進一步'•의 향상 일로가 바로 선자가 나아갈 길이다.

    선의 표현 양식은 '간결'을 생명으로 한다. 대체로 모든 선문답은 단문단답형이고 게송 또한 시와 똑같이 언어의 압축을 미학으로 승화시켰다. 영국의 대문호 셰익스피어는 "간결은 지혜의 영혼이다"라고 갈파한 바 있는데, 선은 이미 1,000년 이상 앞서 그러한 간결의 미학을 꽃피웠던 것이다. 도연명의 시가 그렇고 시덕조의 연명 시평이 그렇다. 최근 각종 디자인에서도 '간결(단순함)'이 크게 강조되고 있다. 새삼 '단순함'이 미학의 근본임을 깨달은 인식의 변화이다. 선의 간결성은 착란 증세 같기도 한 엄청난 역설의 문법을 통해 막힌 것이 확 뚫리는 듯한 통쾌감을 안겨준다.

문 : 어떤 것이 부처입니까?
답 : 마른 똥막대기〔乾屎橛〕이다.

    운문선사와 한 학인의 선문답이다. 범성일여凡聖一如(보통 사람과

백척간두진일보 백 자나 되는 높은 장대 위에서 머뭇거리지 말고 성큼 한 걸음 더 나아가라는 뜻이다. 깨달음을 향해 오직 위로만 나아가는 용맹정진의 태도를 말하고 있다.

깨친 사람이 간극 없이 동일함)의 불이법문不二法門으로 유명한 이 선문답은 '간결'의 극치이다. 팔만대장경으로 설파한 불교 교리를 '마른 똥막대기' 즉 '간시궐乾屎橛' 세 글자로 압축해내었다.

바로 이러한 점에서도 선은 시와 통한다. 시는 언어학적으로 언어의 최대 압축이다.

남송 엄우의 『창랑시화』는 선의 논리를 시 비평에 도입한 '이선유시以禪喩詩(시를 선에 비유함)'의 백미이다. 엄우는 이 시론집에서 "선을 하는 바른 길은 오직 오묘한 깨달음에 있고 시를 짓는 바른 길 역시 오묘한 깨달음에 있다"고 갈파하였다. '오묘한 깨달음(妙悟)'이란 선적 사유의 필수 조건인 직각적인 형상 사유를 말한다.

눈앞엔 발을 치고 귀엔 문 닫았거늘,	眼垂簾箔耳閉門
솔숲 소리 계곡물 소리 여전히 시끄럽다.	松籟溪聲亦做喧
나를 잊고 사물을 오직 사물로 대함에,	到得忘吾能物物
영대(마음)는 어디서고 저절로 맑고 따스해라.	靈臺隨處自淸溫

황진이, 박연폭포와 더불어 '송도삼절松都三絶'로 불리며 황진이와의 유명한 일화를 남긴 화담 서경덕*의 「무제無題」라는 시이다. 이 시는 한마디로 사욕私欲을 버리고 사물과 내가 어우러질 때 마

서경덕徐敬德 1489~1546. 조선 중종 때의 유학자. 자는 가구可久, 호는 복재復齋 또는 화담花潭. 이기론理氣論의 본질을 연구하여 조선 성리학에서는 보기 드문 기일원론 체계를 완성하였으며, 수학이나 역학도 깊이 연구하였다. 저서에 『화담집』이 있다.

음의 평화를 얻을 수 있다는 선리를 설하고 있다. 물론 서경덕은 선승도 선학자도 아니었다. 그는 오직 도학道學에만 열중한 선비였다. 그러나 그의 정신은 깊은 선심禪心에 침잠해 있었던 것이다.

도연명의 「음주」 제5수는 기교를 부리지 않고 직접적인 서술로 정감을 솔직하게 드러내었다. 일체의 형용과 수식이 없는 '간결'의 극치이다. 어쩌면 이런 것이 진정한 언어도단, 이언절려離言絶慮(말을 떠나고 생각을 끊음)의 길이 아닐까?

선의 생명인 무심합도의 돈오는 결코 기괴한 일이 아니다. 선도 생각하지 않고 악도 생각하지 않을 때 인간의 본래면목이 순간적으로 나타나게 되기 때문이다. 그래서 6조 혜능은 학인 혜명에게 '불사선 불사악'의 법문으로 돈오의 문을 열어줄 수 있었던 것이다.

도연명은 「귀거래사」에서 "우주의 기를 타고 우주의 기로 화해 돌아가니, 천명을 즐길 뿐 무슨 의심이 있으랴〔聊乘化以歸盡 樂夫天命復奚疑〕"하고 읊조림으로써 두려움 없이 죽음을 순리로 받아들였다. 퇴계 이황은 1570년 12월 스스로 쓴 자신의 묘지명에다가 도연명의 이러한 뜻을 이어 "근심 속에 즐거움 있고 즐거움 속에 근심 있는 법, 우주의 기를 타고 우주로 돌아가니 다시 무엇을 구하랴〔憂中有樂 樂中有憂 乘化歸盡 復何求兮〕"라고 적었다. 두 사람 다 죽음에 대한 달관의 자세를 피력하고 있다. 도연명과 퇴계도 의식적이든 무의식적이든 간에 심성의 밑바탕에 한줄기 선의 마음이 자리하고 있었다고 한다면 지나친 비약일까?

도연명 陶淵明. 365~427. 중국 동진의 전원시인으로 그 명성이 한·중·일 동아시아 삼국에 널리 회자되어 오고 있다. 강주 심양군 시상현(현 강서성 구강시) 출신으로 29세에 하급관리를 시작으로 벼슬길에 나갔다. 41세 때 팽택현령을 사직한 후로 다시는 벼슬길에 나가지 않고 전원생활을 하였다. 고향에서 보낸 23년 동안의 전원생활 동안 주옥같은 전원시들을 읊조렸다. 그의 대표 작품 가운데 하나가 바로 저 유명한 「귀거래사歸去來辭」이다. 그는 시와 글을 통해 지조를 굳게 지켰고 경박한 세태를 기탄없이 비판하였다. 두보, 이백 등과 더불어 중국 고전 시가를 대표하는 시인으로 자리매김되어 있다.

{ 선시 이해의 길잡이 ❸ }
의경은 어떻게 생겨나는가

선종 미학의 핵심 문제는 경계와 의경이다. 선종의 색법色法과 심법을 미학적 관점에서 보면 경계는 심과 색이 융해되어 하나로 통일되는 교차점이다. 그리고 의경은 의상과 밀접한 관련을 맺고 있다. 다만, 관련된 가운데서도 서로 차이가 있기 때문에 양자를 동일한 범주로 간주할 수는 없다.

의상은 주관적 정지情志와 객관적 물상物象의 '개별적 융합'인 데 비해 의경은 정지와 물상의 '총체적 융합'이라 할 수 있다. 의경의 총체적 융합은 허와 실이 상생하는 효과를 만들어낸다. 선학에서는 색과 공이 공존하는 허실상생虛實相生의 구조를 '진망화합眞妄和合'의 구조라고 한다.

의경이 보여주는 것은 구체적으로 생동하는 '한 폭의 화면' 즉 '경境 속의 상象'일 뿐만 아니라 감상자의 상상을 불러일으키는 '예술 공간' 즉 '상象 밖의 경境'이기도 하다. 시인은 의경을 통해서 외부 세계에 대한 느낌과 심령의 비밀을 토로한다. 의상은 의경 형성의 선도적 역할을 한다. 따라서 의경은 의상이 조합되어 생성된 결과로서, '상象'에서 '경境'에 이르기까지 심미 의식의 발전을 반영한 것이다.

『주역』「계사상」에 나오는 "상을 세워 뜻을 모두 드러내다〔立象以盡意〕"나 『장자』의 '말〔言〕'과 '뜻〔意〕'에 대한 견해는 의상의 기초이면서 의경과 내재적 관련을 맺고 있다. 그리고 불교가 중국에 전래되어 '상象의 가르침'을 제창하고 경계境界를 담론하면서 의경 이론의 형성을 촉진시켰다.

'경계'라는 용어는 불경에서 나왔다. 『구사론소俱舍論疏』에서는 "색色

등의 오경五境은 경境의 성격을 지니는데, 이것이 곧 경계이기 때문이다. 눈 등의 오근五根은 거울(鏡)의 성격을 지니는데, 이것은 경계를 비추기 때문이다"고 했다. 또 "실제의 이치는 심오한 지혜만이 밟을 수 있는 것이므로 경이라 한다"고도 했다. 이는 실제의 이치(實相之理)를 인식하는 것이 곧 경계를 이루는 것이고, 경계는 바로 심오한 지혜만이 노닐 수 있는 곳이라는 뜻이다. 이러한 불가의 '경계설'은 중국 시가의 심미 의식에 대한 인식의 지평을 넓혀주었다. 선후를 따지면 '경계'가 먼저 있고 '의경'이 뒤에 생겨난다. '경'이 마음에서 생겨나는 방식으로 생성된 의경은, 객관적 사물의 입장에서는 허환虛幻된 것이고 주체의 심리적 입장에서는 진실된 것이다.

선은 무위법이다. 선적인 '무위無爲'란 마음 써서 추구하는 바가 없이 자연에 모든 것을 내맡긴 채 고요히 지내며 상황 따라 편안히 여기고 만물과 더불어 조화를 이루는 것이다. 선은 이러한 무위의 삶을 살기 위해 한 번 크게 죽는 '대사大死'를 요구한다. 대사는 곧 '초연한 심태의 획득'을 뜻한다. 선시는 바로 대사를 통과한 재생의 의경이다. 선은 '불립문자의 시'요, 시는 '문자의 선'이다.

의경과 의상, 경계는 개념상 서로 차이가 있으나 일반적으로는 모두 예술 형상과 관련된 이론이다. 중국 문학사에서 아직껏 의경설의 기본적 개념을 정확히 제시한 사람은 없다. 사람마다 그 내용이 서로 다른데, 근·현대의 중국 학자들 중에는 중국 시론의 의경이 서방 미학의 '이미지(典型形象)'나 '이상'과 같다고 말하는 사람들도 있다. 베르그송의 이미지 해설을 원용하면, 의경은 객체 또는 사물보다는 불분명하고 의식보다는 더 분명한 듯한 중간적 성격이다.

문학의 2대 기본 요소는 의意와 경境이다. 의는 정情인데, 자연과 인생 체험에서 나온 정신적 태도로서 주관적이고 감정적이다. 경境은 경景이라고도 하는데, 자연 경물이나 인생의 사실 등을 말하는 것으로서 객관적이고 지식적이다. 경景과 정情의 통일은 바로 객관과 주관, 자연과 인생, 지성과 감정의 대립을 화해시키는 작업이다.

왕국유는 『인간사을고人間詞乙稿』의 「서序」에서 "문학에서 안으로 자기 자신을 성찰하고 밖으로 타인을 감동시키는 것은 다만 의意와 경境 두 가지밖에 없다. 그중의 최고는 의와 경이 혼연일체를 이룬 것이고, 다음으로는 의가 뛰어나든가 경이 뛰어나든가 한 것이다"고 했다. 의경의 가장 높은 경지는 바로 무엇이 의이고 무엇이 경인지 나눌 수 없는 경지이다. 마치 물과 우유가 섞여 혼연일체를 이룬 것과 같은 경우이다. 의와 경이 혼연일체가 되면 주체(시인)와 객체(사물)가 상대방을 향해 스며들고 전화되기 때문에 상대방 속에 내가 있고 나 속에 상대방이 들어온다. 물아物我가 혼연일체가 되어 새로운 성질의 '통일체'를 생성하는 것이다. 의경이 생성되는 다섯 가지 방식을 살펴보자.(이하는 오전류吳戰壘, 유병례 역, 『중국시학의 이해』 75~94쪽 참조.)

❶ 의가 경을 따라 생기는 경우

의가 경을 따라 생긴다는 것은 '경치를 보고 감정이 일어난다[觸境生情]'는 말이다. 유협이 말한 "경치가 변하면 마음 역시 흔들린다[物色之動 心亦搖焉]"는 견해도 외부의 경치를 접해서 감정과 생각이 일어나는 것이다.

침상 앞의 밝은 달빛,	床前明月光
땅 위의 서리런가.	疑是地上霜
머리 들어 달님 보고,	擧頭望明月
머리 숙여 고향 생각.	低頭思故鄕

이백의 「고요한 밤 생각에 잠겨靜夜思」라는 오언시이다. 타향을 떠도는 시인이 가을 달을 바라보면서 고향 생각에 젖는 심리 과정을 아주 간결하게, 생동적으로 묘사하였다. 서리처럼 찬 가을 달빛은 나그네의 여수를 곧잘 자극한다. 적막하고 처량한 나그네의 심사를 위로해줄 수 있는 것이 있다면 그것은 따뜻한 고향 생각뿐이다. 고개 들어 달을 바라보는 동작에서 머리 숙여 고향 생각에 잠기기까지 과정은 자연스런 심리 발생의 과정이며, 의경의 생성 또한 아주 자연스럽다. '의意'는 감지되지 않은 채로 처음부터 잠복해 있다가 가을 달빛, 찬 서리 등과 같은 외부의 물경物境에 의해 우연히 촉발되어 나온다.

기러기 바라보니 고향 소식 그립고,	見雁思鄕信
원숭이 울음소리에 눈물자국 쌓이네.	聞猿積淚痕

선리를 깊이 체득했던 잠삼의 시구이다. 기러기를 보자 고향 소식이 궁금해지고, 원숭이 울음소리를 들으니 고향이 더욱 그리워져 눈물을 흘린다. 기러기, 원숭이 울음소리 등의 '경'에 의해 고향 생각이라는 '의'가 생겨난 것이다.

❷ 경이 의로부터 나오는 경우

떠도는 흰 구름은 나그네 심정이요,	浮雲遊子意
뉘엿뉘엿 지는 해는 친구의 우정일세.	落日故人情

이백의 「벗을 보내며送友人」에 나오는 시구이다. 바람 부는 대로 흘러가는 흰 구름은 정처 없이 떠도는 나그네의 심정을 나타내고, 저 멀리 뉘엿뉘엿 지며 차마 대지를 떠나지 못하는 석양은 아쉬움 때문에 선뜻 헤어지지

못하는 친구의 심정을 상징한다. 구름과 석양은 본래 감정이 없는 무생물이지만 송별이라는 특정한 상황에서 감정이 투사되어 의인화됨으로써 시인을 위해 의미를 생성해준다. 이렇듯 주관적 감정이 투사되어 생성된 의경은 은유나 상징의 의미를 지니게 마련이다.

촛불도 석별의 정을 가진 듯이,   蠟燭有心還惜別
밤새도록 나 대신 눈물 흘려주네.   替人垂淚到天明

두목(803~852)의 「이별에 부치다贈別」에 나오는 시구이다. 의경이 은유하는 뜻이 비교적 명확하며 '경'이 '의'에서 나오는 것이 뚜렷하게 나타나 있다. 이백과 두목의 시구에 담긴 흰 구름, 석양, 촛불 등과 같은 '경'은 모두 석별의 정을 달래는 내 감정의 색채를 따라 생성된 것이다. 물경이 나를 위해 존재하고 나를 향해 열려 있으며 사물이 모두 나의 감정으로 색칠해져 있다.

❸ 의와 경이 상생하는 경우

의와 경의 상생은 경물과 사람의 뜻이 서로 느끼고 통하여 생성된 것으로, '물상이 기쁘면 나 역시 기쁘고 물상이 슬프면 나 역시 슬프다'는 것이다. 사람은 사물의 정을 잘 체득한다. 사물이 사람의 마음과 통하게 되면 물아가 혼연일체를 이루어 의와 경은 저절로 쌍방으로 교류하며 형성된다.

뭇 새들 하늘 높이 날아가버리고,   衆鳥高飛盡
조각구름 홀로 유유히 떠나버렸네.   孤雲獨去閑
아무리 마주 보아도 질리지 않는 것은,   相看兩不厭
오직 경정산 너뿐인가 하노라.   唯有敬亭山

이백의 시 「홀로 경정산에 앉아獨坐敬亭山」이다. 새 날아가고 구름 떠나가서 널찍한 하늘은 쓸쓸하기만 하다. 천지간에 유일한 지기知己는 경정산뿐이다. 서로 말없이 아무리 바라보아도 싫증이 나지 않는다. 적막한 시인은 기꺼이 청산과 친구가 되고, 적막한 청산도 시인에 대해 정을 듬뿍 머금고 있다. 세 번째 구절의 '상相'과 '양兩' 두 글자가 사람의 마음과 사물의 정이 서로 교류함을 보임으로써 쌍방향으로 적막하고 그윽한 의경을 구성하고 있다.

저녁 무렵 마음 울적해,	向晚意不適
수레 몰고 옛 동산에 올랐지요.	驅車登高原
석양은 무한히 아름다워라,	夕陽無限好
단지 황혼에 접어들었구려.	只是近黃昏

당나라 이상은의 시 「낙유원에 올라登樂遊原」이다. 수레 몰고 옛 동산에 오른 것은 답답한 마음을 달래기 위해서였다. 석양이 물든 저녁 경치는 사람을 매혹시키지만 순식간에 사라져버린다. 수심을 쫓아버리기는커녕 오히려 황혼을 따라 더 깊어졌다. 처량하면서도 아름답기 그지없는 석양과 작자의 암담한 심정이 서로 조응하여 혼연일체를 이루고 있다.

이러한 유형의 의경은 경이 의로 가고 의가 경으로 와서 안팎으로 서로를 맞이하기 때문에 분리하기가 어렵다. 이른바 '의와 경이 혼연일체를 이루었다'는 경지에 가깝다. 이백의 시에서 청산이 비록 무정한 사물이지만 마주 보아도 싫증나지 않는다고 한 것도 마음과 모습이 서로 비슷함을 느꼈기 때문일 것이다. 이것은 주체의 이정移情 작용 때문이라고 간주할 수 있다. 사물을 보고 애모하여 감동의 빛이 어리는 것은 나름대로 원인이 있다. "정이 가서 주는 것 같고 흥이 와서 답하는 것 같으니"라는 말처럼 마음과 사물이 쌍방향으로 교류하는 것이다.

❹ 경에 나아가서 의를 나타내 보이는 경우
　이 경우는 일종의 내향적인 의경으로, 그것이 나타내는 감정은 그다지 크지는 않지만 정감은 매우 미묘하다. 쓸쓸하고 한적한 감정은 잘 표현이 되지 않기에 시인은 흔히 그것을 사물에 기탁한다. 혹은, 마음속 깊이 내재해 있던 느낌이 경을 따라 일어났지만 일시에 그것을 설명할 수 없기에 아예 설명하지 않고 그 물경을 그대로 점화하여 독자 스스로 느끼게 만든다. 이러한 의경은 함축성이 뛰어나며 그 뜻이 깊숙이 감추어져 있다. 내심의 비밀은 설명하기 곤란하여 소곤소곤 말하는 것조차 허용되지 않는다. 그래서 무언의 표정에 호소하여 서로 말없이 바라보며 웃기만 하여도 마음이 통하는 효과를 거두고자 하는 것이다.
　몸이 경물과 동화되면 물경은 심경과 같아져서 일종의 묘오妙悟 같은 느낌을 낳는다. 감정을 직설적으로 표현하여 흔적을 그대로 남기면 절묘함을 얻기 힘들다. 그렇기 때문에 물경으로 변화시켜 그것에 의지하여 심령을 관조함으로써 독자들이 그 뜻을 스스로 터득하게 하는 것이 훨씬 좋다.
　옛사람들의 훌륭한 시구는 대부분 경치를 묘사한 것들이다. 사령운의 「지상루에 오르다」에 나오는 "연못가엔 봄풀이 파릇파릇 돋고〔池塘生春草〕"나 소각蕭殼의 시 「가을 생각秋思」에 나오는 "연꽃에 맺힌 이슬 또르르 떨어지네〔芙容露下落〕" 같은 시구들은 모두 직접적인 심미적 감흥에서 나온 것들이다. 이러한 시구들은 경치를 보는 가운데 '직관'을 따라 생겨난 감정이 경상境象과 융합함으로써 정과 경이 한 몸이 된 것이다. 왕부지는 시론집 『강재시화薑齋詩話』에서 이렇듯 자연스럽게 즉시 이루어지는 심미적 감각을 불교 선학의 용어인 '현량現量'에 비유했다.

불가는 마음이 대상을 인식하는 세 가지 방식으로 현량(직관적 인식), 비량比量(추리적 인식), 비량非量(잘못된 인식)을 제시한다. 이 가운데 자연스럽게 즉시 이루어지는 심미 감각인 현량은 '현재現在', '현성現成', '현현진실顯現眞實'이라는 세 가지 개념을 내함하고 있다. '현재'는 대상이 직접 감지되는 것으로서, 종영(466~518)이 말한 즉목卽目과 같다. '현성'은 순간적으로 직관한 느낌을 말하는데, 보자마자 느끼므로 생각하고 따질 겨를이 없다. 즉 추상적 사유가 필요 없는 것으로, 종영이 말한 직심直尋과 같다. '현현진실'이란, 감성이 생동적이고 완전하며 진실되게 객관 대상을 파악함으로써 대상의 실상을 있는 그대로 드러내 보이는 것을 말한다. 이러한 세 가지 개념을 한마디로 요약하면, 현량이란 곧 분석이나 분별이 없이 외계의 사상事象을 그대로 받아들이는 인식 방법이다.

선수행의 알파와 오메가는 '분별심을 버리는 것'이다. 분별심은 모든 번뇌의 근원이다. 때문에 분별심을 버린 무분별의 경계가 바로 견성이다.

긴 강에 떨어지는 해는 둥글다.   長河落日圓
물 건너 나무꾼에게 물어본다.   隔水問樵夫

왕부지는 위의 두 시구에 대해, "'긴 강에 떨어지는 해는 둥글다'는 애초에 정해진 경치가 있어서 쓰인 것이 아니고, '물 건너 나무꾼에게 물어본다'는 전혀 생각으로 얻어진 시구가 아니다"고 평했다. 이것이 바로 선가에서 말하는 현량이다.

❺ 의로써 경을 나타내 보이는 경우

오늘밤 부주 하늘 저 달님을,   今夜鄜州月
아내는 안방에서 홀로 보겠지.   閨中只獨看

가여운 자식들 아직은 어려,	遙憐小兒女
장안 생각하는 엄마 마음 이해 못하겠지.	未解憶長安
촉촉한 안개에 구름머리 젖고,	香霧雲　濕
맑은 달빛에 옥 팔뚝 차가우리라.	淸輝玉臂寒
언제나 비추어줄까,	何時倚虛幌
눈물 거둔 창가의 우리 모습을.	雙照淚痕乾

두보의 근체시 「달밤月夜」이다. 상상을 통해 사실과 비슷한 경계를 만들어내어 시인의 감정을 고조시킴으로써 만인의 심금을 울린 절창이다.

이 시를 쓸 때 두보는 안녹산의 반란군이 점령한 장안에 있었고 가족들은 산시 성 부주(현 부현)에 살고 있었다. 난리로 소식이 두절된 상태였다. 달을 쳐다보며 가족을 그리워하던 두보는 자기처럼 달을 보며 남편을 그리워하고 있을 아내의 모습이 눈앞에 어른거렸던 것이다. 불쌍한 어린것들은 철부지여서 남편을 걱정하는 엄마의 애타는 심정을 알지도 못한다. 시인은 근심에 빠진 채 달을 바라보는 아내의 수심에 찬 표정을 마치 직접 보기라도 한 것처럼 묘사해내었다. 아내는 밤새 내린 안개에 머리를 적신 채 밤공기가 차가운 줄도 모르고 마냥 서 있다. 그림처럼 생생하고 글자마다 정이 넘쳐흐른다. "언제나 달님은 비추어줄까, 눈물 거둔 창가의 우리 모습을"은 깨어나 현실로 돌아와서 고통스러운 현실 저 너머에 솟아오르는 미래의 희망을 속삭이고 있다.

두보의 「달밤」은 상상과 사실 사이에 의경이 끼어들어 있기는 하지만 총체적으로는 주관적 심경이 강하게 투사되어 있고 환화幻化의 모습도 명확히 드러나 있다. 때문에 '의'로써 '경'을 드러낸 좋은 예가 된다.

의경을 드러내는 데는 상당한 예술적 수완이 필요하다. 의경은 시인이 영감을 느끼는 순간에 이미 형성되는 것이지만, 의경이라는 마음속 경계가 붓 아래의 경계로 표현되려면 예술적 연마를 거쳐야 한다. 이러한 예술적 수완은 글자 한 자를 관건으로 하는 경우도 있다. 이른바 '일자사一字師'라는 것이다.

발그스레한 살구나무 가지 봄기운이 시끄럽다. 紅杏枝頭春意鬧

    송기宋祁의 「목란화木蘭花」에 나오는 시구이다. 자가 자경子京이고 시호가 경문景文인 송기는 북송의 문인으로 구양수와 함께 『당서唐書』를 편찬하기도 했다.
    이 시구는 '시끄러울 료鬧'자 한 자에 의해 경계가 완전히 살아났다. '료'라는 화룡점정의 역할을 하는 글자를 사용하지 않았다면 시구의 함의가 풍부해지지 못하고 경계의 층차도 아주 낮아졌을 것이다. '시끄러울 료' 자 하나로 의경을 모두 드러낸 것이다. 시인의 표현 각도에서 말하면, 이는 객관적 물경과 주체적 정감을 최대한 드러내어 사물의 모습과 시인의 뜻이 가장 완미한 상태에 이르렀음을 뜻한다. 또 독자가 받아들이는 각도에서 보자면, 생동적이고 함축적이며 암시성이 풍부하여 독자들의 상상력을 최대한으로 불러일으켜서 내재된 재창조 능력을 활성화시켜준다.
    이 시구의 '료' 자가 이끌어낼 수 있는 연상과 그에 상응하는 함의를 살펴보자.
    첫째, 우리는 '료' 자에서 '북적거림'을 연상할 수 있고, 이를 통해 가지마다 살구꽃이 흐드러지게 피었음을 알 수 있다.
    둘째, '료' 자에서 '붉은 꽃'을 연상할 수 있고, 이를 통해 선홍색 살구꽃이 불꽃처럼 선명하고 아름다움을 느낄 수 있다.
    셋째, '료' 자가 일으킨 청각적 느낌으로 인해 가지에 핀 살구꽃이 터뜨리는 봄날의 환호성을 듣는 듯하다.

넷째, '聊' 자가 드러낸 시인의 심미적 체험으로 인해 흥분에 들뜬 시인의 감정을 느낄 수 있다.

이처럼 글자 한 자로 인하여 연상의 나래를 펼치며 더욱더 멀리 비상해 갈 수 있다. 따라서 시인의 표현에서 보든, 독자의 느낌에서 보든 이 '聊' 한 자로 인해 경계가 모두 드러났다고 할 수 있다.

앞마을 눈더미 속에 묻혀 있는데,	前村深雪里
어젯밤 매화나무 한 가지에 매화꽃 한 송이 피었네.	昨夜一枝開

당나라 말엽의 승려 시인 제기齊己가 읊조린 「이른 매화早梅」의 시구이다. 이 시의 "한 가지 피었네〔一枝開〕"는 원래 '몇 가지 피었네〔數枝開〕'였는데, 정곡鄭谷이라는 시인이 시를 보더니 복수인 '몇 가지〔數枝〕'는 이른 봄을 나타내는 말로는 부적합하니 '한 가지〔一枝〕'로 하는 것이 낫겠다고 하였다. 이에 제기가 탄복하여 정곡의 가르침을 받들면서 그를 '일자사'로 삼았다. 과연 '한 가지'가 '몇 가지'보다 나은 까닭은 무엇인가?

이 시의 시의詩意는 수량의 많고 적음이라는 표면적 의미에 있는 것이 아니다. 눈보라에 굽히지 않고 먼저 핀 매화 한 송이는 엄동설한에 온기를 가져다주며 가장 먼저 봄소식을 전해준다. 봄빛은 바로 이 한 송이 매화에서 시작된다. 이 한 송이 매화는 곧 봄빛의 최초 상징이 된 것이다. '단 하나의 가지'이기 때문에 더욱더 집중적인 전형성을 드러낼 수 있고, 또 시인의 희열과 찬탄을 더욱 강렬하고 진지하게 드러낼 수 있다. 이는 선학적으로는 번뇌와 보리가 둘이 아니라 같은 뿌리에서 근원한 하나(一)라는, 불이법문不二法門의 만법귀일萬法歸一에 연결된다.

어스름녘 황혼은 봄 근심 쫓아다니고	暝色赴春愁

당나라 황보염의 시 「귀도낙수歸渡洛水」의 첫 구이다. 송나라 때 어떤 사람이 이 시구의 '부赴' 자를 '기起' 자로 바꾸려 하자 왕안석王安石은 '부赴' 자를 쓰는 것이 더 좋다고 했다. 만약 '기起' 자를 쓰면 어린아이들의 말처럼 될 것이기 때문이었다.

원래 이 시구는 맹호연의 "근심은 엷은 황혼 따라 일어나고〔愁因薄暮起〕"를 전도시켜서 나그네가 봄날의 근심을 떨치지 못했을 뿐만 아니라 오히려 황혼으로 인해 근심이 더욱 심화되었음을 나타낸 것이었다. 황보염은 황혼을 생명과 지각이 있는 사물로 묘사하여 근심 가득한 나그네를 따라다니며 가지 못하게 붙잡는 것처럼 그려내었다. '부赴' 자는 '달려가다', '모으다'의 뜻도 있어서, 황혼이 봄 근심을 몰고 와서 나그네의 몸에 집중시켜놓아 더욱 힘들게 만들었음을 나타내고 있다. 한편, '기起' 자는 주체(시인)의 느낌에 착안하여 정감을 드러낸 데 비해 '부赴' 자는 객체로부터 붓을 대어 주체의 정감을 풍부하면서도 독특하게 만들어준다.

날렵한 제비는 바람 안고 비스듬히 날고　　　　　　　　輕燕受風斜

두보의 시에 나오는 시구이다. 소동파는 "제비가 바람을 안고 나지막이 날며 앞으로 나갔다 뒤로 밀려났다 하는 모습은 '수受' 자가 아니고서는 묘사해낼 수 없다"고 찬양했다. 이처럼 시 전체의 경계에 깊이 관련되어 영향력을 미치는 한 글자를 '시안詩眼' 또는 '사안詞眼'이라고 한다. 어떠한 것으로도 대체할 수 없는 글자를 찾는 것은 경계를 여는 열쇠를 찾는 것이기도 하다. 경계를 한 글자로 모두 드러내는 이러한 '자안字眼', 즉 관건이 되는 핵심적인 글자는 사실상 가장 민감하고 깊은 시적 감각이다. 이는 바둑에서 고수의 탁월한 한 수가 전체 국면을 살아 움직이게 해주는 것과 같다. 유협이 『문심조룡文心彫龍』 「연지練字」에서 "온갖 문장에 능하나 글자 하나에 약하다"고 한 것은 바로 이런 '자안'을 두고 한 말이다.

의경을 기막히게 드러내 보인 명구들을 좀더 살펴보자.

만 리 밖 슬픈 가을 언제나 나그네 몸,   萬里悲秋常作客
백 년 인생 병 많은 몸 홀로 누각 올랐네.   百年多病獨登臺

두보의 시「높은 곳에 오르다登高」의 경련(셋째 연)이다. 송나라 나대경 羅大經은 '만리萬里'는 거리가 멀다는 뜻이요 '가을(秋)'은 시절이 처량하다는 뜻이며 '객이 되다(作客)'는 객지살이가 오래되었음을 의미한다고 해설했다. 또 '백년百年'은 늘그막을, '병이 많다(多病)'는 쇠약하여 병이 잦음을, '대臺'는 높고 먼 곳을, '홀로 누각에 오르다(獨登臺)'는 친지와 벗이 없음을 말한 것이라고 했다. 나대경의 해설을 요약하면 두 구절 속에 여덟 가지 뜻이 내포되어 있고 대구가 아주 정교하다는 것이다. 이는 여러 가지 감정을 단순히 평면적으로 나열한 것이 아니라, 경치를 보고 흥취가 일어나서 정감이 점차 심화되고 있다는 뜻이기도 하다.

'만리'는 시인이 나그네라는 것과 시인의 갈 길이 멀다는 두 가지 뜻을 지니고 있다. 언제나 낙엽 지는 가을이면 눈에 보이는 경치마다 슬픔을 불러일으킨다. 하물며 나그네 신세로 떠돌며 해마다 타향에서 가을을 맞는 그 슬픈 심정이야 오죽하겠는가? 인생은 길어 보아야 100년인데, 이제 몸은 늙고 병치레 또한 이렇듯 잦다. 병든 몸을 이끌고 누각에 오른 뜻은 근심을 떨치기 위해서였으나, 오히려 적막하고 처량한 기분만 깊어졌을 뿐이다. 단계적으로 발생한 여러 가지 감정과 생각이 온통 처량한 기조로 관통되어 있다. 얕은 데서 깊은 데로, 담담한 곳에서 농후한 곳으로 발전해가는 작자의 심리 변화 단계를 유리병 속처럼 환히 들여다볼 수 있다.

무수한 낙엽 우수수 떨어지고,	無邊落木蕭蕭下
끝없는 장강은 콸콸 흘러온다.	不盡長江滾滾來

　두보의 시「높은 곳에 오르다」의 함련(둘째 연)이다. 호응린는 자신의 시평서『시수詩藪』에서 두보의 이 시를 고금 칠언율시의 으뜸으로 꼽았다. 일반적으로「높은 곳에 오르다」의 함련은 침울하고 처량하며 경景에 접하여 정情을 드러낸 명구로 찬상되어왔다.

소나무 아래서 동자에게 물어보니,	松下問童子
스승님 약초 캐러 가셨다네.	言師採藥去
다만 이 산속 어딘가에 계시련만,	只在此山中
구름 깊어 계신 곳 알 수 없네.	雲深不知處

　승려 시인 가도(779~843)의 유명한 선시「은자를 찾았으나 만나지 못하다訪隱者不遇」이다. "소나무 아래서 동자에 물어보니"가 무슨 내용의 물음이었는지는 다음 구에서 밝혀지고 있다. "스승님 약초 캐러 가셨다네"가 질문의 구체적 내용을 설명하고 있는데, 즉 "네 스승님 절(집)에 계시느냐" 하고 물었던 것이다.

　은자(선승)를 만나지 못한 방문자(시인)는 실망감 속으로 빠져든다. "다만 이 산속 어딘가에 계시련만"은 "스승님 계시느냐" 다음의 생략된 질문인 "약초를 캐러 어디로 가셨느냐?"에 대한 대답이다. 특별히 찾아온 것인 만큼 그냥 돌아가기는 억울했을 것이고, 방문자는 당연히 그와 같은 생략된 질문을 했을 것이다. 그런데 알고 보니 그리 멀리 간 것도 아니라서 한 가닥 희망이 다시금 솟아난다.

　"구름 깊어 계신 곳 알 수 없네"는 약초 캐러 간 장소를 구체적으로 물은 데 대한 또 하나의 대답으로, 막 회복되었던 한 가닥 희망이 다시금 산산조각난다. 운무가 가득한 산을 바라보며 실의에 빠진 그 순간, 신룡神龍처럼 구름 속에 숨어 있는 은자에 대한 신비감과 흠모의 정이 더욱더 솟구침을 금할 수 없다. 짤막한 스무 글자의 오언율시이지만 풍부한 곡절과 기복을 거치면서 은자를 찾아갔다가 만나지 못한 시인의 심정 변화를 곡진하게 묘사했다. "다만 이 산속"인데도 "구름 깊어 알 수 없다"는 것은 가까우면서도 먼, 유원하고 심원한 선취를 드러낸 의경이다.

뿐만 아니라 시는 방문 받은 사람의 품격과 신분도 자연스럽게 이끌어내고 있어 보기 드문 수작이라 하겠다. 가도는 본인 스스로가 한소식한 선승이기도 했지만 문학적으로도 문재가 뛰어났다. 그는 이 시에서 감정이 변화 발전하는 과정을 잘 포착하여 심층적으로 곡진하게 나타냄으로써 자연스럽게 정경의 혼연일체를 이루었으며, 작은 편폭에다 깊고 넓은 의경의 천지를 펼쳐 나갔다. 이른바 무아의 경지이다. '무아無我'란 시인의 심경이 물경 속으로 들어가서 정경합일을 이루어 자아가 조용히 소멸하게 된 상태를 말한다. 이는 마치 깨끗한 물속에 달이 비쳐서 어느 것이 달이고 어느 것이 물인지 알 수 없는 상태와도 같다.

의경의 예술적 기능은 정과 경이 융합한 예술 경계를 창조하는 데에만 있는 것이 아니다. 의경은 독자가 그것을 눈으로 보고 마음으로 느껴서 몸소 체험하는 듯한 느낌을 받게 해주며, 나아가 경상境象의 표층을 뚫고 들어가 '상외지상象外之象', '언외지의言外之意'의 깊은 의미를 느끼게 해준다. 6조 혜능의 비문을 짓기도 한 당나라 때 문인선의 거두 유우석은 『동씨무릉집기』에서 의경이 가지는 상외지상·언외지의의 포용성을 다음과 같이 설파하였다.

간단한 몇 마디 말로 백 가지 뜻을 나타내고 가만히 앉아서도 상상을 달려 만

가지 경치를 가지고 노는 일은 오직 시에 능한 자라야만 할 수 있다.

'백 가지 뜻'이 '몇 마디 말' 속에 포용되고 '만 가지 경치'가 '가만히 앉아서 상상을 달리는 사이'에 나타난다는 것은 시의 의경이 지대한 포용성과 변환성을 지니고 있음을 설명한 말이다. 그는 또 이렇게도 말했다.

시란 문장의 정화가 아니겠는가? 의미를 나타내고 나면 표현 수단인 언어를 잊어야 한다. 그러므로 미묘하여 좋은 시를 짓기는 어렵다. 경은 상을 초월해서 생기는 것이다. 그러므로 정교하여 화답하기 힘들다.

의경은 다층적 의미를 지니고 있다. 의경은 '표층 의미', '심층 의미', '연상 의미' 세 가지를 동시에 지니면서 독자들의 심금을 울리고 상상의 깊이를 더욱더 깊게 해준다.

시 속의 경과 정은 이미 자연 형태의 진실이 아닌 예술적 진실이기 때문에 반드시 예술 효과를 가지고 있는지 검증해보아야 한다. 시의 의경은, 경치를 묘사하면 직접 보고 듣는 듯한 '참된 경물〔眞景物〕'이어야 하고 감정을 묘사하면 가슴속 깊이 파고드는 '참된 감정〔眞憾情〕'이어야 한다.(물론 철학시나 논사시論史詩 같은 경우는 의경이 없더라도 훌륭할 수 있다.) 따라서 의경이 있는 시라고 해서 무조건 높은 평가를 받는 것은 아니다. 또 의경은 시학의 본질에 그쳐야지 희곡이나 소설에까지 일반화시켜서는 안 된다.

시작詩作을 통해 얻는 쾌락과 선가의 오도적 쾌락은 상통한다. 선의와 시의는 직관적 경계라는 공통의 성격을 바탕으로 상호 교류하며 스며들어가서, 선불교가 크게 흥성했던 당나라 시기 이후 중국적인 심미 경험과 품격 조성에 중대한 영향을 끼쳤다. 이를 흔히 '선경과 시경의 일치'라고도 말한다.

내 마음 가을 달이어라 吾心似秋月

내 마음 가을 달이어라,   吾心似秋月
푸른 연못의 맑은 물이어라.   碧潭淸皎潔
어느 것에도 비할 수 없는데,   無物堪比倫
어떻게 날 보고 말하라 하는가?   敎我如何說
— 한산

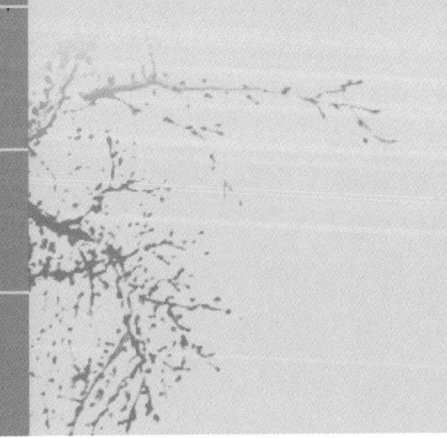

1

　중·만당의 전설적인 선종 거사 한산(700~780 추정)의 유명한 선시이다. 한산의 시「내 마음 가을 달이어라」는 선가의 게송 형식을 원용한 통속시이면서 선종이 애용하는 '물에 비친 달〔水月〕'의 비유법으로써 선리를 설파한 만고의 절창이다.

　외형적인 문맥상의 내용은 "내 마음은 가을 달과 같이 환하고 맑은 물과 같이 깨끗하다. 표현할 길 없이 밝고 맑기만 한 이 마음을 말로 나타내라 하니 답답하기만 하구나" 정도로 풀어볼 수 있다. 푸른 연못의 물은 맑고 깨끗하다. 밝은 달빛도 맑고 깨끗하다. 때문에 연못 속에 비친 달그림자는 더없이 맑고 깨끗하다.

　불가에서 월색은 해탈무애한 심성의 청정교결淸淨皎潔을 상징한다.『대반열반경』(권5)은 "어떠한 것에도 걸림이 없는 해탈이란 한 점 구름의 가림도 없는 둥근 보름달에 비유할 수 있다. 이러한 해탈자가 곧 여래이다"고 설한다. 송나라 시인 이단李端은「여산 진상인에게 부침寄廬山眞上人」이라는 시에서 "밝은 달 푸른 연못 빛은 공한 성품을 더욱 맑게 하고, 고요한 밤 원숭이 우는 소리는 도심을 증명하네〔月明潭色澄空性 夜靜猿聲證道心〕"라고 읊조렸다.

　선림에서는 청정무구한 본체 자성을 흔히 밝은 달, 허공, 밝은 거울 등에 비유한다. 그러나 이러한 비유로도 궁극적 본체로서 자성을 충분히 다 설명해낼 수는 없다. 그래서 다시 문자로써는 설명이 불가능하고 말로써는 뜻을 다 드러낼 수 없다는 '불립문자·언부진의'를 강조한다.

홍매*는 『용재사필容齋四筆』(권4) 「노두한산시老杜寒山詩」에서 한산의 이 선시를 다음과 같이 평했다.

한산은 "내 마음 가을 달과 같고 연못의 물과 같다"고 했다. 이미 '가을 달', '맑은 연못'과 같다고 말해놓고 곧바로 '어떤 것과도 비교할 수 없다'고 한 것은 무엇인가? 이는 그 두 가지 사물과의 비유를 통해서도 본래의 청정한 마음자리를 드러내 보일 수 없다는 뜻이다. 그렇다면 어떻게 설명할 수 있을까? 이 문제는 독자들이 참구해야 할 몫이다.

홍매의 이 시평은 한 수의 시를 어떻게 이해해야 하느냐는 문제로서 당시 한산의 시를 독해하는 풍조였다.

한산시寒山詩는 선불교의 영향을 받아 발전한 통속시체의 게송(선시)을 대표한다. 한산시체의 두드러진 특징은 전통 시가의 묘사법을 탈피하여 선림의 게송과 같은 설리적說理的(이치를 설명함)·훈유적 방식을 사용하고 있다는 점이다. 한산시는 선가 게송을 원용한 선시를 많이 읊조린 왕유·백거이의 문학성에는 미치지 못하지만, 선사상적 측면에서는 신선하고 대담한 표현이 돋보이는 독특한 예술적 매력을 지니고 있다. 시의 의경 창조의 면에서 볼 때 한산은 왕유나 백거이에 결코 미치지 못한다. 그러나 사상적 심각성과 신

---

* 홍매洪邁 1123~1202. 송나라 때의 명신, 학자. 자는 경로景盧이고, 호는 용재容齋이다. 다방면의 사상事象들을 고증하여 기록한 『용재수필容齋隨筆』과 송대 전기傳奇를 대표하는 『이견지夷堅志』(420권) 등의 저술을 남겼다.

선함, 대담한 표현 등은 한산시의 독특한 매력이다. 한산시는 깊고 미묘한 의경을 추구하지 않은 채 인생 현실에 대한 냉철한 관찰과 심각한 반성에 기초하여 자신의 선학적 견해를 거두절미하고 직설적으로 표출하고 있다. 그래서 한산시에서는 인생에 대한 냉철한 인식이 왕왕 분노와 풍자로 나타나기도 하고 이치의 강변, 새롭고 날카로운 비유, 직절적直截的 권유 등으로 드러나기도 한다.

한산시가 선사상의 영향을 받은 구체적 사례를 두 가지만 살펴보자.

모래를 쪄서 밥을 지으려 하고,	蒸砂擬作飯
목이 마르자 비로소 우물을 파네.	臨渴始掘井
아무리 애써 벽돌을 갈아도,	用力磨磚
끝내 거울은 만들어지지 않나니.	那堪持作鏡

위의 한산시 제3・4구는 『경덕전등록』(권5)에 나오는 남악회양●과 마조도일(709~788)의 전법일화 '마전작경磨磚作鏡(벽돌을 갈아 거울을 만듦)'의 고사를 전고로 삼은 것이다. 남악선사는 6조 혜능의 사법제자이고, 마조선사는 조사선의 모태인 홍주선洪州禪(일명 마조선・강서선)의 개산조이다. '마전작경' 고사의 내용은 다음과 같다.

● 남악회양南嶽懷讓 677~744. 속성은 두杜씨로, 금주金州 안강安康 사람이다. 20세 무렵 형주荊州 옥천사에서 출가하여 숭산嵩山에 이르러 혜안慧安에게 선을 배웠다. 또 소주韶州 조계曹溪에서 혜능에게 돈오의 법문을 받았다. 마조도일에게 법을 전하였다.

마조라는 수좌가 남악형산의 전법원에서 날마다 좌선에 열중하고 있는 것을 본 남악선사가 하루는 전법원 마당에 앉아 종일토록 숫돌에 벽돌을 갈아댔다. 참선 중이던 마조가 남악의 거동을 이상하게 여겨 다가가서 물었다. "그렇게 벽돌을 갈아서 무엇을 하려 하십니까?" "거울을 만들려고 하네." "벽돌을 간다고 해서 어찌 거울이 될 수 있겠습니까?" "벽돌을 갈아도 거울이 될 수 없는 것처럼 자네도 참선만 해서는 부처가 될 수 없네." 마조는 이 한마디에 확철대오하였다.

또 한산은 그의 시에서 마조의 조카상좌인 약산유엄*의 법문 "피부가 다 벗겨 떨어져 나간 후에는 오직 하나의 진실만이 남는다 〔皮膚脫落盡 唯有一眞實〕"는 유명한 선구禪句를 그대로 인용하기도 했다.

마조 이후 조사선이 성립되면서 부처 숭배는 조사 숭배로 전환되었고 '자성자오自性自悟'·'무수무증無修無證'의 선사상이 풍미하는 가운데 인간의 평등과 개인 심성의 가치가 강조되었다. 6조 혜능의 남종선에서 기치를 든 반전통·반권위의 정신은 마조의 '작용즉성作用卽性(모든 행위가 다 불성의 현현임)'에서 완성되어 '일체중생실유불성一切衆生悉有佛性(일체 중생이 다 불성을 지니고 있음)'을 다시 한 번 강조하였고, 이러한 불성평등 사상을 등에 업고 당

약산유엄藥山惟儼 771~834. 당나라 때의 선승. 속성은 한韓씨로, 석두희천과 마조도일에게 두루 법을 배웠다. 처음 석두에게 깨침을 얻은 뒤에 이어 마조를 찾아가서 크게 깨쳤고, 3년 동안 마조를 모시다가 다시 석두에게 돌아와 그 법을 이었다.

전기에는 한문寒門 출신의 신진 사대부들이 사회적 지위를 획득하게 되었다. 유교의 권위주의와 봉건적 폐습을 청산하려는 남종선의 반항 의식과 계급타파 운동은 한산시에도 그대로 옮겨졌다.

한산시의 내용적 특징은 종교적 측면에서 보면 자오자증·무수무증의 선사상을 직절적 혹은 비유적으로 표현하고 있다는 점이다. 구체적으로는 불과佛果(수행으로 얻는 과보, 성불)란 밖에서 구할 수 있는 것이 아니라, 모든 인연을 몰록 끊고 망녕된 생각을 일으킴이 없이 무념무심의 상태에 도달해야만 가능하다는 것이다. 이 밖에도 한산시는 자연의 섭리대로 살아가는 임운수연의 태도, 자유방광적인 산림 생활 등과 같은 선사상을 중요 주제의 하나로 다루고 있다.

한산시의 시어들은 대체로 비속하고 소박하며 조야하다. 한산시는 각종 어록 속의 선사들이 사용한 구어·속어들을 대량으로 사용하고 있다. 당시의 문인들도 그 신기함과 대담성을 찬탄해 마지 않았다.

소동파는 한산시를 깊이 숙지하고 있었다. 그가 혜주에 좌천되어 있을 때 소주 정혜원定惠院의 장로 수흠守欽이 한산의 시를 모작한 「한산시십송寒山詩十頌」을 보내어 평을 부탁하였는데, 소동파는 "시가 승찬·홍인 조사를 관통했고 아무런 걸림이 없으니 가히 한산에도 이르렀다"고 하면서 8수의 시를 지어 화답해주었다. 그는 또 자신의 다른 시에서 "한암옹(한산)을 기억함에는 마음이 가을 달처럼 맑다는 그 시구를 떠올리네〔但記寒岩翁 論心秋月皎〕"라고 읊기도 했다. 이는 한산시 중의 「내 마음 가을 달이어라」를 만고의 절창으로 찬양한 것이다.

　소동파의 제자이며 강서시파의 비조인 황정견(1045~1105, 호 山谷)도 특별히 한산시를 좋아해서 늘 한산의 시를 붓글씨로 옮겨 쓰곤 했다. 그는 「재답병강국형제사수再答幷康國兄弟四首」라는 시에서 이렇게 읊었다.

묘한 언설을 토한 한산거사,	妙舌寒山一居士
바로 유마거사이네.	淨名金栗幾如來
열쇠도 없이 관문을 찰나간에 곧바로 투과하나,	玄關無鍵直須透
봄바람을 만나지 못해 꽃을 피우지 못하였네.	不得春風花不開

　시승 혜홍(1071~1128)은 『석문문자선石門文字禪』의 발문에서 "산곡山谷은 시를 논하면서 한산은 도연명에 버금간다고 말했다"고 하였다. 이처럼 한산시에 대한 호평과 찬탄은 일일이 열거할 수 없을 정도로 많다.

　한산시는 당나라 때의 한산이라는 실존 인물로부터 형성되기 시작하여 송나라 때에 같은 형식을 좇는 사람들의 시들까지 모아 완성되었다. 당대에는 크게 영향을 미치지 못했지만 송대에 들어서면서 선림에 널리 유포되어 문단의 주목을 모았다. 한산시가 풍미하게 된 것은 선종의 어록과 게송이 정리되어 송대의 사상과 시풍에 큰 변화를 일으키게 된 것과 때를 같이한다. 선 사상은 송대에 이르러 사회 생활의 각 방면에 광범한 영향을 미쳤고 성리학 형성에도 깊숙이 관여하였는데, 선 사상을 중요 내용으로 하는 한산시

송宋 양해梁楷, 〈발묵선인도潑墨仙人圖〉
감필減筆수묵水墨을 통한 '간결'의 표상인 〈발묵선인도〉는 선화의 중요 특징이 기도한 간략성과 임의성을 십분 발휘한 걸작으로 평가된다. 선화의 간필이 극도에 달하면 때론 백지가 될 정도인데 눈·귀·코·입·팔 등이 생략된 이 그림은 형상과 화면 구도의 간략화가 선취를 물씬 풍긴다.

도 이러한 풍조에 따라 자연스럽게 받아들여지게 된 것이다.

당·송대는 물론 원·명·청대에 이르기까지 수많은 선사들이 한산시를 들어 상당법문을 하고 법거량을 하였는데, 특히 「내 마음 가을 달이어라」는 많은 선승들의 상당법어에서 단골 메뉴처럼 게시되었다. 뿐만 아니라 왕안석•, 육유•, 장자, 우집• 같은 문인들도 한산시를 한껏 높이 평가하였으며, 성리학의 대가 주희는 "만년에 한산자寒山子의 시를 좋아하여 취했다"고 하면서 제자들에게 한산시를 주목하라고 당부하였다.

2

송대에는 한산자를 이의 없이 완전한 불문佛門 제자로 파악하였기 때문에 송대 선림에서는 한산시의 모방이 크게 풍미하였다. 법안종 개산조 법안문익法眼文益의 제자 청량태흠淸凉泰欽(?~974)과 운문종의 자수혜심(?~1131) 등은 한산시를 모방해 지은 「의한산시擬寒山詩」를 각각 10수, 100수씩 남겼고, 각종 전등록傳燈錄과 선

왕안석王安石 1021~1086. 북송의 정치가, 학자. 자는 개보介甫이고, 호는 반산半山이다. 부국강병을 위한 신법新法을 제정하여 실시하였다. 당송 8대가의 한 사람이다.
육유陸遊 1125~1209. 남송의 시인. 자는 무관務觀이고, 호는 방옹放翁이다. 시국을 개탄하는 시와 전원생활을 주제로 한 시를 많이 지었으며 글씨도 뛰어났다. 남송 제일의 시인으로 일컬어졌다.
우집虞集 1272~1348. 원나라 때의 학자. 자는 백생伯生이고, 호는 도원道園 또는 소암邵庵이다. 『경세대전經世大典』, 『조종실록祖宗實錄』 등 많은 관찬 사업에서 편집을 주재하였다. 저서에 『도원학고록道園學古錄』 50권이 있다.

승들의 어록 등에 실린 게송들에도 한산시와 비슷한 것들이 적지 않다.

한산시는 당·송시의 큰 특징인 율격을 무시한 통속시로서 중국 시가 역사상 독특한 성과를 거두었다. 한마디로 한산시는 선불교의 영향을 받아 발전한 통속시체通俗詩體의 게송을 대표한다. 중당 시기에 들어 다시 한 번 불가의 게송과 통속시가 결합한 통속시체의 게송이 출현하여 풍미하는데, 그중에서도 선사상을 명확하게 설파해서 최고의 예술 경지를 성취하고 후세에 깊은 영향을 끼친 시가 바로 한산시이다. 물론 그 이전에도 제齊·량梁 시대의 부대사傅大士나 보지寶誌화상 등이 게송체의 시를 남겼고 또 당 초기의 왕범지王梵志 등도 게송체의 시를 남겼지만, 이들의 선시는 선사상 면에서 한산시를 따르지 못한다. 한산시는 오언의 고시체가 주류를 이루고, 당시 크게 유행했던 율시나 절구는 거의 없다.

송대의 시인 장자張鎡는 한산시를 아주 높이 평가한 평자들 중의 한 사람이다. 그는 본받을 만한 8명의 역대 시인을 손꼽았는데 첫째가 도연명이고 둘째는 한산이었다. 다음으로는 이태백과 두보를 꼽았다. 이는 한산자를 도연명, 이태백, 두보와 동렬에 올려놓고 한산시를 시 창작의 한 모본으로 삼은 것이다. 장자의 시는 강서시파를 종법宗法으로 삼았으므로 한산시의 '오悟'와 '화법'을 본받을 만한 범례로 제시했던 것이다. 원대의 우집虞集은 『도원학고록』(권45)에 실린 「회상인시서會上人詩序」에서 "세상에 전해오는 한산자의 시는 음절이 청약清若하고 이치가 심원하다고 많은 사대부들이 말하고 있다"고 하였다.

불문 제자로서 한산자의 위상이 확립되고 그의 시가 높은 평가를 받게 되자 일일이 열거할 수 없는 많은 선사들이 명·청대에 이르기까지 계속 그의 시를 거량해서 상당법문을 하였다. 그중에서도 한산자의「내 마을 가을 달이어라」는 선승들의 법문에 특히 빈번하게 등장하였다.

"내 마음은 가을 달 같고 계곡의 푸른 연못처럼 맑고 깨끗하다" 하고는 할喝(법문 중에 지르는 고함)한 후 말했다.
"한산자의 말은 저 나락 아래로 나뒹굴어 떨어져버렸구나! 여러 선덕禪德들이여, 어찌 한 티끌도 없이 맑고 깨끗한 자성의 본체를 가을 달에 비유할 수 있는가? 본래의 청정한 마음은 텅 비어 있으되 절대 밝고 세상을 의도적으로 비추지 않는 진주에 비유할 수 있다. 하늘과 땅 가운데서 홀로 드러내어 만상萬象을 삼켜버리고 하늘과 땅을 두루 채우며 시공을 초월하여 고금에 밝게 빛나니, 대체 이 무슨 도리인고?"
양구良久(법문 중의 침묵)한 후 말했다.
"오늘 밤도 달은 만월인데 밝고 맑은 빛은 어디에도 없구나."

　　위의 법문은 『오등회원五燈會元』(권16)에 나와 있는데, 영은혜순靈隱惠淳이 한산시「내 마음 가을 달이어라」를 인용한 상당법어를 우리말로 옮겨본 것이다.
　　이 밖에도 보복본권保福本權, 홍국계아興國契雅, 수령도원壽寧道元, 굉지정각*, 허당虛堂화상 등의 선사들이「내 마음 가을 달이어라」를 거량한 상당법문을 했다. 또 송원숭악, 평석여지, 무명혜성,

파암조선, 허주보도, 무암문강, 동산범언, 보령용, 별봉진, 경감영, 둔암연, 운곡화상 등도 역시 한산의 「내 마음 가을 달이어라」를 상당법어에 인용했다.

임제의 종풍은 고려 말 태고보우(1301~1382) 이래로 현재 우리나라 불교 조계종의 선풍이 되어 있다. 임제종풍을 이은 원나라 때의 석옥청공*은 한산의 「내 마음 가을 달이어라」를 거량하여 다음과 같이 법문했다.

한산은 "내 마음 달과 같다"고 말했다. 나는 "내 마음은 달을 뛰어넘는다"고 말하겠다. 가을 달은 밝을 때도 있고 밝지 않을 때도 있다. 또 가득 차기도 하고 기울기도 한다. 그러나 내 마음은 평안하여 언제나 둥글고 밝으며 깨끗하다. 그래도 마음이란 어떤 것과 같으냐는 물음이 있으니, 어떻게 내게 말하라 하는가?

가사는 달라도 역시 한 곡조이다. 석옥청공의 법문도 결론적으로는 한산과 다를 바 없다. 두 사람 다 불가설不可說의 '자심청정自心淸淨'을 근원으로 하는 해탈을 역설하고 있다. 선은 부정에 부정을 거듭한 끝에 유·무를 초월한 '절대 긍정'의 본래면목을 제시한

굉지정각宏智正覺 1091~1157. 조동종의 묵조선을 대성한 선사. 산서성 습주 출신으로 속성은 이씨이다. 단하자순丹霞子淳의 법을 이었다. 『굉지록』이라는 어록이 전한다.
석옥청공石屋淸珙 1272~1352. 원나라 때의 선승. 고려의 태고보우太古普愚와 백운경한白雲景閑에게 법을 전하여 임제의 선풍이 한국으로 이어지게 했다. 특히 임종시에 읊은 사세송辭世頌은 고려승 백운경한에게 법을 부촉한 전법게이기도 하다.

다. 그래서 허주보도虛舟普度는 중추절의 상당법어에서 "내 마음이 밝고 맑은 빛을 발하기 이전의 나로 돌아가자"는 사자후를 토하기도 했다.

한산시에는 '밝은 구슬〔明珠〕', '밝은 달〔明月〕', '물속의 달〔水月〕' 등 선종에서 '명심견성明心見性(마음을 밝혀 자성을 봄)'을 설하는 데 전매특허처럼 동원하는 비유들이 자주 등장한다.

홀로 바위 앞에 고요히 앉았으면,	岩前獨靜坐
하늘 한복판에 둥근 달이 빛나네.	圓月堂天耀
만상은 모두 그림자 나타내나,	萬象影現中
달은 본래부터 비친 바 없다.	一輪本無照
탁 트여 정신은 절로 맑으니,	廓然神自清
허를 머금어 그윽하고 묘하여라.	含虛洞玄妙
손가락을 의지해 달을 보나니,	因指見其月
달은 이 마음의 상징이니라.	月是心樞要

선종의 대표적인 비유법 중 하나인 '손가락으로 달을 가리키는〔指月〕' 비유로 '마음이 부처의 근원이 됨〔自心佛〕'을 노래한 한산시이다. 달은 '진여'를, 손가락은 '진여에 이르는 방법'을 말한다.

한산의 이 시는 6조 혜능의 10대 제자 중 한 사람인 영가현각*의 「증도가證道歌」와 전적으로 같은 문법이다. 영가선사는 「증도가」에서 다음과 같이 설파했다.

한 성품이 온갖 성품에 두루 통하고	一性圓通一切性
한 법이 두루 온갖 법을 포함한다.	一法偏含一切法
하나의 달이 온갖 물에 두루 나타나니	一月普現一切水
온갖 물 속의 달이 하나의 달에 매였네.	一切水月一月攝

   물과 달의 관계에 비유하여 만법이 일심으로 귀결된다는 만법귀일萬法歸一의 선종 철학을 설한 것이다. 선명하고 생동적인 선법문이다. 한산의 「내 마음 가을 달이어라」 역시 이와 같은 선종의 자심청정론을 아주 활달하고 멋스럽게 묘사한 선시이다. 송대 말기의 시인 유경劉景은 한산시의 벽담碧潭(푸른 연못)을 전고해서 '벽담'이라 자호하며, 자신의 아호를 통해 '청정한 마음이면 일체를 꿰뚫을 수 있음'을 드러내었다.

   한산은 자아의 심성을 강조하며 종교적 우상이나 사회의 인습을 단호히 거부하였다. 그는 양대梁代 불교의 미신적 설법과 불상 숭배가 전혀 무익한 것임을 역설하면서 당시의 부대사, 보지화상 같은 명승들을 가차 없이 비판하였고, 또 승려 공양이나 수증修證 공부(몸을 닦아서 증득하는 공부) 등을 철저히 부정하였다. 그리하여 그는 선시를 통해 "불과佛果를 구할 것이 아니라 마음이 곧 부처세계

영가현각永嘉玄覺 665~713. 속성은 대戴씨이고, 자는 명도明道이다. 영가永嘉 사람으로 어릴 때 출가하여 삼장을 두루 탐구하였으며 특히 천태지관天台止觀의 수행으로 높은 경지를 얻었는데, 나중에 천태의 좌계현랑左溪玄朗의 인도로 혜능을 참문하여 선에 들고 그 깨달음을 「증도가」로 노래하였다.

의 왕이요 주인임을 인식할 것"을 강조하였고, 선종과 똑같은 문법으로 "도에 다다른다는 것은 자신의 본래 성품을 통찰하여 자각하는 것이니, 자성이 곧 여래이다〔達道見自性 自性卽如來〕"고 읊조렸다. 이는 6조 혜능의 설법집인 『단경壇經』에서 설하고 있는 내용과 완전히 일치한다.

또 한산시는 무소의방無所依傍(의존하는 바 없음)한 독립적인 자주정신을 고취시키고 있다. 이는 단하천연丹霞天然(739~824), 덕산선감德山宣鑑(782~865) 같은 남종선의 선사들이 우상파괴를 외치며 부처를 욕하고 조사를 매도했던 가불매조呵佛罵祖의 작법과 동일한 맥락이다. 한산은 가불매조를 서슴지 않으면서 '전광한顚狂漢'이나 '풍전한風顚漢', 즉 미치광이를 자처하였다. 여러 기록들에 전하는 전설적인 한산의 행장들 속에는 그의 미치광이 작법들이 적지 않다.

당대 문인들의 풍광風狂은 작품 속에서 고도의 양광佯狂 정신을 발휘하여 종교와 사회의 우상, 진부한 규범, 구습 등을 비판하고 인간을 억압하는 현실 체제에 대항하면서 인간의 자주적 개성을 고취시켰다. '양광佯狂'이란 속은 멀쩡하면서도 겉으로 미친 척하며 바른 말을 쏟아내는 것을 말한다. '미친놈'은 옛날에도 열외로 취급되었기 때문에 전제군주를 비판하고도 살아남을 수 있었다. 풍광을 드날린 선림의 대표적인 '풍전한'으로는 마조의 사법제자인 방온거사(?~808)를 꼽을 수 있다. 방온거사는 고명한 선사라 하더라도 법거량을 하다가 신통치 않으면 뺨을 내리치기 일쑤였고 듣기 민망한 비속적인 언사를 서슴지 않았다. 한산의 양광도 이러한 선림의 풍광과 맥락을 같이하고 있다.

한산시의 작자들은 현실 사회에 대한 불만을 극복하고자 자신들의 내심 속에 어떠한 걸림도 없이 자재한 소천지小天地를 구축하였다. 이들은 산거은일山居隱逸하는 가운데 시심을 풀어놓고 도를 즐기는 자유로운 생활을 지향하였다. 이는 곧 홍주선이 강조해 마지않는 무위무사한 한도인閑道人의 생활이다. 한산시에서도 무위무사인이 되어야 실다운 즐거움을 누릴 수 있다고 거듭 강조하면서 "다만 마음에 아무 일이 없으면 어디서고 깨침의 경계에서 노닐 수 있다"고 역설한다. 홍주선의 '무심시도無心是道(마음을 비우는 것이 곧 도이다)'와 같은 맥락의 설법이다.

'산거은일'은 자연의 운행 질서를 따라 살아가는 생활 방식이다. 한산시가 중요 주제의 하나로 다루고 있는 임운수연·자유방광의 산촌 생활은 호화로운 주택이나 진수성찬 등을 모두 구속과 속박으로 본다.

사슴은 깊은 숲 속서 나서,	鹿生深林中
물 마시고 풀 먹으며 자라네.	飮水而食草
나무 밑에서 발 뻗고 자니,	伸脚樹下眠
아무 시름 없음이 부러워라.	可憐無煩惱
이놈을 잡아다 우리 안에 편히 넣어,	系之在華堂
맛있는 먹이를 아무리 갖다 주어도,	肴膳極肥好
하루 종일 전혀 먹으려 하지 않고,	終日不肯嘗
그 모습 갈수록 여위어만 가는구나.	形容轉枯槁

근사한 잠자리(편안한 우리)와 진수성찬(맛있는 먹이)도 구속과 속박일 뿐이다. 사슴은 오로지 본래의 자성을 좇아서 졸리면 나무 아래 다리 뻗고 자며 개울물 마시고 풀 뜯어 먹으면서 살아가는 자유방광의 삶을 귀히 여긴다. 이것이 마조선이 설파하는 임운수연이고 평상심시도이다. 보다 생동적인 한산시 한 수를 더 보자.

한산 길을 오르니,	登陟寒山道
한산 길 끝이 없구나.	寒山路不窮
골짜기 바위들 모여 있고,	溪長石磊磊
시내는 넓어 풀이 더욱 파랗다.	澗闊草濛濛
이끼 미끄러움은 비 온 탓 아니거니,	苔滑非關雨
바람 없어도 솔바람 소리 인다.	松鳴不假風
누가 이 세상 번뇌 멀리 떠나,	唯能超世累
이 흰 구름 속에 함께 앉을꼬.	共坐白雲中

이 한산시의 시의詩意는 유가의 '수신제가치국평천하'의 현세적 인생관이나 도가의 자연지상주의 인생관과는 다르다. 한산시가 지향하는 무위무사는 자신을 대자연의 섭리 속에 내맡기고 무위무사하다는 생각조차도 떨쳐버린 절대 긍정의 '공空'이다. 조사선이 추구하는 부주열반不住涅槃·불락공不落空의 해탈 경계이고, 선수행의 마지막 관문인 '백척간두진일보百尺竿頭進一步'도 바로 이런 것이다. 이는 또 홍주선이 자랑하는 '대장부'의 경계이기도 하다. 선이 말하는 '무'와 '공'은 거듭된 무한부정을 통해 살갗(번뇌)을 다

벗겨낸 후에 유일하게 남는 하나의 진실(청정심)을 따라 즐거이 범부의 삶을 살아가는 '절대 긍정'인 것이다.

한산시에 담긴 사상적 내용의 특징은 선 사상에서 심대한 영향을 받았다는 점이다. 한산시는 독특한 인생 가치와 이상적인 인생관을 체현해내었다. 사실 한산시의 작자들은 사회 진출에 실패하여 좌절과 실의에 빠져 있는 사회 밖의 '영락자'들이다. 그들은 환상적인 자유 심령 가운데서 내심의 분노를 소멸시켰는지도 모른다. 이러한 그들의 현실 비판에는 선종의 비판 정신과 부정의 논리가 명백하게 드러나 있다. 그들은 선 사상의 맥락에서 사회 현상에 대한 놀라운 통찰력과 격렬한 비판 의식을 보여준다. 다만, 비판적인 시각에서는 이러한 선지禪旨는 현실의 모순에 대한 회피로서 단지 환상 속에서 정신적 자아를 확장하는 것일 뿐이라고 지적되기도 한다.

3

한산자는 과연 어떤 인물이었는가? 분명치는 않다. 그러나 전해 오는 기록들과 시에 나타난 자전적 내용들로 볼 때 중당 무렵(779~836)의 실존 인물이었다는 것이 현재의 정설이다. 반면에 시집 『한산시』는 한산자와 습득•·풍간• 선사의 시에다가 그 시대 여러

습득拾得 당나라 때의 승려. 정확한 생몰연대는 알 수 없으나 정관貞觀 연간(627~649)에 천태산 국청사에 살았다. 한산, 풍간과 더불어 국청삼은國淸三隱으로 불렸다.

사람들의 시들을 더한 '합작품'일 가능성이 높다는 견해가 지배적이다.

한산자는 그 이름부터가 선취를 물씬 풍긴다. 중국 절강성 천태산 국청사의 서남쪽 30km쯤에 한암寒岩이라는 바위 동굴이 있는데 이 동굴 일대의 산 이름이 '한산寒山'이다. 한산자가 불교에 귀의한 후 은둔한 곳이 바로 이곳이다. 선승들이 자기가 수도하는 산의 이름을 법호로 삼는 관습을 따라서 그도 '한산'을 자신의 호로 삼은 듯하다. 연유야 어떻든, 한산의 '한寒'은 선승들의 게송과 문인들의 선시에 자주 등장하여 각성·청정·냉철함 등을 상징하는 글자이다. 따라서 한산은 그 이름부터가 선불교의 냄새를 짙게 풍긴다. '파자소암婆子燒庵'•이라는 화두에 나오는 선객은 "고목나무가 찬 바위를 의지한다[枯木倚寒岩]"고 하였고 당나라의 시인 배적은 "석양에 한산을 바라본다[夕陽見寒山]"고 읊조렸다. 또 선시의 대가 왕유는 「향적사를 지나며」에서 "햇빛은 푸른 솔잎에 차가운데[日色冷青松]"라고 했다. 선에서 한寒·냉冷·청青은 모두 차가운 이미지로서 불도를 깨친 정신 상태를 암시한다. 따라서 '한산'이라

풍간豊干 당나라 때의 승려. 정확한 생몰연대는 알 수 없으나 정관 연간(627~649)에 천태산 국청사에 살았다. 한산, 습득과 더불어 국청삼은으로 불렸다.
파자소암 '노파가 암자를 불사르다.' 어느 노파가 선지식을 뵙는 기쁨을 얻고자 암자를 지어 한 수행승을 모시고 오랫동안 봉양하였다. 20년째가 되는 날 노파는 수행승의 경지를 알아보기 위해 딸을 시켜 유혹하게 하였는데, 딸이 전하기를 자신을 마치 고목이나 바위 대하듯 하더라고 했다. 이에 노파가 불같이 화를 내며 수행승을 쫓아내고 암자를 불살라버렸다고 한다. 경직된 고목선은 이미 죽어 있는 선임을 경계하며 평상심시도를 일깨우는 화두이다.

는 불문 제자의 이름에는 그가 살았던 고유명사인 한산, 한암의 뜻 외에도 선적인 깨달음을 암시하는 추상명사로서 의미도 담겨 있는 것이다.

유가는 출세주의 철학이다. 출세에 실패한 한산자는 자연히 유가를 멀리하고, 이후 도교와 불교 사이를 방황하다가 최종적으로 불교에 귀의했다. 그의 행장과 시집 출간에 관한 기록으로는 여구 윤閭丘胤의 「한산자시집서寒山子詩集序」, 『태평광기太平廣記』·『송고승전宋高僧傳』의 한산자 조목 등이 있다. 이 밖에 『경덕전등록』(권9. 위산영우조), 『조주어록』 등에는 한산과 습득이 위산·조주 선사와 법거량을 했다는 기록이 있다.

「한산자시집서」는 태주자사 여구윤이 『한산자시집』을 내면서 쓴 서문인데 한산과 습득을 각각 문수보살과 보현보살의 화신으로 묘사하고 있다. 시집에는 한산의 시 300수, 습득의 시 50수, 풍간의 시 2수 등이 수록되어 있다. 『한산자시집』은 이처럼 '천태삼은天台三隱(일명 국청삼은)'으로 일컬어지는 한산·풍간·습득 3인의 시를 수록하고 있어 『삼은시집三隱詩集』이라 불기기도 한다. 「서」에서 여구윤은 국청사 승려로 하여금 국청사와 한암 일대의 나무·바위 등에 써놓은 한산·습득·풍간의 시들을 모아 시집으로 엮어내게 했다고 하여 편집의 경과를 밝히는 한편, 자신과 한산·습득 사이에 있었던 일화도 기술하고 있다. 그러나 여구윤은 편집자가 시집의 권위를 높이기 위해 내세운 가공 인물일 가능성이 높다. 태주자사까지 지낸 인물임에도 역사 문헌에는 여구윤에 관한 기록이 전혀 없고, 또 서문의 글이 너무 거칠어 고급 관료의 문장으로 보기 어렵기 때문이다.

『송고승전』의 한산 전기에서는 태주자사 여구윤의 명으로 국청사 승려 도요道翹가 한산·습득의 시를 수집하여 시집을 냈다고 기록하고 있다. 시를 수집한 승려의 이름이 구체적으로 적시된 것이 여구윤의 서문과 다른 점이다. 『태평광기』(권55) 「선전습유仙傳拾遺」 편에 나와 있는 한산의 전기는 꽤 구체적이다. 기록은 다음과 같다.

한산자는 대력 연간(776~779)에 천태의 취병산에 은거하며 좋은 시를 썼다. 호사가들이 300여 수를 모았는데 동백의 은자 서령부徐靈府가 편집하여 서문을 달았다. 그는 십수 년 후에 행방이 묘연해졌는데, 함통 12년(872)에 도사 이갈李褐의 집에 갑자기 나타났다가 다시 자취를 감추었다.

한산과 법거량을 했던 위산영우(771~853)와 조주종심* 두 선사의 생존 연대 등을 감안할 때 한산자는 중당 시기를 살았던 실존 인물이라고 볼 수 있다. 그의 시들은 허망한 삶을 깨우치고 진정한 도를 추구하는 주제가 주류를 이룬다. 구체적인 시의 구성을 보면, 자연과 함께하는 즐거움의 노래, 여성의 변덕을 조롱하는 노래, 세

조주종심趙州從諗 778~897. 당나라 때의 선승. 속성은 학郝씨이다. 남전보원南泉普願의 법을 이었으며, 80세 때부터 조주성趙州城 동쪽 관음원에 머물며 호를 조주라 하였다. 평생 검소한 생활을 하고 시주를 권하는 일이 없어 고불古佛이라는 칭송을 들었다. 후대 선승들의 수행 과제가 된 많은 화두들을 남겼는데, 특히 무자화두無字話頭와 정전백수자庭前栢樹子가 유명하다.

상과 승려에 대한 비판시, 불교적 교훈을 읊은 설리시, 도교 비판시 등으로 이루어져 있다. 내용은 주로 대상에 대한 관찰보다는 작자 자신의 체험을 담은 자전적 성격을 띠고 있고, 양대梁代의 『문선文選』을 비롯한 『장자』·『시경』·『논어』·『사기』 등 많은 고전의 영향을 받았다.

시에 담긴 한산의 목소리는 선적 명상에 잠긴 불교 은둔자와 민중의 생활에 근거한 민중주의자의 모습을 나타내고 있다. 한산이 사대부 계층의 인물이었음은 문체와 시어에서 충분히 증명되고 있지만, 사상적 측면에서 그는 민중주의자적 시각을 유지했다. 그는 기존 체제에 반대하여 불교 신자가 되었지만 신자가 된 후에는 다시 제도적인 사원불교·귀족불교에 대해서도 통렬한 비판을 가하였다.

너희들 출가자에게 내 이르노니,	語儞出家輩
어떤 것을 일러 출가라 하는가?	何名爲出家
호사로이 이 한 몸 기르기를 구하고,	奢華求良活
권세 있는 사람들과 사귀어 노는 것.	㕘綴族姓家
맛난 음식으로 혓바닥 달게 하고,	美舌甛脣觜
아첨하고 굽은 마음 낚시 같다.	諂曲心鉤如
온종일 도량에 예불 드리고는,	終日禮道場
경전을 들고 사업을 계획한다.	持經置功課
향로에는 우상화한 부처에 향 사르고,	爐燒神佛香
종을 치며 멋지게 염불한다.	打鐘高聲和

한산의 이 시는 형식적인 불사에 전념하고 사치스런 생활을 추구하는 승려를 호되게 비판하고 있다. 한산이 시의 이면에서 지향하고 있는 불교는 제도적인 사원불교가 아니라 자유로운 민중불교, 중생불교이다. 이는 선종이 추구하는 불교 이념과 전적으로 일치한다.

한산시는 당대唐代에 선종의 영향을 받아 창작된 시가 가운데 독특한 유형에 속한다. 시와 게송이 결합한 통속시로서, 문학 작품과 민요의 특징을 동시에 갖춘 특이한 면모와 풍격을 보여준다. 시 속에 담긴 철리와 지혜는 문학사적 연구 대상으로 주목을 끌면서 천여 년 동안 많은 사람들의 관심을 모았다.

성리性理를 논한 송대 성리학자들의 설리시는 그 표현 방법과 풍격에서 한산시의 영향을 많이 받았다. 남송 4대가의 한 사람인 육유는 "정신이 탁하지 않고 무사하다면 한산시 일백 수를 두루 모방하여 지으리라"고 하면서 문을 닫고 한산시 모사에 들어가기도 했다고 한다. 송대의 문인이자 정치가인 왕안석 역시 「한산과 습득을 본떠 지은 시擬寒山拾得詩」 12수를 지을 정도로 한산시를 매우 중시하였는데, 외손에게 준 시에서는 "한산시가 없다면 너의 이목을 어떻게 환하게 깨우쳐줄 수 있으랴"라고 말했다.

명·청대에도 한산시를 공부하는 사람들이 많았다. 명대의 문인 유잠遊潛은 "한산시는 속된 듯하면서도 깊은 뜻을 담고 있다"고 평했다. 또 청나라 팽제청彭際淸 거사는 "한산대사의 시를 읽으면 즐겁고 쇄락하여 마치 위태로운 산꼭대기 깊은 계곡에서 노니는 것 같고 맑은 샘물 방울이 떨어지는 소리를 듣는 듯하다. 솔바람 서서히 불어오면 오온五蘊(심신)이 탈락하여 일시에 묘연한 정적에 들게 된다"고 하였다.

한산자

寒山子. 송대에 이르러 비로소 불문 제자로 확정된 한산은 8세기 말에서 9세기 초에 실존했던 인물이다. 그는 유교와 도교를 거쳐 끝내는 불교 선종에 귀의해서 날카로운 필치로 사회를 비판하며 사람다운 삶의 길을 제시하였다. 그래서 그는 스승을 뜻하는 경칭인 '자子' 자가 붙어 한산자寒山子라 불렸다.
후대에 많은 전설이 덧붙여진 한산자는 불교에 귀의하면서 천태산 국청사 서남쪽 70리에 있는 한산의 한암寒岩 동굴에 살았다. 이때 국청사의 선승 풍간, 습득과 교유를 가져 사람들은 이들 세 사람을 묶어 '국청삼은國淸三隱'이라 칭했다. 태주자사 여구윤閭丘胤이 나무, 바위, 담벼락 등에 적혀 있는 한산자의 시와 습득의 시를 모아 『한산자시집』을 발간했다고 전하는데, 여구윤을 역사적 실존 인물로 보기는 어렵기 때문에 시집에 있는 「한산자시집서寒山子詩集序」는 위작이라고 보아야 한다는 것이 정설이다. 따라서 '한산시'는 한산자의 시만을 뜻하는 것이 아니라 시에 선가의 게송을 접목시킨 뛰어난 통속시들의 통칭이라고 보면 된다.

남화사 南華寺

어찌하여 조사를 알현코자 하는가,	云何見祖師
나의 본래면목 알고자 함이네.	要識本來面
탑 중에 계신 조사께서는,	亭亭塔中人
'무엇을 보았는가?' 물어오시네.	問我何聊見
가련한 명상좌,	可憐明上座
만법을 한순간에 전광석화로 요달한다.	萬法了一電
물을 마시고는 스스로 차고 더움을 알듯이,	飮水卽自知
다시는 손가락을 보고 달이라 하는 일 없네.	指月無復眩
나는 본래 수행인이라서,	我本修乃人
과거·현재·미래의 삼세식을 닦으려 했는데,	三世積修煉
중간에 한 생각 잘못 일으켜,	中間日念失
일생 동안 무수한 시달림과 고난을 당했네.	受此百年言
옷깃을 여미고 6조의 진신상을 참례하니,	摳衣禮直相
감동의 눈물이 비 오듯 싸락눈 내리듯 하네.	感動汨雨霰
조사께서 석장 꽂아 파놓으신 탁석천의 물로,	借師錫端泉
이제 벼루를 씻고 다시는 글을 쓰지 않겠노라.	洗我綺語硯

―소동파

1

「남화사」는 소동파가 남긴 수많은 선시들 가운데 불교 신심이 가장 짙게 배어 있는 선시로서 그가 진정한 선수행자였음을 보여주는 '문자적 증거'이다.

소동파는 시·서·화 삼절을 두루 갖춘 중국 사대부 문인의 전형이다. 그는 송대 문인 묵희墨戲의 창도자요, 실천가로서 문재文才와 호방함, 굴곡 심한 인생 역정 등에서 그를 능가할 자가 없다. 파란만장한 생애를 살면서 겪는 입세와 출세, 집착과 허무의 모순 대립을 선적인 해탈로 극복하고자 했다. 스스로 "전생에 중이었다"고 말하는가 하면, 황주에 유배되어 있을 때 쓴 「황주안국사기黃州安國寺記」에서는 "향을 피워놓고 말없이 앉아서 자신을 깊이 성찰하면 곧바로 대상과 나를 다 잊고 몸과 마음이 텅 비워진다"고 하여 자신의 참선 삼매경을 토로하기도 했다.

정치적으로 보수노선이었던 소동파는 정치판의 투쟁과 모함, 각축을 혐오하였고, 성격이 오만하고 호방하여 늘 시를 짓고 그림을 그리면서 수심과 울분을 필묵 속에 용해시켰다. 그래서 그에게는 내심을 드러낸 작품이 많다. 「남화사」도 이런 작품의 하나이다. 이쯤에서 동양 사대부(지성인)의 표상인 소동파의 선시 「남화사」를 감상해보자.

「남화사」는 소동파가 광동성 곡강현 마패진 조계촌의 남화선사南華禪寺에 들러 육조 진신상을 참배하고 읊은 시이다. 남화선사는 남종선의 실질적 창시자인 6조 혜능대사의 행화도량으로 한·중·

조맹부趙孟頫, 소동파의 초상화

일 선불교(선종)의 정통 법맥인 남종선의 조정祖庭이다. 소동파는 송 철종 소성 원년(1094) 나이 59세 때 왕안석과 대립하다가 선대의 조정을 비방했다는 죄로 남방의 영주英州로 좌천되었다. 그러나 영주에 도착하기도 전에 또다시 영원군 절도부사로 좌천되어 혜주惠州에 유폐되고 공무에 참여할 권한을 박탈당했다. 소성 원년 10월 2일 그는 대유령을 넘어 어린 아들 소과蘇過, 왕조윤 등과 함께 혜주에 도착했는데, 이때 지나는 길에 남화선사를 찾아 정치적 실의와 고뇌를 선가의 지혜를 빌려 초월하고자 했던 것이다.

「남화사」는 '본래면목', '지월指月' 등과 같은 선문 용어를 많이 사용한, 깊은 믿음이 배어 있는 엄숙한 선시이다. 소동파가 불법과 선을 좋아한 것은 사실이지만 이전까지는 대체로 일종의 감상이고 음미이며 소탈한 응용이었지 경건한 믿음은 아니었다. 그러나 「남화사」에서는 자못 진지하고 절실하다. 세속의 고위 관직과 미사여구의 시작詩作에 매달렸던 지난날의 어리석은 집착에 대한 회한을 토로하고 있는 소동파의 선시 「남화사」에는 오늘에도 거듭 되씹어볼 만한 소식이 있다.

첫 두 구는 6조의 진신상을 알현하고자 하는 목적이 소동파 자신을 포함한 인간의 본래면목을 알고자 해서임을 밝히고 있다. 이는 선종의 인생관을 통해 자기 인식을 다시 한 번 새롭게 하려는 것이다.

'본래면목'은 선림의 유명한 공안(화두)으로, 혜능이 5조 홍인에게 조사 승계의 신표로 전수받은 의발을 가지고 남쪽으로 도피하던 중 그 의발을 뺏으려고 뒤쫓아 온 혜명학인에게 가르쳐준 '한소식'이다. 명명상좌가 대유령에서 혜능을 따라잡고 한 수 가르침을 청하자 혜능은 다음과 같이 말하였다. "선도 악도 생각하지 마라. 바로 이때 어느 것이 명상좌의 본래면목인가?"

'본래면목'은 인간 존재의 본바탕, 즉 분별 의식을 떠난 '무심'을 상징하는 말로 불성·자성 등으로 표현되기도 하는 청정한 본래심을 뜻한다. 외부 세계에 대한 갖가지 욕념과 번뇌를 벗어나야 비로소 청정한 본래 자기 마음을 볼 수 있다. 이 본래심은 누구에게나 저절로 갖추어져 있지만 시시비비의 분별심과 갈등이라는 어둠에 가리어 드러나지 않는다. 그래서 미망의 집착을 버리고 본마음으로 돌아오려는 스스로의 노력, 즉 수행이 필요한 것이다.

이어지는 2개 구는 육조탑 안의 혜능조사육신상에게 '본래면목'을 참문하니 마치 6조가 살아 있는 듯 "그대는 무엇을 보았는가?" 하고 반문하더라는 상상적인 시상을 담고 있다.

5구에서 8구까지는 혜능조사의 물음에 대한 소동파의 대답이다. 소동파는 명상좌가 대유령에서 6조의 한마디를 듣고 크게 깨쳐 "이제 가르침을 받으니, 사람이 물을 마셔보고 차고 더움을 스스로 알듯이 잘 알겠습니다. 이제부터 노盧행자(6조 혜능)는 저의 스승이십니다"라고 했듯이, 자신도 육조탑을 참배하고 금세 확철대오했음을 밝히고 있다. 소동파가 깨친 내용은 『능엄경』의 "손으로 달(자성본체)을 가리켜 달을 깨닫게 하고자 할 때 손가락을 보지 말고 달을 보아야 한다"는 지월指月의 비유에서 말하는, 선종의 득도 관건인 '언어와 문자를 버리는' 불립문자 · 언어도단의 묘체이다.

소동파는 제8구에서 자기는 달을 가리키는 손가락을 쳐다보는 식으로 과거에는 언어 문자에 탐착했으나 이제는 손가락이 아닌 달을 곧바로 쳐다보는 깨달음을 얻었다고 말한다. 이는 세상풍진을 실컷 경험한 끝에 인생의 참뜻을 깨달아 이제는 더 이상 갈림길에서 헤매지 않게 되었음을 말한 것이기도 하다

이어 다음 네 구에서는 자신을 불교 진리의 행렬 속으로 밀고 나가, 원래 수행인이었으나 한 생각의 차이로 본성을 상실하여 일생 동안 무수한 시련을 겪었음을 말하고 있다. 『육조단경』에서는 "한 번 어리석은 생각을 하면 반야가 끊어지고 한 번 지혜를 떠올리면 반야가 생겨난다"고 설하고 있다.

시의 마지막 네 구에서는 6조의 진신을 참배하면서 발원한 '세속풍진으로부터의 해탈'을 펼쳐 보이는 구체적인 행동을 전개한다. 혜능이 파놓은 남화사 탁석천(일명 구룡천)의 물로 지금까지 교언영색의 실속 없는 말(시)이나 적던 벼루를 닦아 냄으로써 다시는 시를 짓지도, 글을 쓰지도 않겠노라는 의지를 피력하는 것이다. 이미 천태종의 지의대사•도 "문자를 떠나는 것이 바로 해탈"이라고 말한 바 있다.

과거 정사를 논한 글과 말들 때문에 추궁을 당하고 견책을 받게 된 소동파는 자신의 정치적 패배와 좌천의 원인을 불교적 '업장業障*'으로 귀결시키고 있다. 그리고 오늘의 불행을 가져온 업장인 문자를 만들어내던 벼루의 먹물을 씻어내고 선리를 따름으로써 해탈에 도달하고자 한다. 인생 행로에서 난관을 만나 망연한 가운데 있던 소동파는 선을 통해 '자심청정'이라는 관념에 대한 의문을 풀고 괴로운 마음을 치유하고자 했다. 이처럼 선에 의지하여 자신의 고뇌를 극복해야만 했다는 것은 소동파라는 한 개인의 비극일 뿐만 아니라 고금을 관통하는 시대적 비극이기도 하다.

늘그막의 소동파는 육조탑 앞에 서자 평생의 풍파가 가슴속에서 소용돌이침을 느꼈다. 옳고 그름, 성공과 실패는 고개를 돌리니 공허하고, 앞으로 가야 할 곳은 만 리 밖의 야만 지역이라 윤회를 거듭하는 느낌이었다. 일생을 돌아보니 중원에서 있었던 모든 일이 공일 뿐이고 환幻일 뿐이었다. 선가는 바로 이러한 공과 환을 어떻게 타파하고 극복해야 할지를 가르쳐주었던 것이다. 6조의 진신상 앞에서 눈물을 비처럼 흘린 소동파는 그 참되고 간절한 눈물로 인해 진정한 선수행자가 되어 분별심을 떠난 '초연인격超然人格'에

지의智顗 538~597. 천태종 개산조로 속성은 진陳씨이다. 자는 덕안德安이고, 존호는 지자대사智者大師이며, 통상 천태대사라고 칭한다. 18세에 출가하여 십여 년간 천태산에서 수행하였고, 혜문慧文과 혜사慧思에게서 일심삼관一心三觀을 이어받았다. 불교를 오시팔교五時八教로 조직하여 『법화경』의 궁극성을 천명하였다.
업장業障 전생에 지은 죄로 인하여 이승에서 받는 마장魔障. 업장에는 동작〔身〕·언어〔口〕·마음으로 나쁜 죄를 짓는 등 세 가지 업이 있다.

도달할 수 있었다.

2

중국 문인 사대부상의 전형인 소동파의 시론과 화론畵論은 선과 노장의 사상적 영향을 크게 받았다. 시불詩佛로 추앙받는 왕유를 사숙한 소동파의 선지禪旨는 왕유, 유우석 등(두 사람 모두 6조 혜능의 비명을 씀)이 견지했던 '일체개망一切皆妄'의 입장이었다. 일체개망의 선지란 세상만사 모두가 가상이고 허환이라는 선요禪要를 말한다. 이는 반야공관에 입각한 하택선荷澤禪의 선지이다. 이에 비해 홍주선洪州禪 거사였던 백거이, 위처후*(「대의선사비문」의 찬자)의 선지는 왕유나 유우석과는 정반대인 '일체개진一切皆眞(삼라만상 모두가 진실된 것임)'의 입장이었다. 일체개진의 선지는 삼라만상의 하나하나를 모두 불성의 체현으로 보아 두두물물頭頭物物(사물 하나하나마다)이 부처 아님이 없다는 입장에서 각각의 개체적 가치를 인정한다.

『금강경』은 게송을 통해 "일체의 유위법有爲法은 꿈같고 허깨비 같고 거품 같고 그림자 같고 이슬 같고 번갯불 같다. 응당 이렇게 보아야만 한다"고 설한다. 이른바 '육여六如'라는 것으로, 세상만사는 '꿈'·'허깨비'·'거품'·'그림자'·'이슬'·'번개' 같은 공환

위처후韋處厚 당나라 때의 거사. 마조에게 법을 배운 아호대의鵝湖大義의 유발상좌로, 백거이와 친교가 깊었다.

空幻에 불과하다는 설법이다. 소동파는 이러한 일체개망의 선지에 입각하여 인생을 '설니홍조雪泥鴻爪(햇볕에 곧 녹아 사라지는 봄날 잔설 위의 기러기 발자국)'로 비유하며 공환과 고독의 감정을 읊조렸다. 또 적벽을 노닐다가 지은 유명한 사詞「염노교念奴橋」에서는 "인생은 꿈과 같으니 강 속의 저 달에게도 술 한 잔 권하노라〔人生如夢 一樽 還酹江月〕"라고 읊조리기도 했다. 이처럼 그는 사물의 무상함을 바라보며 느끼는 미의식을 호방한 운치로 읊어내었다.

소동파는 일체개망의 선지를 통해 '초탈지심超脫之心'을 강조하면서 선으로써 시를 한층 심화시키는 시가詩歌 미학의 이상을 설정하였다. 초탈지심을 강조한 대표적 선구로는 '안영한담雁影寒潭(기러기 그림자와 찬 연못)'을 들 수 있다. 이 선구는 송대 초기 운문종의 천의의회*가 읊조린 게송에서 유래한 것이다.

기러기 하늘을 나니 그 그림자 찬 물 속에 잠긴다.　　雁過長空 影沈寒水
기러기 자취 남길 뜻 없고 물 또한 그림자 잡아둘 마음 없다.

雁無遺踪意, 水無留影心

기러기가 날아가면 자연스럽게 연못 속에 그 그림자가 비친다. 그러나 기러기는 물 속에 자신의 그림자를 남기려는 마음을 억지

천의의회天衣義懷 989~1060. 속성은 진陳씨이다. 설두중현雪竇重顯의 법을 이었다. 온갖 고행을 했지만 깨달음이 없어 설두로부터 내침을 당하기를 반복하던 차에 지고 가던 물지게가 부서지는 바람에 홀연히 깨달았다.

로 낸 일이 없고, 연못의 물 또한 그 그림자를 붙잡아두고자 하지 않는다. 기러기와 연못이 다 같이 그저 무심한 채로 그림자를 남기고 받아들이고 있으니, 기러기 지나가면 그림자 자연스럽게 사라지고 연못 또한 그림자에 대한 어떤 미련도 없다. 이른바 기러기와 물의 초탈지심이다.

선은 인간의 인식과 인생에 대한 태도에서 교학의 허무주의와는 달리 자성을 강조하면서 세계의 참된 모습을 추구한다. 그 구체적인 실천 구조는 입세와 출세, 집착과 허무의 모순 대립을 자아의 해탈로써 극복하는 것이다.

사물의 보편적 연계성과 상관성, 동정상생動靜相生의 관념은 물론 선의 전유물만은 아니다. 그러나 선리禪理가 지닌 그 심오하고 세밀한 체험과 기발한 비유는 시인을 자극하여, 그러한 기특한 도리를 예술 형상을 빌려 표현해내기 위해 더욱 깊이 사색하도록 만들었다. 좀 더 쉽게 말한다면, 선이 지향하는 생활방식은 시인의 심미심을 자극하여 심미적 추구를 더욱 촉진시켰던 것이다.

『육조단경』에서 설파한 바와 같이 "생각을 하면서도 그 생각에 집착하지 않고, 모습을 인정하면서도 모습에 사로잡히지 않으며, 생각 생각이 끊임없이 이어지되 한순간도 그 생각에 머무르지 않는〔于念而離念 于相而離相, 念念不斷而無縛〕"경지, 이는 곧 얽매임이 없는 경지이다. 이것이 선의 초연 심태이다. 돈오라는 것도 바로 무개념, 비공리非功利, 무의식의 심령 체험이며, '상에 머물면서 상을 여의는〔于相而離相〕' 관조 방식을 통해 초연 심태를 파악하는 것이다. 선은 이와 같은 관조 방식을 통해 '사물을 관조하는 심령이 곧 생명의 본체'라는 선리를 제시하였고, 이러한 선리는 시인의 시심을 반성케 했다. 의식을 중단한 가운데 초연 심태로 사물을 바라볼 때 돈오를 획득할 수 있다는 선리는 종래 의식 작용에 의지하던 시인의 심미관조(심미직각)을 반성케 했던 것이다.

혜능조사가 설파한 '무상을 체로 삼는다〔無相爲體〕'는 남종선의 종지는 기존의 개념〔相〕에 구속되지 않고 오직 자신의 체험을 통해 얻은 창조적 지혜만을 판단의 준거로 삼는다는 뜻이다. 이러한 남종선의 종지는 시를 짓는 데에서도 필수적인 요건이다. 시와 선이 상통하는 여러 개의 길목 중에서도 가장 밀접한 통로이다.

선이 시작에 도움을 준 것처럼 시 또한 선의 설파에 큰 도움이 되었다. 선은 말로 표현할 수 없는 견성의 체험을 기봉, 방할棒喝 등을 통해 설하는 길을 개발하였고, 시적인 언어를 통해 신도들을 선의 경계로 진입시켰다.

3

소동파가 추구한 예술 경계는 '소산간원蕭散簡遠', '간고簡古', '담박淡泊' 등으로 요약할 수 있다. 이는 중국 문인화와 선시가 1,000년 동안 숭상해온 최고의 경계이며, 노장老莊에서 시원하여 불교 선종에서 완성된 예술 심미이다.

소동파는 일찍이 화엄학 저작들을 통독하여 화엄법계, 만법평등 사상 등을 흡수하였다. 그래서 그의 시에는 화엄 사상이 많이 반영되어 있다. 그는 여산의 귀종불인에게 사람을 보내어 공양하는 글에서 "선사는 도안道眼으로 일체 세간을 관조하니, 혼돈한 텅 빈 동굴 속에 한 물건도 없으며 달빛에 빛나는 높은 바위벽이나 기왓장이 모두가 돌일 뿐이다"고 하였다. 소동파가 말하는 불인선사의 선사상은 후기 선종이 갈파한 "푸른 대나무도 모두 부처님 법신이며 울긋불긋 핀 들꽃도 반야 아님이 없다〔青青翠竹盡是法身 郁郁黃花無非般若〕"와 같은 맥락의 만법평등 사상이다. 후기 선종은 석두희천(700~790)이 선에 도입한 제법성공諸法性空(모든 법과 자성이 공임)과, 번쩍이는 보석과 기왓장이 모두 평등하며 모든 존재가 법신묘도法身妙道(진여에 이를 수 있는 몸과 이치)를 가지고 있다는 화엄 사상을 통해 시비를 멸하고 영욕을 하나로 통일해서 무애를 통달하고자 했다. 이러한 선 사상은 급하게 서둘지 않고 방방 뛰지도 않는 안광으로 인생을 영위하고자 하는데, 소동파의 시에도 이와 같은 사상이 수없이 표출되어 있다. 청대의 저명한 시인 왕사진王士禛(1634~1711)은 「제동파집후題東坡集後」에서 소동파의 글은 "글자마다가 화엄법계로부터 온 것〔字字華嚴法界來〕"이라고 함으로써 소동파의 선지가 화엄 사상을 다분히 흡수하고 있음을 강조하였다.

자오自娛 사상과 상리론常理論으로 대표되는 소동파의 화론과 시론은 선과 『장자』의 영향을 크게 받은 것이었다. 그의 성격 또한 그 영향으로 광연활달曠然豁達하고 초월적이었다. 현재 원작이 일본에 유출되어 있는 소동파의 유명한 문인화 〈고목괴석도古木怪石圖〉를 통해 그의 예술 정신을 구체적으로 살펴보자.

이 수묵화는 화면의 왼쪽으로 하나의 괴석이 있고 괴석 왼쪽 끝에는 키 작은 총죽叢竹 한 무더기가 있다. 괴석 오른쪽으로 한 그루

송宋 소식蘇軾 〈고목괴석도枯木怪石圖〉
소동파가 곽선정郭禪正의 집 벽에 걸린 〈고목죽석도〉를 보고 읊었던 자신의 제화시題畵時를 그림으로 그린 화면상의 고목죽석은 이미 자연사물이 아니고 마음에 간직해 폐와 간으로 씹어낸 것으로 끝없는 용틀임의 지간枝干은 마치 심장의 박동을 드러낸 듯 문인의 기백이 한껏 농후한 선화다. 원작은 일본에 유출돼 있다.

의 용틀임한 고목이 비스듬히 서 있는데, 고목의 가지에는 잎이 하나도 없다. 의상외적意象外的 정취를 추구하고 있는 이 그림은 꾸불꾸불 용틀임하는〔蚰曲〕 고목의 기괴한 형상을 통해 생명을 찾고자 하는 갈구를 느끼게 해준다.

소동파는 주관 감정과 객관 형상의 유기적 결합을 강조함으로써 문인화 사상을 체계적으로 정립하였다. 그는 왕유의 〈설중파초도雪中芭草圖〉에 대해 "시 가운데 그림이 있고 그림 가운데 시가 있다"고 높이 평가하면서 시와 그림의 상호 융통을 주장하였다. 그는 또 문인화의 기본 원칙으로 '상리常理'를 주장하였는데, 그의 '(상)리'란 객관 사물의 내부적 규율 즉 생명의 자연 구조 및 운행 변화와 이에 따라 생겨나는 자연무상의 정태情態를 말한다. 대천세계의 가시물은 모두가 고정된 형상이 없다. 제행무상諸行無常이다. 때문에 산, 죽竹, 돌, 나무, 물, 파도, 안개, 구름 등은 그 모양이 천변만화하는데, 화가는 그 변화의 규율을 직각적으로 알아차려야 물상物象의 활발한 정신을 필묵으로 응취시킬 수 있다. 바로 이것이 소동파의 '상리론'이다.

주희朱熹는 소동파와 정치적 견해를 달리했지만 그의 〈고목괴석도〉를 보고는 "처음에는 별것 아니라고 지나치기 십상이지만, 이내 그 오만한 풍격이 번개같이 나타나서 그의 사람됨이 고금의 기백을

미불米芾 1051~1107. 송나라 때의 시인, 서예가, 화가. 자는 원장元章이고, 호는 해악외사海嶽外史 또는 양양만사襄陽漫士이다. 방대한 양의 시론과 화론 등을 지었는데, 오늘날에도 상당한 양이 전한다.

섭렵했음을 상상하게 한다"고 찬양했다. 송대의 화가 미불•은 〈고목괴석도〉에 대해 "동파가 그린 고목은 줄기와 가지가 용틀임하여 끝이 없으며 돌을 그린 것 역시 기기괴괴하기가 끝이 없으니, 마치 가슴속의 심장〔心中〕을 드러낸 듯하다"고 평하였다. 실로 소동파의 고목죽석은 이미 자연 사물의 형상이 아니라 진실로 폐와 간이 씹어낸 것으로, 끝없이 용틀임치는 줄기와 가지는 심장의 박동을 느끼게 하면서 문인의 의식과 기백을 한껏 드높이고 있다.

희령 4년(1071) 34세의 나이에 조정에서 축출된 소동파는 항주 통판 시절 이후 시승·화승과 상시 교유하면서 참문하였다. 그는 스스로 말하기를 "사귀고 지내는 오월吳越 지방의 명승이 19명이나 된다"고 했는데, 항주의 명승 혜변惠辨과 왕래하면서는 "때로 한 마디를 들으면 백 가지 근심이 얼음 녹듯 녹고 몸과 마음이 모두 태연해진다〔時聞一言 則百憂氷解 形神俱泰〕"고 말하였다.

소동파는, 물질은 인간의 욕망을 만족시키지만 인간의 욕망은 무궁하고 물질은 다함이 있기 때문에 종국에는 비극을 초래한다면서 "물질 안에서 놀지〔遊于物之內〕 말고 물질 밖에서 놀라〔遊于物之外〕"고 강조하였다. 그는 친구인 왕선王詵의 서화수장실에 대해 쓴 「보회당기寶繪堂記」에서 자신의 자오自娛 사상을 드러내었다. 그는 여기서 "군자는 다른 사물에 빗대어 은연중 어떤 의미를 드러내긴 하지만 그 사물에 집착하지는 않는다"고 말했다. 이는 '사물에 집착하는 바 없으며〔不住于物〕' '어떤 경계에도 마음이 더럽혀지지 않는다〔于諸境上心不染〕'는 선 사상과 일치한다. 시·서·화의 최대 작용은 '자오自娛' 즉 즐기는 데 있다. 소동파는 군자와 비군자의 구별은 사물을 배척하는 데 있는 것이 아니라 사물에 대한 집착 여부에 있다고 보았다. 그리하여 옛 성인들은 오색·오음·오미를 폐한 것이 아니라 '어떤 경계에도 마음이 더럽혀지지 않았을 뿐'이라는 입장에서, 오색·오음을 폐할 것을 주장하는 노자의 사상은 단면성을 가졌다고 비판하면서 선가의 사상에 찬동하였다.

소동파의 시문을 보면 그가 『유마경』, 『원각경』, 『능가경』 및 선종의 어록들에 정통하였음이 곳곳에서 드러난다. 그는 '참선문도 參禪問道(선에 참예하여 선리를 물음)'를 통해 관직 생활의 번뇌를 떠난 초연의 태도를 배웠고, 시·서·화에서는 왕유의 기품을 계승하였다.

소동파는 「정인원화기淨因院畵記」에서 상리常理(문인화)와 상형常形(공인화)을 구분하여, "문인화는 모양을 그리는 계교에 매달리지 않고 상리를 강구하는 반면 공인화工人畵는 그 형태를 곡진하게 그려내지만 상리를 모른다"고 말했다. 소동파가 제기한 상리론의 '리理'는 과연 어떤 것인가?

서복관徐復觀은 소동파의 '리'는 성리학자들이 주장하는 '리'가 아니라 『장자』「양생주」편의 '포정해우庖丁解牛'에 나오는 천리天理의 '리'라고 본다. 반면 황하도黃河濤는 성리학자의 '리'도 『장자』의 '리'도 아닌, 화엄종이 설하는 이사理事의 '리'라고 한다. 화엄사상에서 '리'는 본체적·절대적·무차별적인 이성, 또는 본체계를 말한다. 실제로 소동파가 화엄종의 법계연기, 이사무애, 만물호상포용 등과 같은 무궁무진의 관념을 천착한 것은 사실이다. 그러나 소동파의 '리'는 객관 사물의 내부 구조 즉 생명의 자연 구조로서, 화엄 사상의 입장에만 머무는 것이 아니라 유·불·도 3가의 '리'를 융합시킨 것으로 보아야 한다는 주장이 오히려 설득력을 갖는다. 유·불·도의 통합을 시도했던 소동파는 "노장·유가·불가가 각기 다른 것 같지만 궁극의 도달점은 같다"는 입장에서 유·불·도 각각의 가치를 대해에 합류시켜 하나의 사상으로 통합하고자 했다. 그래서 그의 시론과 화론은 유가·선가·도가의 사상적 모순들을 해소하여 융합시킨 산물이라고 보는 견해가 지배적이다.

소동파는 「답사민사서答謝民師書」에서 "늘 마땅히 가야 할 곳으로 가고 늘 멈추지 않으면 안 될 곳에서 멈추니, 문리文理가 자연스럽고 맵시가 마구 솟아나더이다"라고 하여 '시는 자연스러움을 귀하게 여겨야 한다〔詩貴自然〕'는 점을 강조하였다. 즉 훌륭한 시는 작가의 감정과 사물의 진면목이 있는 그대로 질박하게 표현되어야 한다는 것이다. 또 「남행창화서南行唱和序」에서는 "내가 문장을 짓기는 많이 지었으나 감히 문장을 짓는다는 생각을 가지고 지었던 적은 없다"고 밝히고 있다. 앞의 「답사민사서」에서는 선가의 '평상심시도'를 강조하였고, 뒤의 「남행창화서」에서는 선가의 '생각마다 끊어짐이 없되 얽매이지도 않음〔念念不斷而無縛〕'과 도가의 '무위'를 담은 시론을 전개하였다.

청의 섭섭(1627~1703)은 『원시』「외편」에서 "소식의 시는 삼라만상을 포괄하고 있으니, 비속한 이야기나 소설이라도 그의 시에 쓰이지 못하는 것이 없다. 비유컨대 구리나 철, 주석, 납 같은 것들도 일단 그의 손을 거치면 모두 정련된 금이 된다. 필부나 속인들이 어찌 그 경계를 넘볼 수 있겠는가? 그런데도 소식의 시를 한 줄도 보지 못하고서 공공연히 비난을 늘어놓는 자들이 있으니 이 또한 가련한 일이다"고 평하였다. 또 송의 강기*는 『백석시설白石詩說』에서 "말은 다함이 있으나 뜻은 무궁하다는 것은 천하의 지극한 말이다〔言有盡而意無窮者 天下之至言也〕"라는 소동파의 말을 예시해 그의 시론이 『장자』의 '언부진의'와 상통하고 있음을 밝혔다.

소동파는 시에 정해진 법식이 있음을 부정하면서 그저 입에서 나오는 대로 자연스럽게 표현하고 시 외적인 면에도 노력을 기울일 것을 강조했다. 그의 시는 호방함을 특징으로 하면서도 담아하고 고원한 맛도 지녀 송시 발전의 지극한 경지를 보여주었다. 그는 문장을 논할 때도 억지로 꾸며내는 것과 형식적인 구속에 반대하고 '자연'을 숭상하였다. 그리고 시와 그림에서 '언외지의言外之意'를 중히 여겨, "그림을 잘 그리는 사람은 뜻을 그려내는 것이지 형태를 그리는 것이 아니며, 시를 잘 짓는 사람은 뜻을 말하는 것이지 사물의 이름을 말하는 것이 아니다〔善畵者畵意不畵形 善詩者道意不道名〕"고 갈파하였다.

마지막으로 소동파의 유가적인 엄격함과 도덕주의를 살펴보자.

소동파는 선종 후기의 '광선지풍狂禪之風(미친 듯 치달리는 선의 풍조)'에 대해 혹독한 비판을 가하였다. 그는 초불월조超佛越祖(부처

강기姜夔 1155~1221. 남송대의 사인詞人, 음악가. 자는 요장堯章이고 호는 백석도인白石道人이다. 일생을 곤궁하게 살았고 벼슬도 한미하였지만 오랜 기간 항주에 살면서 문사들과 교유하여 많은 문학 작품을 남겼다. 사의 풍격이 맑고 담담하며 감정이 살아있었으며, 음악에도 정통하였다. 시에서도 높은 수준에 이르렀는데, 특히 칠언율시에 능했다.

와 조사를 뛰어넘음)를 외치고 공담묘어空談妙語(실속 없이 기묘함만을 좇는 말)를 일삼으면서 술과 여자를 탐하며 막행막식하는 선림 일각의 기풍을 가차 없이 질타하였다. 그러한 광선을 보면 "불법이 쇠퇴했구나〔佛法微矣〕"라며 개탄을 금치 못했으며, 일구일게一句一偈의 간화선(공안선)에 대해서는 거듭 반감을 드러내었다. 그는 광선지풍을 지닌 회소懷素와 장욱張旭의 '선서禪書'라는 초서체와 서법을 여지없이 폄하하였는데, 「제왕일소첩諸王逸少帖」이라는 시에서는 두 사람을 '시창市娼(시정의 창녀)', '서공書工(글씨쓰기 기술자)', '현아동眩兒童(외눈박이·요술쟁이)'이라고 매도하기도 했다.

소동파 蘇東坡. 1037~1101. 사천 미산眉山 사람으로 자는 자첨字瞻이고 이름은 식軾이며 동파는 그의 호이다. 당송 8대가의 한 사람이다. 부친 순洵과 동생 철轍도 대문장가로 이름을 날려 이들 3부자를 일컬어 '삼소三蘇'라 불렀다. 그는 황주로 좌천되어 갔을 때 친구의 도움으로 성 안에 있는 한 때기 버려진 땅을 얻어서 개척하여 식솔들의 식량을 해결하였는데, 이 밭뙈기에 '동파'라는 이름을 붙이고 스스로 '동파거사'라는 자신의 별호를 만들었다. '동파'는 동쪽의 성〔東城〕을 뜻하기도 하는데, 백거이의 시에 「보동파步東坡」라는 시가 있다.
독실한 선불교 신자로 선종법맥도에 여산 동림사 상총선사의 법사法嗣로 당당히 이름을 올리고 있다. 36세에 항주통판으로 지원해 나간 후부터 오월 지방의 선승들과 폭넓게 교유하면서 참선문도하였고 선취 물씬한 많은 선시를 읊조렸다.

지은이 이은윤

1968년 중앙일보사에 입사해 문화부장, 편집국장 대우, 논설위원 등을 지냈으며, 불교전문기자로 독자들에게 깊은 인상을 남겼다. 현재는《금강불교신문》의 사장으로서 선의 본질을 좀 더 많은 이들에게 알리기 위해 애쓰고 있다. 심산유곡의 산사 선방을 넘어 동아시아인들의 삶 구석구석에 깊이 스며 있는 선 사상의 단순성과 간명성 그리고 기존의 사유 체계를 뛰어넘는 역설의 논리는 현대를 살아가는 우리들에게 소중한 자양분이라고 이야기한다. 40여 년간 언론인 생활을 하면서 『한국 불교의 현주소』 『중국 선불교 답사기』 『화두 이야기』 『육조 혜능 평전』 등 10여 권의 불교 책을 썼다.